FACULTÉ DE DROIT DE PARIS

[illegible]

DE LA PERSONNALITÉ DE L'ESCLAVE

DROIT FRANÇAIS

DE L'EFFET DES CONVENTIONS MATRIMONIALES

[illegible] CRÉANCIERS ANTÉRIEURS AU MARIAGE

THÈSE POUR LE DOCTORAT

PAR

P[illegible]

[illegible]

PARIS

L. LAROSE ET FORCEL

[illegible]

22, RUE SOUFFLOT, 22

188[illegible]

THÈSE

POUR LE DOCTORAT

IMPRIMERIE
CONTANT-LAGUERRE
LVX VITAM
BAR-LE-DUC

FACULTÉ DE DROIT DE PARIS

DROIT ROMAIN

DE LA PERSONNALITÉ DE L'ESCLAVE

DROIT FRANÇAIS

DE L'EFFET DES CONVENTIONS MATRIMONIALES SUR LES DROITS DES CRÉANCIERS ANTÉRIEURS AU MARIAGE

THÈSE POUR LE DOCTORAT

L'acte public sur les matières ci-après sera présenté et soutenu le Lundi 23 Juin 1884, à midi

PAR

Paul GONTARD

Avocat à la Cour d'appel
Lauréat
de la Faculté de Grenoble, 1877 (1er prix de droit Français. — Mention de droit Romain)
de la Faculté de Paris, Concours de licence, 1879 (1er prix de droit Français. — 2e prix de droit Romain)
et du Concours général de 1879 (2e mention)

PRÉSIDENT : M. LYON-CAEN

SUFFRAGANTS
- MM. COLMET DE SANTERRE, GLASSON — PROFESSEURS
- LEFEBVRE, CHAVEGRIN — AGRÉGÉS

Le Candidat répondra en outre aux questions qui lui seront faites sur les autres matières de l'enseignement

PARIS
L. LAROSE ET FORCEL
Libraires-Éditeurs
22, RUE SOUFFLOT, 22

1884

A MA GRAND'MÈRE

A MON PÈRE ET A MA MÈRE

DROIT ROMAIN

DE LA

PERSONNALITÉ DE L'ESCLAVE

DROIT ROMAIN.

DE LA

PERSONNALITÉ DE L'ESCLAVE.

INTRODUCTION.

1. — L'esclavage est-il la négation de la personnalité? L'esclave est-il purement et simplement, aux yeux de la loi romaine, une chose, un corps, selon l'expression brutale autrefois en usage[1]?

On serait tenté de le croire.

2. — Ouvrez les auteurs, vous serez frappés par l'assimilation constante de l'esclave à la brute, et par la négation chez lui de tout ce qui constitue la personnalité. Varron vous apprendra que c'est le « mobilier parlant » de la ferme[2]; le personnage de la satire s'indignera qu'on

[1] Val. Max., VII, vi, 1. Ovid. *Amor.*, III, iv, 33-34.

[2] Var. *De re rusticâ*, I, 17. « Instrumenti genus vocale et semi vocale et mutum; vocale in quo sunt servi... » Columel. *De re rust.*, I, 8.

veuille arrêter son bras injustement levé, et s'écriera : « Insensé, l'esclave est-il donc homme[1] ! » ; l'auteur comique vous préviendra de ne pas vous étonner par trop s'il met sous vos yeux une intrigue basée sur ce qui n'a lieu nulle part, « un mariage d'esclaves[2] » ; l'esclave lui-même vous dira : « Famille, patrie, loi, conscience, pour moi le maître est tout[3] ! »

Est-il nécessaire d'insister sur la force de l'objection qu'on pourrait tirer contre le titre et le sujet de cette thèse des citations que nous venons de faire, et de tant d'autres qu'il serait facile d'ajouter? Aujourd'hui, on serait mal venu à chercher des arguments de droit dans la littérature; à Rome, où l'on se mouvait dans une atmosphère toute juridique, la valeur de pareils témoignages est indiscutable.

3. — Du reste, si nous passons aux lois romaines, démentent-elles les affirmations de la littérature? Elles semblent les confirmer. L'esclave affranchi ne subit point de *capitis deminutio*, nous dit Justinien, et pourquoi? Parce qu'avant l'affranchissement, il n'avait point de *caput*, point de personnalité[4], et Modestin rend par un

[1] Juvén., *Sat.*, VI. — « O demens ! ita servus homo est ! »

[2] Plaut., *Cas.*, Prol. 68-70.

[3] Mén., apud Stob. *Florileg.*, LXII, 34, cité par M. Wallon dans son *Histoire de l'esclavage dans l'antiquité*.

[4] Instit., *De capitis deminutione*, liv. I, tit. XVI, § 4 : « Servus autem manumissus capite non minuitur quia nullum caput habuit. » Cf. l. 3 pr., § 1, D. *De cap. min.* (IV, v). Paul, après avoir posé en principe que le fils de famille émancipé subit par le fait même une *capitis deminutio* ajoute : « Aliter atque cum servus manumittitur, *quia servile caput nullum jus habet : ideo nec minui potest.* » Littéralement, il faudrait traduire « parce qu'une tête esclave n'a point de droits, et par conséquent ne les saurait voir modifiés. » Justinien n'a fait en somme qu'aller au fond de la pensée du jurisconsulte.

mot cette idée saisissante : « C'est en effet au jour de l'affranchissement qu'il commence à avoir un état civil[1]. » Ainsi l'affranchissement est comparé à l'enfantement; c'est l'éveil à la vie civile, tandis que l'esclavage est la mort à cette vie[2].

4. — Est-ce donc essayer de bâtir en l'air que vouloir parler de la personnalité de l'esclave? On aurait tort de le

[1] « Hodiè enim incipit statum habere. » L. 4, *De cap. min.*

[2] « Servitutem mortalitati ferè comparamus. » L. 209, D. *De div. Reg. jur. ant.* L, XVII).

Dans les lois, dans les actes administratifs, dans les contrats privés et dans les dispositions testamentaires, l'esclave est toujours assimilé à l'animal ou à la chose. Dans le catalogue des *res mancipi*, il est à côté des animaux (Gai., *Comm.* II, § 15. — Ulp., *Reg.*, XIX, § 1). Un esclave ou un autre animal, « *servus vel animal aliud,* » dit Ulpien dans son Commentaire de l'Édit (l. 15 § 3, *De rei vindicat.* D. VI, I). Gaïus enseigne que l'usufruit s'étend sur les esclaves, les bêtes de somme et toutes autres choses, « *in servis et jumentis cæterisque rebus* » (l. 3 § 1, *De usufr.*, D. VII, I). La loi *Aquilia* condamne à une même réparation celui qui a tué un esclave et celui qui a tué une bête de somme, égalant ainsi, selon la remarque du même Gaïus, les esclaves et les animaux qui composent le bétail domestique tels que : brebis, chèvres, bœufs, chevaux, mules et ânes (l. 2 pr. et § 2, *ad leg. Aquil.*, D. IX, II). V. encore les lois 4 §§ 3 et 8 et 48 § 6, *De ædilitio edicto*, D. XXI, I, qui nous montrent qu'en matière de vices rédhibitoires, l'assimilation de l'esclave à l'animal est complète.

On pourrait rapprocher de ces textes le conseil de Caton au père de famille économe : « qu'il vende les vieux bœufs, les veaux et les agneaux sevrés, la laine, les peaux, les vieilles voitures, les vieilles ferrailles, le vieil esclave, l'esclave malade » (*De re rusticâ*, 2).

Au point de vue commercial et douanier, malgré les scrupules de certains jurisconsultes devant cette appellation (l. 207 *De verb. signif.* D. L, XVI), l'esclave était vraiment une marchandise. V. Léon Rénier, *Inscrip. de l'Algérie,* LIII; Quintilien *Declam.*, CCCXL. Cf. l. 16 § 7, *De publicanis et vect.*, D. XXXIX, IV, où l'on voit des eunuques figurer au milieu d'une énumération de marchandises, telles que poivre, fourrures, ivoire, lions et panthères, sujettes à l'impôt.

penser ; car, de même que dans la littérature nous pourrions trouver des pages éloquentes et indignées à opposer à celles trop nombreuses auxquelles nous faisions allusion [1], de même, nous trouvons dans les lois romaines, malgré les affirmations dédaigneuses et hautaines de la plupart, des textes et des dispositions qui impliquent reconnaissance du fait dont elles semblent faire litière.

5. — Mais que l'on ne s'y méprenne pas; ce n'est point dans ces textes si nombreux où nous voyons l'esclave posséder, acquérir, stipuler, que nous prétendons trouver l'aveu de sa personnalité. La loi romaine est pleine de la présence de l'esclave, mais cela n'est pas du tout inconciliable avec la négation absolue de personnalité qu'on prétendrait voir dans l'esclavage. On avait volontairement oublié qu'il y avait en lui autre chose qu'un corps lorsqu'il s'était agi d'asseoir sur lui le droit de propriété, on s'en ressouvenait, le droit de propriété établi, pour en tirer toute son utilité. Et c'était en effet un admirable instrument entre les mains du maître, que cet instrument parlant, doué de volonté et d'intelligence, prolongeant, ou, pour mieux dire, multipliant la personne du maître, avantage inestimable, surtout dans une législation formaliste comme la législation romaine.

Ainsi l'argument qu'on pourrait, à première vue, vouloir tirer de toutes les lois qui nous montrent l'esclave participant aux opérations juridiques les plus diverses ne porterait pas, car nous voyons que dans tous ces actes de la vie civile, si l'esclave peut parler ou agir, ce n'est que parce qu'il est la voix ou la main du maître pour

[1] Surtout dans les œuvres de Sénèque, et notamment dans les traités *De irâ, De clementiâ*, etc.

lequel il acquerra[1]. Aussi ne sommes-nous point surpris de voir Javolénus déclarer inutile, sans effet, la stipulation faite par un esclave abandonné; la *potestas* d'un maître ne l'a point vivifiée[2].

Donc, lorsque nous trouvons l'esclave décoré dans les textes du nom de « *persona*[3], » lorsque nous le voyons intervenir dans les actes juridiques avec une participation qui produit les mêmes effets que s'il eût été libre, ne nous hâtons pas d'y voir la trace de sa personnalité, car ce n'est là qu'une capacité d'emprunt, capacité qui persiste autant qu'il est nécessaire pour l'intérêt bien entendu du maître[4], je dis bien entendu, car

[1] Inst., *De inutil. stipul.*, l. III, tit. XIX, § 13, « ... domini voce loqui videtur. »

[2] L. 36 D. *De stipul. serv.* (XLV, III) : « Quod servus stipulatus est, quem dominus pro derelicto habebat, nullius est momenti... » Bien entendu, nous ne nous plaçons ici qu'au point de vue du droit civil.

[3] Parmi les textes où nous trouvons l'esclave ainsi appelé, citons la loi 215, *De verb. signif.*, la loi 22 pr., *De reg. jur.*, la loi 6, *De usufr.*, les §§ 120, 121, 123, 139 du premier commentaire de Gaïus. Plus tard, cependant, on sembla vouloir leur refuser ce nom. V. de Savigny, *Syst. du droit romain*, II, p. 29, il cite une phrase extraite du ch. 17 de la *Nov. Theod.* : « *Servos... quasi nec personam habentes.* »

De même, on appelle aussi l'esclave *homo*, mais c'est moins pour relever en lui l'élément humain en l'opposant à sa qualité de chose que pour indiquer le manque de capacité qui caractérise l'homme vis-à-vis du citoyen (Häsner, *Philos. du droit*, cité par Ihering, *Esprit du droit romain*, II, p. 163).

[4] Mais qui dans cette limite existe nécessairement. Les rapports de puissance s'analysent en deux éléments : rapports personnels et rapports d'intérêt purement matériel, *potestas* et *dominium;* par le dernier, l'esclave est entièrement assimilé à une chose ; le maître peut le vendre, le louer, etc.; par le premier, il se trouve placé sous la dépendance du maître comme être intelligent, et sa situation à ce point de vue, sensiblement analogue à celle du fils de famille, implique recon-

l'esclave peut acquérir pour lui, même contre son gré[1], capacité qui s'efface sitôt que cet intérêt disparaît.

6. — Eh bien! c'est en dépouillant l'esclave de l'utilité qu'il peut procurer à son maître par son immixtion dans les affaires, c'est en le prenant abstraction faite de cette *auctoritas* dominicale qui vivifie ses actes, c'est en le considérant comme agissant de lui-même et pour lui-même que les jurisconsultes lui dénient toute capacité et nous disent « *pro nullo habetur,* » il ne compte pas[2]. »

7. — Certes, c'était là méconnaître l'évidence même, ce n'était ni une condamnation, ni un coup de baguette qui pouvaient anéantir ou faire revivre la conscience, la volonté, la responsabilité. La personnalité, malgré le droit civil, ne cessait d'exister, et l'on peut dire avec M. Accarias que « *cette vérité se vengea en faisant surgir des contradictions dans la loi*[3]. » Les jurisconsultes furent contraints de reconnaître dans certains cas son existence, et de la sanctionner malgré le droit civil. Ces dérogations, ils les appuyèrent le plus souvent sur le droit naturel aux yeux duquel, de l'aveu d'Ulpien, tous les hommes sont égaux. Voici ses propres expressions : « *Quod attinet ad jus civile servi pro nullis habentur,*

naissance de sa personnalité. On conçoit qu'on en soit venu, par la combinaison des deux éléments, à reconnaître à l'esclave la capacité d'acquérir, mais « *à l'ériger en nécessité d'acquérir pour le maître,* » selon l'expression de M. de Savigny.

[1] Inst., liv. II, tit. IX, *Per quas pers. nob. acquir.*, § 3.

[2] L. 32 pr. D. *De div. reg. jur.* (L, XVII).

[3] Nous empruntons cette expression, ainsi que les principaux éléments de notre modeste étude, au cours de Pandectes professé par M. Accarias à la Faculté de Paris en 1879-1880 (*Explication du titre : De diversis regulis juris antiqui*).

NON TAMEN ET JURE NATURALI, *quia quod ad jus naturale attinet omnes homines æquales sunt*[1]. » Ainsi, en face du droit civil, les esclaves sont comme s'ils n'étaient pas; en face du droit naturel, il en est tout autrement; sur ce terrain, tous les hommes sont égaux[2].

8. — De ce texte fameux se dégagent deux principes : d'après le droit civil, l'esclave est une chose; d'après le droit naturel, c'est une personne.

Du premier, la vérité se vengea, avons-nous dit, en faisant surgir des contradictions dans la loi. Ce sont ces contradictions, suites et conséquences de l'existence du second, que nous allons étudier en envisageant l'esclave au point de vue du droit public et du droit privé, c'est-à-dire en l'envisageant dans ses rapports avec la société, avec la famille, avec les tiers.

Comptait-il dans la cité? Lui reconnaissait-on des droits de famille? Pouvait-il s'établir entre lui et les tiers des rapports juridiques? Telles sont les questions que nous allons nous poser, nous passerons assez rapidement sur les deux premières, préférant nous arrêter plus longuement à la dernière qui est sans contredit la plus intéressante et la plus féconde au point de vue juridique.

[1] L. 32 pr. D. *De div. reg. juris* (L, XVII).

[2] Le terme de droit civil a ici le sens le plus large, son opposition au terme droit naturel l'indique déjà, et un texte de Marcien vient appuyer cette idée en nous disant : « *Servi... ne omnino jure civili, neque jure prætorio, neque extra ordinem computantur* » (l. 7 Dig. *De leg. corn. de falsis*). Aussi M. de Savigny nous dit-il que l'esclave est frappé d'une incapacité générale, non-seulement quant aux institutions du droit civil proprement dit, mais aussi quant à celles du droit prétorien et du *jus gentium* (*Syst. du droit rom.*, t. II, p. 29 et s.).

CHAPITRE PREMIER.

L'ESCLAVE ET LA CITÉ.

9. — Entre l'esclave et l'État, rien de commun en principe. L'État n'est rien pour lui et il n'est rien pour l'État. De là deux conséquences. D'un côté, l'État ne lui demande rien, de l'autre, il ne le protège pas.

Ce principe, appliqué de la façon la plus rigoureuse pour tout ce qui touche aux droits politiques et publics, reçut, et cela devait être, une grave atteinte au point de vue de la loi pénale.

Nous verrons son application et les dérogations qui y furent apportées.

Enfin, nous nous demanderons si la religion païenne ne reconnaissait point à l'esclave de personnalité.

SECTION PREMIÈRE.

Droits politiques.

10. — Jamais l'esclave ne fit partie du corps politique, du peuple; jamais, par conséquent, il n'eut entrée aux comices. Les fonctions publiques lui étaient absolument fermées. On vit, il est vrai, des esclaves tels que le fameux Barbarius Philippus, élevés aux charges suprêmes à la faveur de l'erreur commune et leurs actes validés dans l'intérêt général[1]; mais, pour ces heureux

[1] L. 3 D. *De officio prætorum* (I, xiv).

d'un jour, la roche Tarpéienne était près du Capitole; cette usurpation, ils la payaient de leur vie[1].

Les charges militaires, le titre même de soldat leur était interdit; on comprend facilement pour quel grave motif. La peine de mort sanctionnait cette interdiction[2]. Elle était encourue par l'esclave dès l'enrôlement, avant même la prestation du serment militaire[3]. Je dois remarquer cependant que dès la République, on dérogea à cette loi[4], et que, sous l'Empire, les dérogations devinrent de plus en plus fréquentes.

11. — Ainsi que je l'ai dit plus haut, les fonctions publiques civiles étaient fermées à l'esclave, il en est pourtant une qu'on pourrait ranger dans cette catégorie et qui, pendant longtemps, leur fut ouverte. Je veux parler de l'emploi de *Tabularius*[5].

C'étaient, en effet, les esclaves publics qui tenaient les registres de l'État ou de la cité. Pourquoi leur confia-t-on cette mission? Était-ce pour avoir, dans la torture à laquelle ils pouvaient être soumis, un contrôle effi-

[1] Dion Cassius, XLVIII, 34.

[2] L. 11 D. *De re militari* (XLIX, XVI). « Ab omni militiâ servi prohibentur, alioquin capite puniuntur. » Cfr. l. 6 et 7 C. *Qui militare possunt,* XII, XXXIV.

[3] Pline, *Epist.* X, 39.

[4] Tite-Live, XXII, 57. Les propriétaires des esclaves enrôlés en recevaient le prix.

[5] Dans la vie de Gordien par Capitolin nous voyons que les esclaves publics tenaient aussi registre des délibérations du Sénat. Nous pouvons dire sans exagération avec Ihering que les emplois inférieurs de l'administration de l'État ou de la cité étaient remplis par eux. Seulement ces emplois et ces fonctions subalternes avaient été, comme le travail du reste, avilis par cette immixtion. V. aussi Accar., *Précis de droit romain,* I, p. 82, n. 1 (2e édit.).

cace de la véracité de leurs écritures[1]? Était-ce plus simplement pour avoir des scribes à bon marché et pour rapprocher du peuple ces esclaves qui, dans la vie juridique, lui étaient d'une si grande utilité? Peut-être; toujours est-il que cet office était si bien devenu propre à l'esclave, que l'on avait pu se demander si l'esclave public affranchi, qui continuait à exercer ces fonctions, ne perdait pas par ce fait la liberté. Les empereurs Dioclétien et Maximien décidèrent qu'il n'en était rien[2]. Il eût été par trop dur de le faire retomber en esclavage, uniquement parce qu'il avait fait acte d'esclave.

Il en fut ainsi jusqu'à la constitution des empereurs Arcadius et Honorius qui défendit de confier à d'autres qu'à des hommes libres une pareille charge[3].

SECTION II.

Droits publics.

12. — Aussi bien que les droits politiques les droits publics sont déniés à l'esclave. Ainsi il ne peut être témoin dans un acte public[4]; il ne peut non plus ester en justice.

[1] Cujas semble pencher à cet avis, *Recit. solemn.*, ad tit. *De serv. reip. manum.*, in lib. VII Cod. (T. VII, c. 1218, édit. ab unione tipogr. taur. — Augustæ Taurin., 1874).

[2] L. 3 C. *De serv. reip. manum.* (VII, IX).

[3] L. 3 C. *De Tabul.* (X, LXIX).

[4] Inst., liv. II, tit. X, § 7 (*De testam. ordin.*). Justinien rappelant les constitutions d'Adrien, de Sévère et d'Antonin, décida cependant que si un témoin était esclave alors que tout le monde le croyait libre, le testament n'en vaudrait pas moins (l. 1 C. *De testamentis*, VI, XXIII). — Cette décision doit être rapprochée de la loi *Barbarius* (l. 3 D.

Telle est la rigueur de cette dernière règle, que non-seulement l'homme actuellement *in servitute* qui revendique sa liberté ne peut plaider lui-même sa cause, mais que l'ingénu revendiqué comme esclave, ne peut défendre lui-même à une pareille action[1]. Il fallait qu'un homme libre prît en main sa défense, c'était l'*assertor libertatis*[2]. Touchés de la rigueur d'une pareille décision, les empereurs Théodose, Arcadius et Honorius permirent à l'homme libre revendiqué comme esclave de se défendre lui-même s'il remplissait l'une des trois conditions suivantes : avoir joui pendant vingt ans au moins de la possession d'état d'homme libre, avoir été revêtu d'une charge publique ou bien avoir été décoré du titre d'illustre[3]. Justinien plus radical supprima dans tous les cas la nécessité de l'*assertor libertatis*[4]; dès lors l'esclave put ester en justice dans l'hypothèse d'une *causa liberalis*.

13. — Incapable de plaider, l'esclave ne l'était pas

I, XIV), ce sont les deux applications les plus saillantes de la règle « *Error communis facit jus.* »

[1] Il semble cependant que dans cette dernière hypothèse la raison qui fait exiger un *assertor* est la considération qu'on ne peut jouer à la fois le rôle de défendeur et celui d'objet du litige.

[2] Certains auteurs ont voulu contester notre solution et distinguer entre les deux hypothèses. Au premier cas, il faut, disent-ils, un *assertor*, car l'esclave ne peut ester en justice et n'ayant pas légalement de personnalité peut être traité comme objet du litige; au second, cela n'est point nécessaire, car un homme en possession de la liberté ne peut être traité comme chose litigieuse (Étienne, *Instit. expliq.*, II, 363 et note. — Bonjean, *Traité des actions*, II, 233). Il est facile de répondre que dès l'instant où l'état est contesté, on devient objet du litige. Du reste, les textes sont formels. V. Gaïus, IV, § 14; Paul, *Sent.*, V, I, 5; L. 1 C. *De assert. tollenda* (VII, XVII). Cf. Mart., *Epigr.*, I, 53.

[3] L. 8 C. Th. (IV, VIII).

[4] L. 1 C. *De assert. toll.* (VII, XVII).

moins de citer des témoins[1], et d'être témoin lui-même[2]. Remarquons cependant qu'on pouvait l'entendre à titre de renseignement[3], et que dans le cas « où la vérité ne pouvait être autrement découverte » on l'admettait à témoigner. Triste prérogative, car l'interrogation du juge était alors précédée de la question[4].

14. — Disons enfin qu'il était nombre d'hypothèses où il était permis à l'esclave de porter ses réclamations au magistrat[5]. Mais il n'y avait point alors lieu à un véritable procès. Le magistrat tranchait directement la contestation. Par suite de la suppression du système formulaire, il n'y eut plus dans les causes proprement dites renvoi à un juge, dès lors la différence ne consista plus que dans les formes suivies et l'on a pu dire que dès cette époque, l'esclave n'a plus été de façon absolue incapable d'ester en justice.

[1] « Servum antestari, vide ! » Plaute, *Curculio*, V, II, v. 630.

[2] « Servum hominem causas orare leges non sinunt. Neque testimonii dictio est. » Térence, *Phormio*, II, I, v. 292.

[3] C'est là, à notre avis, le sens du mot *indicium* que nous trouvons dans les textes.

[4] L. 9 D. *De quæst.* (XLVIII, XVIII) et l. 15, *ejus tit.* C. (IX, XLI). L'esclave était donc torturé pour des questions d'intérêt privé, v. g.: on appliquait à la question les esclaves héréditaires pour savoir si un testament était faux (L. 6 § 1 D. XLVIII, XVIII — L. 10 C. IX, XLI), pour constater l'identité de l'héritier ou déclarer si tel ou tel objet faisait partie de la succession (L. 17 § 2 D. XLVIII, XVIII — L. 13 et 14 C. IX, XLI — Paul, *Sent.*, V, XVI, § 2).

L'empereur Léon VI assimila, quant à l'incapacité de témoigner, les esclaves aux hommes libres esclaves de leurs passions (Nov. 49). Dans la Novelle 48, il avait enlevé déjà ce droit aux femmes.

[5] L. 53 D. *De jud. et ubi quisq.* (V, I).

SECTION III.

Droit pénal.

15. — Quel que soit le crédit d'une théorie, alors qu'elle est artificielle comme celle de la non-personnalite de l'esclave, le fait arrive toujours à s'imposer et à se manifester par quelque endroit. Il en fut ainsi de la personnalité de l'esclave au point de vue pénal et cela devait être. Il était impossible que la fiction ne s'évanouît pas devant le trouble jeté par un crime dans la société, car la répression est chose nécessaire; et qui frapper, sinon l'auteur lui-même, qu'il soit libre ou esclave?

Mais la justice exigeait que l'on tînt compte de la situation faite par la loi à l'esclave, de son assujettissement complet à la volonté du maître, situation qui ne lui permettait de refuser d'obéir qu'en s'exposant aux plus grands dangers. Cette idée devait conduire à faire rechercher s'il avait agi ou non sous l'impulsion du maître, par son ordre; et dans ce cas à l'exonérer pour frapper au-dessus de lui. D'autre part, il y avait un véritable danger politique à ne voir dans l'esclave agissant sur l'ordre du maître qu'un instrument inconscient. On conçoit, en effet, quels dangers eussent constitué pour l'état ces *familiæ* si nombreuses d'esclaves entre les mains de maîtres audacieux, si les esclaves les composant s'étaient sentis couverts par l'ordre reçu. Aussi, tout en tenant compte de leur situation, n'hésita-t-on pas à reconnaître ici leur personnalité en les déclarant responsables. On dressa en quelque sorte l'esclave contre le maître. Ainsi nous voyons la société romaine demander du ressort à ceux-là mêmes auxquels ses lois en dénient en principe la source. De la combinaison de ces deux idées est sortie la doctrine que nous trouvons condensée dans la loi 157 au titre *De regulis juris « Ad ea quæ non habent atrocitatem facinoris vel sceleris, ignoscitur servis, si vel dominis, vel his qui vice dominorum sunt, veluti tutoribus et curatoribus obtemperaverint*[1]. » Donc dans les cas vraiment graves l'ordre du maître ne pouvait assurer à l'esclave l'impunité. On le proclamait coupable et le punissait comme tel.

Frappant l'esclave coupable, la loi par une légitime réciprocité, lui devait assurer sa protection s'il était victime d'un crime ou d'un délit.

Enfin, introduit dans le droit pénal comme coupable et comme victime, n'était-il pas naturel qu'on lui demandât d'être son auxiliaire comme témoin.

A ces trois points de vue nous devons distinguer si l'esclave se trouve en face de son maître ou d'un étranger.

§ 1. *Esclave coupable.*

16. — L'esclave qui s'est rendu coupable d'un crime ou d'un délit *envers un étranger,* tombe sous le coup de la loi pénale, mais son état le poursuit jusque dans cette extrémité. On lui dénie les garanties accordées aux hommes libres[2]; on lui donne pour juges les magistrats

[1] L. 169 D. *De div. reg. jur.* L. XVII. V. aussi : l. 20 *De obligat. et act.*, XLIV, VII : « Servus non in omnibus rebus sine pœna domini dicto audiens esse solet, sicuti si dominus hominem occidere aut furtum alicui facere servum jussisset. L. 11 § 7, *Quod vi aut clam.* D. XLIII, XIV; L. 17 § 7, *De injuriis* D. XLVII, X; L. 15 § 3, *De lege Cornelia de falsis*, D. XLVIII, X; L. 2 § 1, *De noxalibus actionibus* D. IX, IV.

[2] Il ne peut recourir aux tribuns avant le jugement.

les plus humbles [1]; on lui refuse le droit de se défendre lui-même [2]; on recourt à la torture pour provoquer ses aveux [3]; on le frappe plus durement [4], on lui dénie le droit d'appel [5]; enfin s'il est condamné au dernier supplice il le subit par des moyens plus ignominieux [6] e dans un autre lieu que s'il eût été libre [7]. Disons encore

[1] Les *Triumviri capitales*, magistrats créés en l'an 405 de Rome et chargés de la surveillance des prisons et de celle des exécutions capitales (Pseudo-Ascon. *in Cic. divin.*, c. 15 et 16. Aulu-Gelle, III, 3). V. Etienne : *Instit. expliq.*, II, p. 583 — Pour les crimes il relevait des tribunaux ordinaires.

[2] Son maître est son défenseur naturel ; s'il l'abandonne, l'esclave peut se faire défendre par un autre citoyen, et en tout cas, le juge doit examiner la cause avec soin. « Si non defendantur servi a dominis, non utique statim ad supplicium deducentur, sed permittitur eis defendi ab alio : et qui cognoscit debebit de innocentiâ eorum quærere » (L. 19 D. XLVIII-xix. V. aussi l. 11 D. XLVIII-i).

[3] C'est le moyen normal d'interroger l'esclave. Sous la République, l'homme libre ne pouvait être soumis à la torture ; sous l'Empire, il perdit cette prérogative, mais la torture ne fut jamais pour lui qu'une mesure exceptionnelle, sauf pourtant le cas d'indigence (l. 7 § 3, D., II, i — V. aussi Dig. XLVIII-xviii. Paul, *Sent.*, V, xiv.) — L'indigent n'était, en effet, guère mieux traité que l'esclave.

[4] L. 16 § 3 D. *De pœnis* (XLVIII, xix) : « Aliter enim puniuntur in iisdem facinoribus servi quam liberi. » L. 28 § 16, *h. tit.* « Majores nostri in omni supplicio severiùs servos quam liberos punierunt. » Dans la loi 10 pr. *h. tit.*, le jurisconsulte Macer indique pour quelques hypothèses l'aggravation de peine entraînée par la qualité d'esclave.

[5] A moins qu'un homme libre ne prît en main sa défense. Pourtant le jurisconsulte Marcellus, après avoir posé la règle, semble admettre qu'il pourra implorer un examen nouveau : « Servi appellare non possunt sed domini eorum ad opem servo ferendam possunt uti auxilio appellationis ; et alius domini nomine id facere potest. *Sin verò neque dominus, neque alius pro domino appellaverit, ipsi servo* qui sententiam tristem passus est, *auxilium sibi implorare non denegamus.* » L. 15 D. *De appellat. et relation.* (XLIX, i).

[6] Par exemple la croix. V. Cicér., *pro Rabir.*, V.

[7] Tacite, *Ann.*, XV, 60.

que s'il est reconnu innocent, son accusateur ne sera puni que d'une amende égale au double de la dépréciation causée par la torture[1].

17. — Le crime ou le délit commis par l'esclave atteint-il *le maître,* celui-ci le juge et le juge sans appel[2]; il peut même lui faire subir la torture pour lui arracher l'aveu de son crime. Il en était de même si la personne atteinte était en la puissance du maître. Du reste, à l'origine, le fils de famille était comme l'esclave soumis à la juridiction paternelle, seulement, le père, pour juger son enfant, s'entourait d'un conseil composé des plus proches agnats, tandis qu'il jugeait seul l'esclave. Sur ce dernier, d'ailleurs, elle alla s'appesantissant de plus en plus, si bien que les empereurs durent intervenir[3].

D'après le biographe Spartien, l'empereur Adrien « ôta aux maîtres la liberté de faire mourir leurs esclaves, voulant, si ces esclaves le méritaient, qu'ils fussent condamnés par les juges[4]. » Ne pourrait-on voir une application de cette règle dans le rescrit de Marc-Aurèle qui permet au maître d'accuser et de traduire devant les tribunaux son esclave coupable d'adultère avec sa femme[5]. Le magistrat auquel le maître devait s'adresser était le préfet de la ville[6].

[1] L. 9 D. III, xvi; l. 27 D. XLVIII, v.

[2] Etienne, *Instit. expliq.*, II, p. 571. Par son affranchissement même, l'esclave n'échappe pas à la juridiction de son ancien maître; mais celui-ci ne pouvait plus lui infliger que des peines moins dures et jamais la peine de mort (Valère Maxime, VI, i, § 4; Suét., *Jul.*, 48).

[3] Nous étudierons plus loin les restrictions qui furent apportées à la puissance dominicale.

[4] Ælius Spartianus, *Vie d'Adrien* (Traduct. de G. de Moulines).

[5] L. 5 D. *De accus.* (XLVIII, ii).

[6] L. 1 § 5 D. *De offic. præf. urbi* (I, xii).

§ II. *Esclave victime.*

18. — Si la loi sévissait contre l'esclave auteur d'un crime ou d'un délit, elle lui accordait sa protection et contre son maître et contre les tiers.

19. — A l'origine, le pouvoir du *maître* sur l'esclave était en principe illimité, absolu; la loi n'intervenait pas entre eux. De ses droits le maître pouvait donc abuser; l'esclave était à sa merci. Mais on aurait tort de croire que, dans cette période, l'esclave fut par le fait plus malheureux que dans celles qui suivirent. Tout porte au contraire à penser que ce fut l'âge d'or de l'esclavage romain[1]. A cela plusieurs motifs : le nombre restreint des esclaves; la parité de situation, d'instruction et de race du maître et de l'esclave; la réciprocité possible et fréquente de l'esclavage. Aussi ne sommes-nous point étonnés pour notre part de voir à cette époque les censeurs protéger les esclaves contre l'inhumanité des maîtres à l'égal de tous autres serviteurs.

En effet, le maître qui maltraitait ses subordonnés, fussent-ils esclaves ou libres, encourait un blâme des censeurs, ce blâme appelé « *nota censoria* » entraînait l'infamie[2]. Si, ne pas traiter les esclaves avec douceur, était

[1] Voir sur tous ces points : Ihering, *Esprit du droit romain*, t. II, p. 161 et suivantes.

[2] Le censeur à côté de ses fonctions financières, consistant à dresser la statistique des forces nationales, avait des fonctions judiciaires tendant à les conserver, ainsi lui était attribué le jugement des mœurs. Il intervenait, d'après Ihering et Jarcke, au cas de parjure, adultère, divorce sans motifs, célibat, *inhumanité envers les subordonnés y compris les esclaves*, débauche, prodigalité, etc... Ihering, II, p. 51. Jarcke, *Essai d'une exposition sur le droit criminel censorial des Romains.*

encourir l'infamie, y aurait-il grande témérité à penser que le meurtre d'un esclave dût être sévèrement réprimé par raison politique, tant que Rome eut en Italie des voisins et des voisins puissants, possédant eux aussi des esclaves et des Romains comme tels.

20. — Quoi qu'il en soit de cette conjecture, il est certain que la valeur des considérations que nous venons d'indiquer, alla s'affaiblissant avec les accroissements de la République, et que dans les derniers temps de celle-ci, ainsi que dans les premières années de l'Empire, les abus et les excès de pouvoir se multiplièrent de façon effrayante. Qui les aurait empêchés! Les esclaves n'étaient plus comme autrefois des voisins malheureux, c'étaient des barbares, ayant autre teint, autre langage, autres mœurs; ils se comptaient désormais par milliers; enfin, l'antique moralité romaine allait disparaissant[1]! De ces abus et de ces excès, les preuves abondent. On connaît l'exemple classique de Védius Pollio, faisant, pour simple maladresse, jeter ses esclaves aux murènes de ses viviers[2]. Puisqu'il n'y avait plus de mœurs, il fallait des lois, selon le mot de Montesquieu[3]; et c'est à ce besoin que répondirent les dispositions prises tour à tour par les empereurs.

21. — On sait avec quelle frénésie fut recherchée de tout temps à Rome la popularité. Il était des maîtres qui, pour l'obtenir, livraient leurs esclaves aux bêtes de l'amphithéâtre. La loi *Petronia*, rendue, d'après M. de Cham-

[1] Voir pour tous détails, Wallon, *Histoire de l'esclavage dans l'antiquité* — Allard, *Les esclaves chrétiens* — De Champagny, *Les Césars*.

[2] Sénèque, *De irâ*, III, 40; *De Clementiâ*, I, 18 — Pline, *Hist. natur.*, IX, 29 — Tertullien, *De pallio*, 5.

[3] Montesquieu, *Esprit des lois*, XV, 16.

pagny, sous l'empereur Auguste[1], défendit de le faire à l'avenir, sans cause légitime vérifiée par le magistrat[2]. Être livré aux bêtes, devint donc une peine et une peine que le maître ne pouvait infliger sans contrôle.

L'empereur Claude voulut que l'esclave abandonné *ob gravem infirmitatem* devînt libre et décida que le maître qui le tuerait au lieu de le délaisser serait tenu pour meurtrier et puni comme tel[3].

Adrien condamna à la rélégation une matrone qui, sans cause sérieuse avait maltraité son *ancilla*[4]. Le même prince, ainsi que nous l'avons dit, défendit au maître de condamner son esclave à mort, quelque grief qu'il pût invoquer, sans en avoir déféré au magistrat.

Antonin le Pieux couronna par deux décisions l'œuvre de ses devanciers.

Par une première constitution, il décida que le maître qui tuerait son esclave sans cause serait puni comme s'il avait tué l'esclave d'autrui[5]. Or, le meurtrier de l'esclave d'autrui est considéré comme meurtrier du maître lui-même. La loi *Cornelia de Sicariis* protège, en effet, également l'homme libre et l'esclave : « *Et qui hominem occiderit, punitur non habitâ differentiâ cujus conditionis hominem interemit*[6]. » Telles sont ses propres expressions.

[1] De Champagny, *Les Césars*, II, p. 61. D'après M. Wallon, sous l'empereur Néron (III, p. 61).

[2] L. 11 §§ 1 et 2 D. *Ad leg. Corn. de Sicar.* (XLVIII, VIII).

[3] Suétone, *Claud.*, 25 — L. 2 D. *Qui sine manumis.* (XL, VII).

[4] L. 2 *in fine*, D. *De his qui sui vel al. juris sunt* (I, VI).

[5] Inst., *De his qui sui vel al. jur. sunt*, § 2 (I, VIII); L. 2 D. *h. tit.*

[6] L. 1 § 2 D. *Ad leg. Cor. de Sic.* (XLVIII, VIII). La peine était la déportation pour les *homines honesti*, la mort pour les *homines humiles* (l. 3 § 5 D. *h. tit.*).

Par une seconde décision, rendue sous forme de rescrit adressé au proconsul de la Bétique, il permit dans certains cas aux magistrats de forcer les maîtres à se dépouiller de leur autorité. Il veut, en effet, que tout maître qui a sans cause ou sans mesure maltraité son esclave matériellement ou moralement, soit obligé de le vendre sans clauses défavorables et sous la condition qu'il n'en pourra plus lui-même redevenir le maître [1]. L'empereur appuie sa décision sur une considération d'utilité publique, mais du texte même du rescrit ressort visiblement que la préoccupation qui le dicta fut une pensée d'équité.

Marc-Aurèle, en prohibant les ventes d'esclaves faites sous la condition qu'ils figureraient dans des combats de gladiateur, rendit à la loi *Petronia* toute son efficacité [2].

Constantin en revanche enleva à la première des décisions d'Antonin une grande partie de sa portée en décidant qu'il faudrait que la mort de l'esclave suivît de très près les violences du maître pour que la loi *Cornelia* fût applicable à ce dernier [3]. D'autre part, il défendit l'exposition des enfants même esclaves, et sanctionna sa défense par la perte des droits du maître sur l'enfant exposé [4].

[1] Inst., *De his qui sui vel al. jur. sunt*, § 2, (I, VIII) — L. 2 D. *h. tit.*

[2] L. 42 *De contr. empt.* (XVIII, I). Le vendeur et l'acheteur étaient punis en pareil cas (L. 11 § 1 D. *Ad leg. Corn. de Sicariis* (XLVIII, VIII).

[3] L. unic. C. *De emend. servor.* (IX, XIV).

[4] L'enfant exposé appartenait à celui qui l'avait recueilli (L. 1 C. Th. *De expos.*, V, VII). Jusqu'à cette loi le maître avait la faculté de le revendiquer entre les mains de celui qui l'avait recueilli à la seule condition de rembourser les frais d'entretien avancés par lui (*solutis*

Enfin, les empereurs Théodose et Valentinien proclamèrent libre la femme esclave que malgré elle le maître avait prostituée [1].

Telles furent les protections données à l'esclave contre le maître.

22. — Nous devons maintenant nous occuper de celles qui lui furent accordées contre les *tiers*.

Rappelons-nous d'abord les dispositions de la loi *Cornelia :* « *Qui hominem occidit punitur non habitâ differentiâ cujus conditionis hominem interemit* [2]. » Par cette loi, la vie de l'esclave était donc sauvegardée. C'était tout à l'origine. On pouvait donc impunément l'outrager, le frapper. Je dis impunément, en supposant que les injures ne sont point telles qu'elles remontent à la personne du maître, ou que les coups n'ont point été tels qu'ils donnent lieu à l'application de la loi *Aquilia;* car, dans ces deux hypothèses l'*actio injuriarum* ou bien l'*actio legis Aquiliæ* compéterait au maître et la crainte de leur exercice pourra en fait protéger l'esclave dans la plupart des cas. En résumé, sauf le cas de meurtre,

alimentis). Cette loi, datée de 331, accorde au *nutritor* la faculté de créer lui-même l'état de l'enfant qu'il a recueilli : « *sub eodem statu quem apud se recollectum voluerit agitari, hoc est sive filium, sive servum.* » — La prohibition qu'elle portait ne devait point être générale ou était tombée en désuétude, car, en 412, Honorius décide que le maître ou le patron n'aura plus le droit de revendiquer l'enfant exposé si le *nutritor* a fait constater par l'évêque son acte de miséricorde (L. 2, C. Théod., V, VII). Ce mode de constatation fut réglé de façon détaillée par les canons IX et X du concile tenu à VAISON en 442 (V. Hardouin, *Concilium Vasense*, t. I, p. 1790). Par une loi de 529, Justinien déclare libre et ingénu l'enfant exposé (L. 3 et 4 C. *De infant. expos.* (VIII, LII).

[1] L. 6 C. *De spect. et sen.* (XI, XL).

[2] L. 1 § 2 D. *Ad leg. Corn. de Sic.* (XLVIII, VIII).

la loi pénale ne protégeait l'esclave que par ricochet.

23. — Le préteur ne s'en tint pas là et en vint à le protéger, alors même que seul il aurait à se plaindre du délit. Écoutons Ulpien dans son commentaire sur l'édit[1] : « *Si quis sic fecit injuriam servo, ut domino faceret, video dominum injuriarum agere posse suo nomine* »; c'est l'ancien principe, la règle du droit civil, l'injure faite à l'esclave remonte-t-elle au maître, celui-ci peut exercer l'action d'injures, et cela en son propre nom. Continuons : « *Si verò non ad suggillationem domini id fecit,* IPSI SERVO FACTA INJURIA INULTA A PRÆTORE RELINQUI NON DEBUIT, *maximè si verberibus, vel quæstione fieret; hanc enim et servum sentire palam est.* » Ainsi l'injure faite à un esclave, à lui seul, sans désir d'outrager en sa personne celle du maître, ne restera pas impunie. N'est-ce pas là reconnaître sa personnalité? Il est vrai que c'est le maître qui profitera de l'action, mais elle lui sera donnée *nomine servi*[2], et il est tout à fait remarquable que même au cas de lésions corporelles il exerçera l'action d'injures. Si l'esclave n'avait été considéré que comme un animal, la seule action donnée dans ce dernier cas eût été l'action de la loi Aquilie[3].

M. de Caqueray, rappelant cette disposition[4], nous semble donner au dernier membre de phrase un sens trop restreint. Pour lui, il signifierait qu'on avait bien

[1] L. 15 § 35 D. *De injur. et fam. libel.* (XLVII, x).

[2] L. 15 § 44 in princ., *huj. tit.* « Prætor... judicium *nomine servi* promittet.

[3] L. 1 § 3 *huj. tit.*

[4] *Revue historique de législ. franç. et étrangère* (année 1864). Étude sur la condition de l'esclave en droit romain (p. 210).

voulu reconnaître que l'esclave ressentait les coups et n'était point insensible aux tortures. Nous croyons, pour notre part, que le pronom « *hanc* » se rapporte au mot « *injuriâ,* » et qu'ainsi il faut voir dans cette disposition non pas une constatation puérile, mais la reconnaissance dans l'esclave de la personnalité humaine qui, seule, peut être atteinte par l'injure proprement dite. Ainsi entendue, la disposition d'Ulpien n'a rien qui nous choque; cette constatation n'était pas inutile, étant donnée la situation légale de l'esclave[1].

24. — L'esclave se vit donc protéger contre les injures, qu'elles l'atteignissent matériellement ou moralement. Mais le préteur ne délivrait point l'action aussi facilement dans les deux hypothèses. Au premier cas, il l'accordait sans examen préalable « *sine causæ cognitione,* » au second, il ne l'accordait qu'après examen. Mais cet examen même implique reconnaissance chez l'esclave d'une vraie personnalité par toutes les finesses et les distinctions qu'il comporte, je cite : « *At si infamatus sit* (*servus*) *vel facto aliquo, vel carmine scripto, puto causæ cognitionem prætoris porrigendam et ad servi* QUALITATEM; *etenim multum interest, qualis servus sit,*

[1] Haloander donne du texte que nous venons de citer une autre leçon. Il lit : HOC *enim et* SERVIUM *sentire palam est,* au lieu de : HANC *enim et* SERVUM *sentire palam est.* On pourrait remarquer, à l'appui de la leçon qu'il propose, que le jurisconsulte accordant l'action d'injures constatait par le fait même que l'esclave les ressentait; que, du reste, dans les §§ 43 et 44, il reviendra sur ce sujet, donc que cette constatation était ici inutile; d'autre part, qu'il n'est point étonnant qu'il place sa doctrine en quelque sorte sous le patronage du même Servius dont il invoque quelques lignes plus haut le témoignage et l'autorité (§ 32). V. le *Corpus juris civ.*, édit. par Kriegel sous la loi 15 § 35 *h. tit.*

bonæ frugi, ordinarius, dispensator, an verò vulgaris, vel mediastinus, an qualisqualis; et quid si compeditus vel malè notus, vel notæ extremæ? Habebit igitur prætor rationem tam injuriæ, quæ admissa dicitur, QUAM PERSONÆ SERVI, *in quem admissa dicitur, et sic aut permittet, aut denegabit actionem*[1]. »

§ III. *Esclave témoin.*

25. — Nous venons de voir que la loi pénale arriva à reconnaître la personnalité de l'esclave soit en le jugeant digne de ses rigueurs, soit en le jugeant digne de sa protection. Ne devait-elle pas compléter son œuvre en l'appelant à son secours comme auxiliaire de la justice?

Oui, dès l'origine on put recourir au témoignage de l'esclave, mais alors seulement qu'il n'y avait aucun autre moyen d'arriver à la découverte de la vérité[2]. Jusque-là rien que de bon en somme. Mais lorsqu'on recourt à lui, on ne cherche point à démêler la vérité par un interrogatoire long et habile, on l'applique à la question. « *Sine tormentis testimonio ejus non credendum*[3], » nous dit le jurisconsulte Arcadius, et l'empereur Auguste trouve que c'est là un moyen excellent « *efficacissimus* » d'arriver à la vérité[4].

26. — S'agissait-il d'un étranger, l'esclave pouvait témoigner pour ou contre lui. Était-ce son maître qui

[1] L. 15 § 44 D. *De injuriis et fam. libell.* (XLVII, x).

[2] L. 7 D. *De testibus* (XXII, v) : « Servi responso tunc credendum est quum alia probatio ad eruendam veritatem non est. »

[3] L. 21 § 2 *huj. tit.*

[4] L. 8 D. *De quæstion.* (XLVIII, xviii).

était en cause, il ne pouvait en principe témoigner contre lui; il le pouvait, au contraire, en sa faveur[1]. L'homme libre accusé d'un crime pouvait demander qu'on torturât ses propres esclaves[2] et même ceux d'autrui[3], avec la permission de leur maître[4] et sous la condition d'indemniser ce dernier[5]. On pouvait le demander non-seulement pour avoir la confirmation d'une déposition, mais aussi pour leur en arracher. La torture leur était appliquée hors la présence du tribunal, sous l'autorité du président. Sous le Bas-Empire, le témoignage de l'esclave que la torture n'avait pas déterminé resta toujours sans valeur légale; cependant, lorsque les preuves manquaient totalement, on pouvait entendre l'esclave à titre de renseignement et la torture n'était point alors employée[6].

Contre le maître, l'esclave ne pouvait témoigner; tel fut le principe qu'on appliqua sous la République, sauf au cas d'inceste[7]. Je n'insisterai pas sur les motifs de cette règle, ni sur son inobservation lors des guerres civiles qui nous est révélée par le plaidoyer de Cicéron pour Milon[8]. Je me bornerai à énumérer les dérogations

[1] Dion Cass., XXXIV, 99 et XLI, 38 — Val. Max., VI, v, §§ 5 et 6 — Tacit., *Ann.*, II, 30; III, 67 — L. 1 § 16 D. *De quæstionibus* (Ulpien rappelle dans cette loi un rescrit de Septime Sévère).

[2] Pison l'offrit vainement (Tacit., *Ann.*, III, 14).

[3] L. 6 D. *De quæstionibus*.

[4] Cicer., *Pro Roscio Amerin.*, 28, 41, 42.

[5] L. 9 D. *De calumn.* (III, vi) — L. 27 D. *Ad leg. Jul. de adult.* (XLVIII, v).

[6] Les hommes de basse condition furent assimilés à l'esclave au point de vue du témoignage à la fin de l'Empire. — V. sur tous ces points : Étienne, *Institut. expliq.*, II, 590.

[7] Cicer., *Pro Milone*, 22.

[8] Milon avait affranchi ses esclaves, l'accusateur prétendait que

qui y furent apportées au cas d'adultère [1], de crime de haute trahison ou de lèse-majesté [2], et de fraude du cens [3]; dérogations qui pesèrent, grâce à l'élasticité de l'accusation du crime de lèse-majesté, comme une menace perpétuelle sur la société romaine, sous des princes tels que la plupart des empereurs romains [4]. Je ne dirai rien non plus des mesures barbares et radicales, telles que les dispositions du sénatus-consulte Syllanien [5] inspirées par l'ébranlement de la société romaine et de la puissance dominicale, car je ne dois pas oublier que je n'ai point entrepris de faire l'histoire de l'esclave et de sa condition à Rome , histoire faite excellemment par MM. Wallon, Allard, de Caqueray et tant d'autres. Je me suis imposé la tâche de rechercher dans les lois romaines toutes les manifestations de sa personnalité, tous

c'était pour les faire échapper à la torture que comme témoins on leur eût fait subir; Cicéron défend Milon de cette idée, et prétend qu'il a voulu les récompenser de leur fidélité.

[1] L. 17 D. *De quæstionibus* (XLVIII, XVIII); L. 1 *h. tit.* C. (IX XLI).

[2] L. 7 § 1 C. (IX, VIII) et l. 1 C. (IX, XLI).

[3] L. 53 D. *De judiciis* (V, I); l. 1 C. (IX, XLI).

[4] Nous devons aussi ajouter qu'on admettait l'esclave à témoigner contre son maître dans tous les cas où il pouvait directement l'accuser, c'est-à-dire s'il l'accusait ou bien d'avoir détruit le testament qui lui conférait la liberté (l. 53 D. *De judiciis*), ou encore d'accaparement de vivres (*eod.*), ou enfin de fabriquer de la fausse monnaie (*eod.*).

Du reste, les empereurs trouvèrent un moyen ingénieux de tourner la règle; ils faisaient vendre les esclaves, et, dès lors, pouvaient les appeler à témoigner contre leurs anciens maîtres (Tacit., *Ann.*, II, 30).

Disons, enfin, que l'esclave qui a subi la torture pour déposer contre son maître devient immédiatement esclave public (l. 27 §§ 11 et 14, D. XLVIII, V; l. 6 pr. D. XLVIII, XVIII).

[5] D. XXIX, V.

les aveux arrachés au droit par le fait; ce n'est donc qu'accessoirement et pour mieux faire comprendre la dérogation aux principes que je veux signaler, qu'il m'est permis de rappeler et même d'exposer ces principes eux-mêmes.

SECTION IV.

L'esclave et la religion païenne.

27. — Nous ne pouvons terminer cette étude de la situation de l'esclave en face de la société, sans dire un mot de sa situation aux yeux de la religion romaine.

On ne reconnaissait pas à l'esclave de culte particulier, on l'associait aux *sacra* de la famille [1].

Devant la mort, l'inégalité créée par l'esclavage disparaissait, le lieu de sa sépulture était *religiosus*, comme s'il eût été libre, et, par conséquent, mis hors du commerce [2].

[1] Cicer., *De legibus*, II, 11 : « Neque ea, quæ a majoribus prodita est *quum dominis tum famulis* religio Larum, repudianda est. » Cf. Caton, *De re rustica*, 83.

[2] L. 1 pr. *De religiosis*, D. XI, VII : « *Locum in quo Servus sepultus est, religiosum esse, Aristo ait* » (Ulpien). Remarquons que le tombeau d'un *hostis*, bien qu'il fût homme libre, n'avait pas ce caractère (l. 4 *De sepulcro violato*, D. XLVII, XII). — V. aussi Fustel de Coulanges, *La cité antique*, p. 127.

Je ne parle pas de la situation de l'esclave aux yeux de la religion chrétienne; je dois me borner à renvoyer à l'excellent ouvrage de M. Allard : *Les esclaves chrétiens*, où sont rassemblés les documents les plus curieux et les citations les plus intéressantes. V. aussi les ouvrages de MM. Wallon, *Hist. de l'esclavage;* De Champagny, *Les Césars* et *les Antonins;* de Broglie, *L'Église et l'Empire romain au IVe siècle;* Northcote et Brownlow, *Rome souterraine* d'après les découvertes de M. de Rossi (trad. Allard). Cf. Havet : *Le Christianisme et ses origines.*

CHAPITRE II.

L'ESCLAVE ET LA FAMILLE.

---

28. Si nous nous rappelons combien l'état de famille était intimement lié à celui de citoyen, nous ne nous étonnerons aucunement de voir l'esclave auquel sont déniés tous droits de citoyen, entièrement privé des droits de famille.

Le patrimoine le plus précieux de l'homme libre et de la famille, en même temps que le premier signe de la personnalité humaine, le nom, l'esclave ne l'avait pas. Le *prænomen*, le *nomen*, le *cognomen,* étaient propres aux hommes libres, quiconque n'était pas libre, ne pouvait y prétendre. A l'origine, l'esclave n'avait même point d'*agnomen*, l'usage en devint nécessaire quand leur nombre s'accrut[1].

Alors que le nom, signe distinctif, patrimoine essentiel de la famille, était dénié à l'esclave, était-il possible qu'on lui reconnût une famille !

29. — Son assimilation à l'animal était poussée

[1] Au témoignage de Quintilien, on les désignait à l'origine par un simple nom composé qui rappelait celui de leur maître. On accolait au prénom de celui-ci le mot *puer* et disait, par exemple, *Marcipores*, *Publipores* pour *Marci pueri, Publii pueri.* On comprend que ce mode de désignation devint insuffisant lorsque les Romains eurent à leur service de véritables légions d'esclaves (Quintilien, *Inst. orat.*, liv. I, cap. IV, § 26 et note de Spalding, édit. Lemaire). Dans ce passage, Quintilien constate la désuétude de l'ancien usage. Pline, dans son *Histoire naturelle*, nous en donne la raison (Pline, *Hist. nat.*, XXXIII, 6).

jusque dans ses relations avec la femme et les enfants issus de ces relations. Parler de mariage d'esclaves à un Romain, vous l'auriez fort étonné et certainement il vous aurait répondu par l'exclamation que Plaute met par avance sur les lèvres des spectateurs d'une de ses pièces « Par Hercule, qu'est-ce que cela? Un mariage d'esclaves! Un esclave prendre une épouse! Allons donc, on ne voit ça nulle part[1]. »

Il arrivait cependant que des unions de fait s'établissaient entre les esclaves, les relations prenaient alors le nom de *contubernium*, unions fragiles et sans dignité que la loi, loin de protéger, méconnaissait hautement en déclarant qu'elles pouvaient être violées impunément : « *Servi ob violatum contubernium suum adulterii accusare non possunt*[2]. »

30. — N'admettant pas le mariage, base et source de la famille, la loi romaine ne devait tenir aucun compte des résultats d'unions dont elle ne s'occupait pas. C'est, en effet, ce que nous lisons au Digeste dans un texte de Paul : « *Ad leges serviles cognationes non pertinent.* » Donc, pas de parenté entre esclaves, ce n'est que par grâce que l'on consent à leur donner les noms de père, fils, frère : « *Non* PARCIMUS *his nominibus, id est cognatorum, etiam in servis; itaque parentes et filios fratresque etiam servorum dicimus;* SED AD LEGES SERVILES COGNATIONES NON PERTINENT[3]. »

[1] Plaute, *Casina*, Prol., v. 68-70.

[2] L. 23 pr. et l. 24, *Ad legem Juliam de adult.*, C. IX, IX. — Cf. l. 6, pr. D. *eod.*

[3] L. 10 § 5 *De Gradibus*, D. XXXVIII, IX. — Cf. l. 11 § 2 D. *Unde cognati* (XXXVIII, VIII) : « nec enim facile ulla servilis videtur esse cognatio. »

Aussi l'enfant né de parents esclaves ne leur appartenait-il en fait pas plus que l'animal domestique n'appartient à la mère qui l'a mis au jour. Il fut même des jurisconsultes qui voyaient un fruit dans le part de la femme esclave. D'après Cicéron, Scévola et Manilius furent de cette opinion[1]. Brutus y voyait un produit. Ce fut son avis qui prévalut. Cela nous disent Ulpien[2], Gaïus[3] et Justinien[4], parce que l'homme, pour qui les fruits ont été créés, ne peut être considéré comme un fruit. Mais pareil motif est aussi creux que sonore, car il ne s'agit point ici de trancher une question de liberté, mais bien une question d'attribution de propriété. Le vrai motif, nous le trouvons dans un autre texte d'Ulpien, la loi 27 *De heredit. petit.*[5] : « Les femmes esclaves sont destinées à travailler, on ne les achète pas pour leur faire produire des enfants, » donc, l'enfant ne peut avoir le caractère d'un fruit. Du reste, ainsi que nous le remarquions, la solution d'Ulpien n'implique pas plus de respect de la personnalité humaine que celle de Scévola.

Le maître prenait l'enfant et le faisait élever. Trouvait-il son rôle dispendieux, il le simplifiait, ainsi que nous l'avons vu, en l'exposant.

21. — Ne trouverons-nous donc aucun texte qui nous montre, se faisant jour à travers les lois romaines, l'idée que l'esclave est autre chose que la brute et qu'on lui reconnaît plus que de simples appétits?

[1] Cicéron, *De finibus bonor. et malor.*, I, 4.

[2] L. 68 pr. *De usufructu et quemadmodum*, D. VII, I.

[3] L. 28 § 1 *De usuris*, D. XXII, I.

[4] Instit., § 37 *De rerum divisione*, II, I.

[5] L. 27 pr. *De heredit. petit.* D. V, III.

A vrai dire, nous ne pouvons rien trouver qui nous satisfasse pleinement. Tout ce que nous pouvons espérer, c'est constater une tendance, tendance qui se révélera par le maintien de fait de l'union de l'esclave.

Dans cet ordre d'idées, nous pouvons citer deux décisions d'Ulpien. Voici la première : Une exploitation agricole (*fundus instructus vel instrumentum*) est léguée; dans ce legs, nous dit le jurisconsulte, sont compris les esclaves qui exercent sur le fonds leurs divers métiers; il les énumère, puis ajoute : « On doit considérer les épouses et les enfants de ces esclaves comme compris dans le legs, car on ne peut présumer que le testateur ait voulu leur ordonner une cruelle séparation : « *Neque enim* DURAM SEPARATIONEM *injunxisse credendus est* (*testator*)[1]. » Ulpien s'autorise ici du silence du testateur pour faire triompher une présomption d'humanité.

Il fut plus loin en matière d'action rédhibitoire. Voici l'espèce qu'il suppose : Deux esclaves, deux *contubernales,* sont vendus au même acquéreur. L'un est sain, l'autre est atteint d'une maladie, d'un vice, qui peut permettre à l'acquéreur d'exercer l'action rédhibitoire. L'acquéreur intente-t-il cette action, la vente ne sera pas rescindée à l'égard du seul esclave malade, elle le sera à l'égard des deux, pour le tout, car les séparer serait une impiété : « *Plerumque propter morbosa mancipia etiam non morbosa redhibentur, si separari non possint sine magno incommodo,* VEL AD PIETATIS RATIONEM OFFENSAM. *Quid enim, si filio retento parentes redhibere maluerint vel contra? Quod et in fratribus, et in personis contubernio*

[1] L. 12 § 7 *De instructo vel instrumento legato*, D. XXXIII, VII. Cf. L. 41 §§ 2 et 5 *De legatis* — 3 D. XXXII.

sibi conjunctis observari oportet[1]. » Ne pourrait-on voir dans cette généreuse réserve d'Ulpien la reconnaissance informe sans doute, mais précieuse aussi, puisque c'est la seule que nous trouvions ici, de la personnalité de l'esclave.

32. — Nous devons cependant remarquer que si la loi romaine méconnaissait l'union de l'esclave et lui refusait toutes conséquences pendant qu'il était esclave, elle se souvenait de son passé s'il devenait libre et faisait découler de ces relations autrefois méconnues des effets importants.

La *cognatio servilis* formait empêchement au mariage entre les affranchis qu'elle unissait. Les mœurs avaient ici remplacé la loi : « *Hoc jus moribus non legibus introductum est*[2], » nous dit Pomponius, et Paul, après avoir indiqué la prohibition, en donne le motif : « *Quoniam in contrahendis matrimoniis naturale jus et pudor inspiciendus est*[3]. » On s'était demandé pourtant si l'affranchi ne pourrait épouser celle qui passe pour sa fille, la maxime : « *Pater is est...* » ne s'appliquant pas, pouvait-on dire, il n'est pas certain qu'il soit son père. Mais les motifs donnés pour justifier la solution dans les autres hypo-

[1] L. 35 *De ædilitio edicto et redhib. act.* D. XXI, I. — Cf. L. 39 *eod.* Citons dans le même ordre d'idées la constitution suivante de Constantin : « Possessionum divisiones ita fieri oportet ut integra apud successorem unum quemque *servorum,* vel colonorum adscriptitiæ conditionis, seu inquiliorum proximorum agnatio vel adfinitas permaneat. Quis enim ferat liberos a parentibus, a fratribus sorores, a viris conjuges segregari? (Igitur) si qui (sic sociata) in jus diversum mancipia (vel colones) distraxerint, in unum eadem redigere cogantur » (L. 11 C. *Communia utriusque judicii...* III, XXXVIII).

[2] L. 8 D. *De ritu nuptiarum* (XXIII, II).

[3] L. 14 § 2 *eod.*

thèses devaient ici s'appliquer. Aussi Paul n'hésite-t-il pas à prohiber un pareil mariage[1]. Se basant sur les mêmes raisons, il étend à l'*affinitas servilis* les règles qu'il vient d'établir pour la *cognatio;* et n'est-ce point naturel? « *Quum enim cognatio servilis intelligitur, quare non et affinitas intelligatur?* » Du reste, ajoute-t-il, « *In re dubiâ certiùs et modestiùs est, hujusmodi nuptiis abstinere*[2]. »

En se fondant sur les mêmes idées de convenances et de moralité, on faisait découler de la *cognatio servilis* l'obligation pour les descendants de respecter leurs ascendants; cette *reverentia* se traduisait en pratique par la défense de les citer en justice sans autorisation préalable du magistrat[3].

Enfin la *cognatio servilis* était au premier rang des justes causes, basées sur un motif d'affection, que le maître pouvait invoquer pour affranchir son esclave ou lui conférer avec la liberté le droit de cité, alors que lui-même ou l'esclave n'avait pas l'âge exigé par la loi *Ælia Sentia*[4].

Tels étaient, sous l'empire du droit classique, les effets attachés à la *cognatio servilis.*

33. — Justinien lui en attribua de nouveaux. Il fit disparaître, au point de vue des successions, la règle *servilis cognatio nulla est*[5]; désormais l'enfant né *ex contubernio* put invoquer la *bonorum possessio unde cognati.* Il fut donc mieux traité que l'enfant né *ex concubinatu,* car

[1] L. 14 § 2 *eod.* Cf. § 10. Inst. *De nuptiis,* I, x : « Illud certum est, serviles quoque cognationes impedimento nuptiis esse, si fortè pater et filia aut frater et soror manumissi fuerint. »

[2] L. 14 § 3 *eod.*

[3] L. 4 §§ 1 et 3 *De in jus vocando* D. II, iv.

[4] Gaius, *Com.* I, §§ 18 et 38.

[5] § 10 Instit., *De gradibus cognationis*, III, vi.

celui-ci, sous les empereurs chrétiens, ne fut plus admis à l'invoquer pour venir à la succession de son père [1], et à cela rien d'illogique, ainsi que le fait remarquer M. Accarias; « en effet, tandis que le christianisme réprouvait le concubinat qui n'avait aucune raison d'être à côté du mariage, le *contubernium,* seule union possible pour les esclaves, n'était à ses yeux qu'une nécessité, non une faute [2]. » En résumé, Justinien décida que les enfants nés *ex contubernio,* qu'ils fussent nés en esclavage et aient depuis acquis la liberté, ou qu'ils fussent nés libres, seraient appelés à la succession de leurs auteurs et primeraient le patron. Et ce n'est point seulement à leurs père et mère qu'il les appela à succéder, c'est aussi entre eux sans distinguer si tous étaient nés *in servitute* ou non, s'ils avaient à la fois même père ou même mère ou seulement même père ou même mère. Il les traita en un mot « *ad similitudinem eorum qui ex justis nuptiis procreati sunt* [3]. »

Aux enfants nés *ex contubernio,* jamais la légitimation par mariage subséquent ne pouvait s'appliquer, car au moment de la conception le mariage était impossible; Justinien voulut néanmoins que le mariage d'un patron avec son affranchie légitimât, et s'il était besoin rendît libres de plein droit les enfants qu'elle lui avait donnés *in servitute.* Mais il fallait que le père n'eût pas d'enfants légitimes, pour que la légitimation eût lieu.

C'était le seul cas où la légitimation par mariage pouvait s'appliquer à des enfants nés *ex contubernio.*

[1] Justin., *Nov.* 89, cap. 12 § 4.

[2] Accarias, *Précis de droit rom.,* II, nº 456.

[3] § 10 Inst., *De gradibus cognationis.* Cf. l. 4 § 10 *De bonis libert. et jure patronatûs* C. VI, IV.

La légitimation par oblation à la curie fut par une autre décision de ce prince déclarée applicable aux enfants nés *ex ancillâ*, mais à la double condition que le père fût lui-même décurion et n'ait point d'enfants légitimes [1].

34. — Enfin par deux décisions, l'empereur Léon VI proclama l'inviolabilité du *contubernium* établi entre une personne libre et un esclave. Une personne libre s'unit-elle à un esclave, il décide que l'époux libre doit racheter son conjoint esclave ou partager sa servitude jusqu'à la mort du maître. Cette mort les affranchit de droit eux et leurs enfants. S'il ne veut prendre ce dernier parti et d'autre part s'il ne peut racheter immédiatement son conjoint, il peut le racheter par des années de travail au service du maître. La loi en déterminait la valeur et un arrangement équitable en devait fixer le nombre. Telles sont les dispositions de la novelle 100. Par la novelle 101 il les étendit au cas où de deux esclaves unis par *contubernium* l'un vient à être affranchi.

[1] Justin., *Novel.* 89, cap. 2 § 3

CHAPITRE III.

L'ESCLAVE ET LES TIERS.

---

35. — Sous ce titre nous avons à étudier les effets produits par le principe de la non personnalité, de l'inexistence légale de l'esclave dans la partie du droit privé relative aux droits appréciables en argent.

Ces effets peuvent se résumer en une brève formule : *L'esclave ne peut être ni sujet actif, ni sujet passif d'aucun droit*. En d'autres termes, il ne peut avoir de patrimoine et ne peut s'obliger.

Étudier les dérogations qui furent apportées à ces règles sous l'influence de ce droit naturel dont Ulpien nous parle dans la loi 32 au titre *De regulis juris*, montrer dans ces dérogations l'aveu de la personnalité de l'esclave, tel est le but que nous poursuivons dans cette étude dont les principes que nous venons d'énoncer fourniront le cadre.

Cette tâche terminée, nous devrons, pour être complet, envisager l'esclave comme instrument d'acquisition et nous demander si dans cette situation même il ne diffère pas profondément de la chose. Cette étude nous montrera là encore, je dirais presque là surtout, sa personnalité reconnue. Nous verrons que ce n'est point un instrument inconscient, comparable au fonds qui, par alluvion, enrichit le propriétaire, mais qu'il faut, au contraire, tenir compte et grand compte de sa propre volonté, et par conséquent, reconnaître sa personnalité.

SECTION I.

L'esclave peut-il être sujet actif d'un droit?

36. — L'esclave ne peut avoir de patrimoine, « *servus nihil suum habere potest,* » nous disent les textes. Qu'est-ce que le patrimoine? Un ensemble de droits réels ou personnels, c'est-à-dire s'analysant en rapports d'un individu avec une chose ou avec un autre individu. L'esclave est-il absolument incapable de voir s'établir ces rapports à son profit? Peut-il être propriétaire? Peut-il être créancier? Si oui, dans quelle mesure? Enfin comment fera-t-il respecter ses droits si tant est qu'il en ait?

§ I. *Droits réels.*

37. — Au point de vue des droits réels, la règle est inflexible, l'esclave jamais ne les acquerra pour lui. Ce qu'il possède, il le possède pour le maître. S'il exerce un droit, il l'exerce pour le maître ou parce que le maître y a intérêt.

Un grand nombre d'esclaves avaient à Rome les apparences de vrais propriétaires, grâce à la concession de *pécules*. Mais l'abandon d'un pécule était chose en droit tout à fait inefficace, car le maître ne pouvait, par un acte de sa volonté, empêcher les effets qui résultent, logiquement, nécessairement, du lien que la *potestas* crée entre lui et l'esclave. Ainsi, cette portion de son patrimoine que le maître remet à l'esclave ne cesse de lui appartenir[1]; ces économies qu'il le laisse capitaliser, il peut les lui enlever

[1] L. 8 *De peculio* D. XV, I.

d'un moment à l'autre; il peut permettre à l'esclave de disposer de ces biens et de ces valeurs à titre onéreux; il le lui permettra de façon générale en lui confiant la *libera administratio peculii*, mais il ne pourra jamais renoncer à ses droits. La loi les reconnaît toujours et force même l'esclave qui a la *libera administratio* et le maître qui la lui a confiée à s'en souvenir, car, s'il s'agit de faire un acte à titre gratuit, il faudra à l'esclave une autorisation spéciale du maître.

38. — En fait, lorsque l'insignifiance juridique de la possession du pécule par l'esclave eut été démentie à l'égard des tiers par le préteur, l'esclave possesseur d'un pécule dut se comporter dans la société romaine comme un véritable propriétaire. Les tiers n'avaient plus à craindre s'ils traitaient avec lui, protégés qu'ils étaient par les actions *de peculio* et *tributoria;* pour eux, il était propriétaire, et par conséquent solvable, jusqu'à concurrence du pécule.

Quant aux maîtres, ils en vinrent à n'user que très rarement du droit rigoureux que la loi leur donnait. Enlever sans motifs son pécule à l'esclave, fut considéré comme action infamante, et, n'était-ce point naturel, si l'on songe que souvent, ainsi que nous le disions, le pécule avait pour origine les privations que s'était imposées l'esclave, « *quod ventri suo pepercit,* » nous dit Sénèque. Aussi, ne serait-il pas trop hardi de comparer la possession du pécule à celle des fonds provinciaux. L'État était le propriétaire de ces derniers, et comme tel, pouvait à son gré les retirer à leurs possesseurs, en fait, il ne le faisait jamais. Il en était de même de la propriété des maîtres d'honneur sur le pécule de leurs esclaves. Il en était même qui leur permettaient de le transmettre par testament[1]. Ces considérations nous expliquent que dans les affranchissements entre-vifs le pécule fut laissé à l'esclave à moins de clause formellement contraire[2], et que dans les textes nous voyions prévue cette situation d'un maître qui emprunte à son esclave[3].

39. — Les considérations que je viens de développer sont, je le reconnais, des considérations de fait, et quelle que soit d'ailleurs leur importance, elles ne peuvent arriver à nous faire reconnaître à l'esclave sur son pécule aucun droit digne de ce nom dans ses rapports avec le maître. Il était pourtant un cas où le droit civil reconnaissait un effet important à la possession du pécule par l'esclave, et, on peut le dire, en arrivait par un détour à lui reconnaître sur ce pécule un droit de propriété. Ce cas est celui où le maître mourant laisse à l'esclave la liberté, sous la condition qu'il paiera une somme déterminée à son héritier. On admettait, en pareille hypothèse, par présomption de volonté du *de cujus*, je le veux bien, mais enfin on admettait, que l'esclave pouvait prendre sur le pécule pour se libérer[4].

[1] Pline, *Épist.* 50, 8, 16. « Permitto servis quasi testamenta facere eaque ut legitima custodio. »

[2] § 20 Inst., *De legatis,* II, xx. A cette idée se joignait fort probablement aussi une pensée d'humanité; il paraissait sans doute mauvais de jeter dans la vie un homme absolument sans ressources.

[3] L. 14 *De obligationibus et actionibus* D. XLIV, vii.

[4] L. 3 § 3 *De statuliberis* D. XL, vii. Je dis qu'on arriva par un détour à lui reconnaître un droit de propriété, car, en droit, l'héritier restait propriétaire et pouvait donc enlever le pécule à l'esclave; mais, en pareil cas, on appliquait le principe qu'une condition est réputée accomplie, lorsque c'est celui auquel serait opposable le droit qu'elle tient en suspens qui en rend l'arrivée impossible (l. 161 *De div. reg. juris*; l. 24 *De condit.* (XXXV, i). — Ulp., *Reg.*, II, §§ 5 et 6). N'était-ce pas arriver à reconnaître à l'esclave un vrai droit sur le pécule ?

40. — En résumé, les droits réels sont inaccessibles à l'esclave en général. Je dis en général, car, à cette règle, il est toute une catégorie d'esclaves qui échappe. Je veux parler des *servi publici populi romani*. Le *servus publicus* jouissait, au témoignage d'Ulpien, du droit de disposer par testament de la moitié de ses biens[1]. N'est-ce pas la preuve évidente qu'on le reconnaissait capable d'être propriétaire.

41. — Je dois aussi remarquer que, par la Novelle XXXVIII de l'empereur Léon VI, les esclaves de l'empereur se virent reconnu le droit d'acquérir pour eux-mêmes et de disposer librement de leurs biens soit par donation, soit par testament. Désormais ils furent, selon le vœu de l'empereur, propriétaires de leur pécule[2].

§ II. *Droits de créances.*

42. — Comment concevoir l'esclave créancier, alors que la loi 146 *De regulis juris*, tirant les dernières conséquences du principe de son incapacité, nous dit que rien de ce qu'il a fait durant l'esclavage ne lui saurait profiter après l'affranchissement; alors que par une conséquence nécessaire du rapport qui l'unit au maître, la capacité d'acquérir est érigée pour lui en nécessité d'acquérir pour le maître, suivant l'énergique expression de M. de Savigny. Que celui-ci connaisse l'opération, qu'il

[1] Ulp., *Regulæ*, XX, § 16.

[2] « ... Ex hoc itaque tempore et in omnem deinceps vitam *Imperatoris servi rerum suarum reverâ domini sint*, ut libertate de rebus suis quomodocumque voluerint disponendi non priventur, sive sub s[illegible]uce versentur, sive vitam relicturi sint, neque servitutis nomine re[illegible], quarum domini exstiterunt, dominio nudati. »

l'ignore, que le bénéfice consiste dans l'acquisition d'une disposition civile, qu'il se borne à celle d'une obligation naturelle, peu importe; c'est un bénéfice, dès lors, c'est à lui qu'il revient.

43. — Cependant Ulpien, dans un texte fameux, constate que l'esclave peut jouer ce rôle de créancier que d'aussi fortes raisons semblent lui interdire. Je veux parler de la loi 14 *De obligationibus et actionibus*, dont voici les termes : « *Servi ex delictis quidem obligantur et si manumittantur, obligati remanent.* EX CONTRACTIBUS *autem civiliter quidem non obligantur, sed* NATURALITER *obligantur et* OBLIGANT. *Denique si servo, qui mihi mutuam pecuniam dederat, manumisso solvam, liberor*[1]. » « Les esclaves sont obligés par leurs délits et restent obligés après leur affranchissement. En matière de contrats, ils ne sont point, il est vrai, obligés civilement; mais ils sont obligés et obligent naturellement. Donc, si ayant emprunté de l'argent à un esclave, je le lui rends après son affranchissement, je suis libéré. »

Ainsi, par leurs contrats, les esclaves, au témoignage d'Ulpien, obligent naturellement ceux avec lesquels ils contractent : « *Ex contractibus... naturaliter... obligant.* » Quel est le sens de ce texte? Quelle hypothèse prévoit-il? Quelle est la portée de cette expression « *naturaliter obligant?* »

44. — Disons, d'abord, qu'il est un point incontesté parmi les interprètes. Ulpien n'a certainement pas voulu refuser à l'esclave qui contracte avec un tiers le droit de faire naître une créance civile au profit de son maître. Il est évident qu'il envisage la capacité de l'esclave,

[1] L. 14 *De oblig. et act.* D. XLIV, VII.

abstraction faite de celle qu'il emprunte au maître, s'il a en vue le cas où du contrat fait par l'esclave, avec un tiers capable, ne ressort qu'une obligation naturelle. Mais, comment concevoir pareille hypothèse, et, si on la conçoit, Ulpien se borne-t-il à elle? Ici le désaccord est grand.

45. — Pour MM. de Savigny[1], Accarias[2] et Massol[3], c'est dans ce sens restrictif que doit être entendue la loi **14**. D'après le sens général du texte, il est facile de voir que les mots *et obligant* sont en corrélation avec les mots *et obligantur,* donc ils se rapportent uniquement aux créances nées au profit de l'esclave seul. Et c'est qu'en effet il est deux hypothèses où pareille situation se peut rencontrer. La première découle des principes généraux, c'est celle d'un esclave sans maître. Si cet esclave stipule, il acquiert une créance naturelle et l'acquiert bien pour lui, puisqu'il n'a point de maître qui puisse revendiquer le bénéfice du contrat[4]. La seconde dérive de cette observation que la même personne ne saurait, dans la même opération, jouer à la fois les deux rôles de créancier et de débiteur. Ainsi, si l'esclave stipule de son propre maître ou d'une personne en puissance de son maître, c'est pour lui-même que sera le bénéfice de la stipulation; et, en effet, décider autrement n'irait à rien moins qu'à admettre qu'on peut acquérir une créance contre soi-même ou contre les personnes qu'on a en puissance, ce qui revient au même. C'est ce principe que le § 6 *De inutilibus stipulationi-*

[1] *Syst. du droit romain,* II, p. 405.

[2] *Précis de droit romain*, II, n° 506.

[3] *Traité des obligations naturelles*, p. 173.

[4] L. 36 *De stip. serv.* D. XLV, III — L. 73 § 1 *De verb. oblig.* D. XLV, I.

bus, aux Institutes[1], applique en déclarant nulle la stipulation qui tendrait à la création d'un lien d'obligation entre personnes en puissance. Mais il importe de remarquer qu'elle ne serait nulle qu'autant qu'il s'agirait d'un lien d'obligation civile, car il ne saurait être contesté qu'il en résultât une obligation naturelle; la loi 64 *De conditione indebiti*[2], ne saurait laisser aucun doute à cet égard. Sa décision et les motifs sur lesquels elle la fonde sont des plus tranchants. Si le maître a payé à son esclave affranchi les dettes qu'il avait contractées envers lui durant l'esclavage, bien qu'il ait fait ce paiement s'y croyant obligé par le droit civil, il ne pourra répéter. Et cela, pourquoi? Parce que la liberté étant de droit naturel, c'est suivant les principes de ce droit qu'il faut apprécier, en l'espèce, s'il y a dette ou non.

Du reste, cette explication est la plus simple et la plus naturelle de la loi 14. Quant à la phrase qui la termine et qui est évidemment appelée à nous faire saisir par un exemple la pensée du jurisconsulte, elle rentre sans effort dans cette théorie. Le rapprochement de la loi 64 *De condictione indebiti* montre de façon évidente qu'il s'agit là d'un prêt intervenu durant l'esclavage entre l'esclave et le maître. Aussi M. de Savigny propose-t-il de lire : « *Denique si servo* MEO *qui mihi mutuam pecuniam dederat, manumisso solvam liberor.* »

[1] Inst., III, XIX.

[2] « *Si quod dominus servo debuit manumisso solvit*, quamvis existimans ei se aliquâ teneri actione, tamen *repetere non poterit. Ut enim libertas naturali jure continetur*, et dominatio ex jure gentium introducta est, *ita debiti vel non debiti ratio in condictione* NATURALITER *intelligenda est* » (D. XII, VI).

46. — Cette doctrine pour laquelle nous n'hésitons pas à nous prononcer n'a pas rallié tous les suffrages. On ne nie point qu'elle ne fasse dire à Ulpien quelque chose de parfaitement raisonnable, mais on trouve qu'elle ne lui fait pas dire assez.

Puchta prétend que notre loi vise le cas où un esclave ayant la *libera administratio peculii* a prêté une somme à un tiers. En pareil cas, dit-il, l'esclave peut être considéré comme créancier naturel. De là, le débiteur se libérera en payant entre ses mains même après l'affranchissement, soit que le pécule ait été laissé à l'esclave, soit qu'à son insu il lui ait été retiré. La loi 3 *De manumiss. quæ servis* [1] et la loi 53 *De peculio* [2] établissent à ses yeux l'existence en pareil cas d'une obligation naturelle.

M. Machelard, dans son savant traité *Des obligations naturelles*, a proposé une autre explication plus extensive encore que celle de Puchta et qui n'est autre, il le dit lui-même, que le perfectionnement du système autrefois soutenu par Cujas. Celui-ci semble vouloir que l'esclave qui traite avec un tiers, fasse naître deux obligations, l'une civile au profit du maître, l'autre naturelle à son profit personnel, et à l'appui de sa doctrine, il invoque la loi 41 *De peculio*. Pour M. Machelard, Ulpien en se servant des mots *naturaliter obligant,* « veut seulement indiquer que les rapports de créancier et de débiteur s'établissent, *en fait,* entre l'esclave et le tiers contractant, ce qui permet à l'esclave de recevoir le paiement, et autorise à le qualifier en quelque sorte et

[1] D. XL, III.

[2] D. XV, I. V. Puchta, *Instit.* III. 34.

naturellement comme étant créancier [1]. » Il appuie cette théorie de considérations de fait qui ont certainement une grande valeur : l'habitude générale de confier aux esclaves un pécule, la remarque qu'en pratique l'esclave ne devait guère trouver qu'autant qu'il avait un pécule, l'occasion de contracter, l'usage qui se généralisa de confier à des esclaves le soin de ses propres affaires et *a fortiori* de leur donner sans contrôle l'administration de leur pécule. Tous ces faits réunis concourraient à faire regarder et traiter l'esclave contractant à l'occasion de son pécule comme créancier ou débiteur. Dans la langue usuelle, on lui donnait ces noms et même dans le langage des jurisconsultes, la commodité de pareilles expressions les fit admettre bien qu'elles ne fussent pas juridiquement exactes. Ulpien lui-même nous en avertit dans la loi 41 *De peculio* : « *Nec servus quidquam debere potest, nec servo potest deberi. Sed quum eo verbo abutimur,* FACTUM *magis demonstramus, quam ad jus civile referimus obligationem.* » Ainsi lorsque le même Ulpien dans la loi 14 *De obligat.*, nous dit que les esclaves obligent *naturellement* par leurs contrats, il fait tout simplement allusion aux rapports de fait que le contrat établit entre lui et les tiers. De ces rapports découle du reste la validité du paiement fait entre ses mains soit avant, soit après l'affranchissement, mais à condition, dans cette dernière hypothèse, que le débiteur ignore que le pécule lui a été retiré [2].

[1] Machelard, *Traité des obligations naturelles*, p. 187.

[2] L. 18 et 32 *De solutionibus et liberationibus* D. XLVI, III. Les solutions données par Ulpien et Julien dans ces deux lois nous montrent combien, en fait, on reconnaissait à l'esclave un droit respectable sur le pécule, puisqu'ils érigent en présomption le fait que, soit

47. — A notre avis ces deux doctrines ne donnent pas au texte d'Ulpien son vrai sens.

Puchta s'appuie sur les lois 53 *De peculio* et 3 *De manuniss. quæ servis*, pour en tirer que l'esclave qui contracte ayant la *libera administratio peculii* acquiert à son profit une obligation naturelle. La conclusion nous semble très hasardée. Ces deux lois statuent dans l'espèce que voici : Le maître, en affranchissant l'esclave, lui a laissé le pécule, en quelque sorte par prétérition, « *peculium quod ademptum non est, videtur concessum*[1], » en cet état, décident-elles, l'affranchi peut recevoir valablement le paiement, mais ne peut poursuivre les débiteurs avec lesquels il a traité antérieurement à l'affranchissement. Pour nous, cette double décision se justifie par la considération que, d'une part, l'esclave ne peut invoquer aucun titre lui transmettant un droit sur les créances; et que, d'autre part, il peut se prévaloir de la volonté tacitement exprimée par le maître. Mais on ne saurait invoquer valablement ces textes en notre espèce, car ils ne se préoccupent pas de la question de savoir si, contractant avec un tiers, l'esclave peut directement acquérir une obligation naturelle. La créance naturelle qu'ils reconnaissent a son origine et sa cause dans la vo-

dans les affranchissements entre-vifs, soit dans les affranchissements testamentaires, le pécule ou bien n'a pas été retiré, ou bien a été légué à l'esclave. C'est, en effet, en se basant sur cette présomption qu'ils nous donnent leur solution. Mais ils sauvent les apparences et conservent au pécule, en droit, toute son insignifiance en faisant de sa concession le signe d'un mandat et en appliquant la règle : que le mandat serait-il révoqué, couvre les tiers s'ils ont agi avec le mandataire dans l'ignorance de cette révocation.

[1] § 20 *De legatis*, Inst., II, xx — L. un. C. *De pecul. ejus qui libert.*, VII, xxiii.

lonté du maître et ne naît au profit de l'esclave qu'après coup; tandis que, dans notre texte, Ulpien parle évidemment d'obligation naturelle découlant directement de la promesse que l'esclave reçoit.

Quant à la doctrine de M. Machelard, bien que des plus séduisantes, elle ne saurait nous convaincre, car elle fait dire à la loi 14 à la fois trop et trop peu: trop, en élargissant son application sans nécessité; trop peu, en enlevant à l'expression qu'elle emploie tout sens juridique. Et nous ne saurions nous laisser séduire par l'argument tiré, soit des lois 18 et 32 *De solut.*, soit de la loi 41 *De peculio.*

Il est vrai, et nous l'avons reconnu, qu'au fond la solution donnée par les deux lois 18 et 32 *De solut.* repose sur les considérations que développe M. Machelard, mais dans les deux nous trouvons formellement exprimée l'idée de mandat, et cela n'a rien qui nous étonne, car, des considérations de fait ne peuvent à elles seules servir de base à une solution juridique; mais, dans l'espèce prévue par la loi 14, nous ne voyons pas intervenir cette idée, on ne nous parle pas de pécule non plus, la solution est générale, sans distinctions. « Par ses contrats, l'esclave s'oblige et oblige naturellement; donc, si je paie entre ses mains après l'affranchissement, je suis libéré. » Pourquoi suis-je libéré? Parce qu'il est mon créancier naturel. La raison est suffisante, l'idée de mandat n'a pas à intervenir. Quant au sens que M. Machelard attribue en s'appuyant sur la loi 41 *De peculio,* à l'expression « *naturaliter obligant*, » il est à nos yeux inacceptable. Qu'au titre *De peculio* Ulpien nous prévienne qu'il ne faut pas accorder de valeur juridique au nom de créancier donné à l'esclave, nous le comprenons fort bien ; mais ce que nous ne comprendrions pas, c'est que, dans un texte où il a pour but de déterminer au point de vue des obligations la capacité de l'esclave, en général, abstraction faite de toute idée de pécule, il vînt tomber dans l'abus de langage contre lequel il nous prévient dans une matière où, par la force des choses, cet abus était assez fréquent. Ce que nous ne pouvons admettre d'ailleurs, c'est que cet adverbe « *naturaliter* », qui précède et détermine les deux verbes « *obligantur* » et « *obligant* », soit tenu pour une expression parfaitement juridique en tant qu'il s'applique au premier et soit pris pour un mot d'homme du monde, qu'on me pardonne cette expression, en tant qu'il s'applique au second. Nous admettrions à peine une pareille négligence dans un texte d'Ulpien, s'il n'y avait aucune explication possible sans en passer par là ; mais, nous l'avons montré, la loi 14 a un sens et des applications parfaitement claires et justes en reconnaissant au langage d'Ulpien sa scrupuleuse exactitude et sa justesse habituelle ; pourquoi s'en départir ?

48. — Quel que soit d'ailleurs le parti pris dans cette controverse, il nous faut remarquer que, seules, les hypothèses que vise la loi dans notre doctrine offrent, au point de vue de cette étude, un véritable intérêt, car nous trouvons dans la capacité de l'esclave d'acquérir par ses contrats une obligation naturelle, une véritable reconnaissance de sa personnalité ; soit, du reste, que cette capacité s'exerce à l'égard de tous, si nous nous trouvons en présence d'un esclave sans maître ; soit qu'elle soit restreinte dans le cercle de la famille, si nous avons devant nous un esclave en puissance de maître.

49. — Dans ces deux cas, nous avons un contrat, *et de ce contrat découle une obligation naturelle au profit de l'esclave.* Quel intérêt y a-t-il à le constater? C'est ce que nous allons à présent examiner en prenant l'hypothèse la plus complexe, celle d'un contrat intervenu entre l'esclave et le maître.

Les conséquences d'un pareil contrat peuvent avoir de *l'intérêt et pour les tiers et pour l'esclave.* Je dis « peuvent; » car dans les deux cas, pour que l'intérêt naisse, nous devons supposer existant un ensemble de circonstances et de faits.

50. — En effet, on ne conçoit pas *a priori* quel intérêt auront les tiers à constater la naissance au profit de l'esclave d'une obligation naturelle. Mais si nous supposons, chose habituelle à Rome, que l'esclave a un pécule, cet intérêt éclate aux regards. Cette obligation naturelle tombe dans le pécule et l'accroît[1]. L'action *de peculio,* que les tiers qui contracteront avec l'esclave pourront exercer, aura des effets plus pleins. Et, en effet, s'il est vrai que le rapport existant entre le maître et l'esclave permet à celui-là de faire sortir plein effet aux dettes naturelles de celui-ci envers lui, ne doit-il pas, par une juste réciprocité, produire contre lui un effet analogue?

51. — Pour l'esclave, tant que dure l'esclavage, il ne saurait être question de bénéfice à opérer. Il est bien personnellement créancier, à raison même de la position prise par le maître, mais c'est un créancier qui appartient corps et biens à son débiteur. Qu'il ait un

[1] L. 7 § 6 *De peculio* D. XV, I; L. 6 § 4 *De peculio legato* D. XXXIII, VIII.

pécule ou non, peu importe, car à l'égard du maître rien dans la loi n'en garantit l'existence[1]. Est-il nécessaire aussi d'observer que, durant cette même époque, l'obligation du maître ne pourrait servir de base ni à l'engagement d'un fidéjusseur, ni à un pacte de constitut, ni à l'établissement d'un gage ou d'une hypothèque, car fidéjussion, pacte de constitut, gage et hypothèque tendent à la réalisation de l'obligation; or, cette réalisation advenant, qui en profiterait, sinon le maître qui aurait lui-même donné ces sûretés. Conçoit-on des sûretés données au profit de celui même qui les fournit[2].

Durant l'esclavage, la créance de l'esclave est en quelque sorte à l'état latent, plus que paralysée, presque éteinte, elle ne manifestera son existence qu'à la double condition que l'esclave recouvre ou obtienne la liberté et conserve son pécule, soit qu'on ne le lui ait pas retiré, si nous supposons un affranchissement entre-vifs, soit qu'il lui ait été légué, si nous nous plaçons en face d'un affranchissement testamentaire.

S'il en est ainsi, l'esclave ou plutôt l'ancien esclave sera bien créancier et se comportera comme tel; mais il restera créancier naturel. Il ne pourra donc agir, pas plus qu'il ne le pourrait pour réclamer les sommes qu'il a tirées de son pécule et employées au profit du maître[3]. Ajouterai-je que, dès lors, des fidéjusseurs peuvent venir s'adjoindre à l'obligation du maître[4], qu'elle peut faire

[1] L. 8 *De peculio* D. XV, I.

[2] L. 56 § 1 *De fidejussoribus* D. XLVI, I.

[3] § 20 *De legatis*, Inst., II, XX. L. 6 § 4 *De peculio legato* D. XXXIII, VIII.

[4] L. 16 § 3 *De fidejussoribus* D. XLVI, I.

l'objet d'un pacte de constitut[1], qu'une hypothèque peut être constituée à sa sûreté[2], qu'elle peut servir de base à une novation[3], enfin, qu'elle rend impossible la répétition de l'indû[4], cette répétition de l'indû dont le refus est appelé, par M. Machelard, la pierre de touche de l'obligation naturelle[5]? Ce n'est là que constater à nouveau par les effets produits l'existence d'une obligation naturelle à la charge du maître.

L'hypothèse de la répétition par le maître de la somme qu'il a payée à l'esclave à raison d'une obligation antérieure à l'affranchissement aurait pu soulever quelques doutes, car il semble très dur de refuser au maître qui a généreusement affranchi son esclave et lui a laissé le pécule, le droit de reprendre la somme qu'indûment il lui a payée, se croyant civilement obligé au paiement. Les jurisconsultes ne se laissèrent point toucher par cette considération, et Tryphoninus, dans cette hypothèse même, reconnaissant l'existence d'une obligation naturelle, lui donne tous ses effets et refuse au maître le droit de répéter. La raison de décider qu'il invoque est pour nous fort intéressante : « *Ut enim libertas naturali jure continetur et dominatio ex jure gentium introducta est, ita debiti vel non debiti ratio in condictione naturaliter intelligenda est.* » En d'autres termes, à ses yeux, le droit civil s'oppose à ce que les rapports de créancier à débiteur existent entre le maître et l'esclave même affranchi; *mais ces rapports n'en doivent pas moins exister*

[1] L. 1 § 7 *De pecuniâ constitutâ* D. XIII, v.
[2] L. 5 *De pignor. et hypothecis* D. XX, I.
[3] L. 1 § 1 D. *De novationibus et delegat.* D. XLVI, II.
[4] L. 16 § 4 *De fidejussoribus*. L. 64, *De condict. indeb.*, D. XII, VI.
[5] *Traité des obligations naturelles* (Introd., p. 18).

de par le droit naturel, et, par conséquent, doivent conserver toute l'efficacité que dans l'indifférence du droit des circonstances de fait ont pu leur attribuer [1].

La solution que nous venons de donner au sujet de la répétition de l'indû, nous conduit à l'examen d'une question plus délicate que voici : Si nous supposons que le maître, débiteur naturel de son esclave affranchi, devient son créancier par suite d'une opération quelconque postérieure à l'affranchissement, pourra-t-il agir contre lui sans avoir à craindre de se voir opposer la *compensation?*

Les textes sont muets. Dans leur silence j'admettrais volontiers l'affirmative, car il me semble par trop dur de permettre d'opposer une pareille défense à celui auquel on doit sa liberté et ses biens, et qui n'a pas, fût-ce un seul instant et sous l'empire d'une erreur de droit, manifesté l'idée qu'il s'estime débiteur [2].

[1] On peut rapprocher l'idée qui se dégage ainsi de la loi 64 *De condict. indebiti*, de celle qui est exprimée par la loi 32 *De regulis juris*, que nous avons citée au début de cette étude.

[2] A ces raisons de convenance, on a prétendu opposer un texte de Paul, la loi 10 § 2 *De statuliberis* (D. XL, VII). Paul s'exprime ainsi : « *Quodsi heredi dare jussus est decem (servus), et eam summam heres debeat servo : si velit servus eam pecuniam compensare, erit liber.* » Il s'agit bien là, nous dit-on, d'une dette naturelle de l'héritier envers l'esclave, et la compensation est permise au profit de ce dernier, pourquoi n'en serait-il pas de même en notre espèce? La réciprocité l'exige!

Pourquoi n'en doit-il pas être de même? Pour plusieurs motifs. Et d'abord quelle est l'hypothèse prévue par Paul dans cette loi? Celle d'un esclave affranchi par un testateur sous la condition qu'il paiera dix à son héritier. Or, il se trouve que cet héritier est débiteur naturel de l'esclave d'une somme de dix, et Paul nous dit : Pour être libre, l'esclave n'aura qu'à invoquer la compensation. Eh bien! ne pourrais-je remarquer que c'est là une de ces solutions favorables que dictait

52. — Nous en avons fini avec le caractère et les conséquences des créances que l'esclave peut avoir.

Nous ne pouvons cependant quitter ce sujet sans signaler encore un texte où nous retrouvons mentionnée la capacité de l'esclave d'être créancier.

Ce texte est la loi 1 § 18 *De separationibus* au Digeste[1] : « Il faut savoir, nous dit Ulpien, que si un esclave a été institué héritier nécessaire et en même temps affranchi, il peut demander la séparation de biens; c'est-à-dire, obtenir le droit de conserver tout ce qu'il acquerra dans la suite *et même ce qui lui serait dû par le testateur*, à condition de ne pas toucher à ses biens[2]. »

53. — En résumé, ce n'est que dans des cas tout

aux jurisconsultes le désir de favoriser la liberté; on se rappelle l'aphorisme : « *Libertas omnibus rebus favorabilior est* » (V. les lois 20, 122 et 179 *De reg. juris*). — Puis n'est-il pas important d'observer que dans l'espèce prévue par Paul nous n'avons en aucune façon les rapports de bienfaiteur à obligé que nous trouvions tout à l'heure. — Enfin, si le jurisconsulte emploie le mot « *compensare*, » cela ne fait pas qu'il pose une espèce de véritable compensation. La compensation en effet se manifeste par l'opposition d'une exception à une action intentée en justice. Ici c'est l'esclave qui prend les devants, et le débat a lieu *in jure*. De toutes ces raisons, ne ressort-il pas que l'argument qu'on voudrait tirer de cette loi, ne saurait avoir une véritable valeur, et n'ai-je pas le droit de conclure qu'en l'absence de textes, les considérations que j'exposais tout à l'heure doivent nous amener à refuser à l'affranchi le droit d'opposer sa créance naturelle, par voie de compensation, à l'ancien maître qui agit contre lui.

[1] D. XLII, VI.

[2] A quelles créances Ulpien fait-il allusion? Conçoit-on qu'il en puisse désormais exister, puisque les deux rôles de créancier et de débiteur sont réunis sur la même tête? Très certainement il ne peut s'agir d'une créance née au profit de l'esclave avant le décès du maître. Mais pourrait-il en exister dont la naissance n'ait lieu qu'après ce décès? Les interprètes ont prétendu avec raison en trouver une espèce dans les commentaires de Gaius (C. II, § 244). Gaius

exceptionnels que l'esclave acquiert pour lui-même; il faut le supposer ou sans maître ou traitant avec le maître, et les créances qu'il acquiert ainsi ne créent à son profit que des liens naturels. Nous pouvons donc constater avec la loi 146 *De diversis regulis juris* que les actes qu'une personne a faits, étant esclave, ne peuvent lui être utiles le jour où elle devient libre : « *Quod quis, dum servus est, egit, proficere libero facto non potest*[1]. » C'est la conséquence dernière du principe de son incapacité. Aussi l'esclave stipulerait-il *in tempus manumissionis*, l'acquisition ne se réaliserait point à son profit.

54. — Ainsi, pas d'action qu'il puisse exercer à raison d'actes antérieurs à l'affranchissement, pas même d'exception qu'il puisse opposer à raison de ses pactes. La

suppose que dans une hérédité recueillie par le maître se trouve un legs conditionnel fait à l'esclave. Ce legs sera-t-il valable? D'après les Proculiens on devait l'annuler comme s'il eût été pur et simple, car nul ne peut être débiteur, même sous condition, des personnes placées en sa puissance. C'était oublier que le légataire conditionnel ne devient créancier que par l'événement de la condition (L. 42 pr. *De oblig. et act.* XLIV-VII). Pour les Sabiniens il était valable, car avant la *diei cessio* la relation particulière qui rattache le légataire à l'institué et qui aboutirait à la contradiction de cumuler dans une même personne le bénéfice et la charge du legs, si elle existait encore à ce moment, pouvait cesser soit par l'aliénation de l'esclave, soit par son affranchissement. Leur opinion l'emporta et Justinien la donne comme incontestée au § 32 *De legatis* aux Institutes. Eh bien, supposons que l'esclave bénéficiaire d'un legs conditionnel grevant une succession échue à son maître, est institué héritier par celui-ci qui meurt *pendente adhuc legati conditione.* Sa succession étant insolvable, l'affranchi réclame la *bonorum separatio*, puis la condition mise à l'existence du legs se réalise; elle se réalise utilement ainsi que nous l'avons vu, et grâce à la *bonorum separatio* l'affranchi conserve pour lui le bénéfice de ce legs. C'est là la seule application qu'on ait trouvée au texte d'Ulpien.

[1] D. L. XVII.

loi 7 § 18 *De pactis*[1], confirme notre assertion; mais, en la confirmant, elle nous apprend aussi qu'il est une hypothèse où fléchit la règle posée par le jurisconsulte Paul dans la loi 146 *De reg. juris*. Nous ne pouvons passer sans l'étudier.

On sait les conséquences entraînées par la répudiation faite par un héritier externe de l'hérédité qui lui est dévolue. Cette répudiation, intervenant en pratique lorsque la succession est obérée, entraîne comme conséquence la *bonorum venditio*, et celle-ci, outre la flétrissure imprimée à la mémoire du défunt, emporte les plus grands inconvénients pour les créanciers, perte de temps, frais, diminution considérable du gage, car les ventes forcées se font toujours à vil prix. Aussi, pour l'éviter, et, par conséquent, pour empêcher la répudiation de l'héritier, imagina-t-on deux procédés de nature à sauvegarder tous les intérêts : le premier nous est indiqué par la loi 32 *Mandati*[2]; il consiste à donner à l'héritier mandat de faire adition. Ainsi, s'il est tenu *in infinitum* comme héritier, il pourra recourir par l'action *mandati contraria* contre ses mandants, et réclamer le remboursement de tout ce qu'il a payé au delà de l'actif. Mais, comme le remarque M. Accarias, il reste tenu, sans recours possible, envers les créanciers qui ne lui ont pas donné mandat[3], et, en tout cas, ne doit retirer aucun bénéfice de l'opération; il sera donc rare qu'il accepte pareille situation. Pour parer à ce danger, on organisa un second procédé qui

[1] D. II, 14.

[2] D. XVII, I.

[3] L. 4 pr. *De dol. mal. et met. except.* D. XLIV, IV. Sauf pourtant s'ils se sont abstenus par dol de lui donner mandat. V. *Dict.*, *l.* Cf. l. 40 *De dolo malo* D. IV, III.

n'est autre qu'une sorte de concordat. Les créanciers, réunis sous la présidence du magistrat, conviennent avec l'héritier qu'ils se contenteront d'un dividende déterminé et lui font remise du surplus. Cette transaction sera rendue obligatoire par l'adition, et l'héritier repoussera par l'exception *pacti conventi* les demandes exagérées qu'au mépris de l'accord intervenu on lui adresserait[1].

Ceci dit, supposons qu'au lieu d'un héritier externe nous nous trouvions en face d'un esclave institué sous condition. Certes, si la condition se réalise, il ne pourra répudier la succession, mais il pourra réclamer du préteur la *separatio bonorum,* et les conséquences d'une pareille demande seront, comme au cas de répudiation de l'héritier externe, la *bonorum venditio* et ses suites désastreuses. Les créanciers ont donc intérêt à ce qu'il s'engage à ne point user de ce droit, de même qu'ils ont intérêt à voir l'héritier externe faire adition. Pour obtenir ce résultat, ils lui proposent une transaction analogue à celle que nous venons d'étudier. Pareille transaction peut-elle intervenir utilement durant l'esclavage? Marcellus le niait, et cela parce qu'il est de règle que rien de ce que l'esclave a fait durant l'esclavage ne peut être invoqué par lui après affranchissement, alors même qu'il ne voudrait l'invoquer que pour servir de base à une exception de pacte : « *Sed si quis, ut suprà retulimus, in servitude pactus est, negat Marcellus* (*profuturum pactum* ou *rectè pacicisci*) QUONIAM NON SOLET EI PROFICERE, SI QUID IN SERVITUTE EGIT, POST LIBERTATEM; *quod in pacti exceptione admittendum est.* » Ulpien, qui

[1] L. 7 § 17; ll. 8, 9, 10 pr. D. *De pactis*, II, XIV; l. 58 § 1 *Mandat.*, XVII, I; l. 59 *De adm. et peric. tutor.*, XXVI, VII. V. Accarias, *Précis de droit romain*, I, p. 837, note 1 (2e édit.).

rapporte l'avis de Marcellus et approuve par son silence le refus de l'exception de pacte, ne tire pourtant pas de ce refus, application énergique de la loi 146 *De regulis juris*, la solution radicale qui en découle pour Marcellus. Il se demande si l'esclave ne pourrait au moins invoquer en pareil cas l'exception de dol, et le contexte nous apprend qu'il n'était pas le seul à se poser pareille question : « *Sed an vel doli ei prosit exceptio*, QUÆRITUR; » puis il continue : « Après hésitation, Marcellus a admis cette exception dans des espèces tout à fait analogues, par exemple, dans le cas où un fils de famille institué a fait une semblable convention et ne fait adition qu'après avoir été émancipé, et même dans celui où la convention a eu lieu, du vivant du père, entre ses créanciers et son fils. » Ces décisions rappelées, Ulpien ajoute : « *Imò et* IN SERVO *doli exceptio non est respuenda.* » « Il faut aller plus loin, et accorder aussi à l'esclave l'exception de dol[1]. »

55. — Dans cette espèce, on voit fléchir la règle : « *Quod quis, dum servus est, egit, proficere libero facto non potest;* » c'est grâce à un pacte fait durant l'esclavage, que l'affranchi pourra opposer l'exception de dol aux revendications exagérées des créanciers et conserver ainsi entre ses mains une partie de l'héritage, car c'est en pratique à cette seule condition qu'il abandonnera le bénéfice, que lui offre le préteur, de se dégager de tout souci en réclamant la séparation de biens.

Notre manière de voir n'est pas unanimement reçue. Pour M. de Savigny, il n'y a point ici exception à la règle. L'exception de pacte est refusée, dit-il, pour quel motif,

[1] L. 7 § 18 *De pactis* D. II, XIV.

si ce n'est parce qu'elle a sa base dans le pacte et que le pacte est antérieur à l'affranchissement. Conçoit-on donc que l'exception de dol soit donnée, si elle a, elle aussi, pour cause un fait accompli durant l'esclavage! Non, « ce qui donne lieu à l'exception (de dol) est la mauvaise foi du créancier qui, après avoir consenti à une réduction sur sa créance, en réclame la totalité. Or ce fait s'accomplit à une époque où l'esclave devenu libre est capable d'acquérir toutes les obligations, et de ce que l'ancien contrat était nul en droit positif à cause de l'incapacité de l'esclave, la mauvaise foi en elle-même, c'est-à-dire l'acte immoral n'en subsiste pas moins[1]. »

Cette argumentation, quelle que soit l'autorité de son auteur, ne saurait nous convaincre, car il faut, pour qu'il y ait dol de la part des créanciers à réclamer ce qui leur est dû, que le pacte par lequel ils se sont interdit ce droit, pour partie, ne soit pas sans valeur. Or, ce pacte a eu lieu avant l'affranchissement. Si l'obligation contractée alors était radicalement nulle, il ne pourrait y avoir dol, car il n'y a pas dol à se refuser à l'exécution d'un contrat nul. Reconnaître une obligation de conscience à la charge des créanciers ne suffirait pas non plus, car refuser d'accomplir une obligation purement morale ne saurait constituer un dol aux yeux de la loi civile.

§ III. *Protection des droits de l'esclave.*

56. — L'esclave, ainsi que nous l'avons dit au début de notre étude, est incapable d'ester en justice. Il est utile de le constater, car si n'étant en principe capable d'aucun droit, on conçoit que le droit d'agir lui soit

[1] Savigny, *Syst.* II, p. 403 et s. (*Append.* IV). Traduct. Guenoux.

refusé pour lui-même par la force des choses, il n'en serait point de même si l'esclave se présentait pour autrui. Dans ce cas, la barrière naturelle « *pas d'intérêt, pas d'action* » étant levée, il importe de constater l'existence d'une barrière légale, « *l'incapacité.* » Enfin, pour les cas exceptionnels où la loi reconnaît à l'esclave quelque droit, il était utile aussi d'établir une incapacité spéciale ne résultant pas seulement des principes généraux.

Ainsi l'esclave ne peut ester en justice, que ce soit pour lui-même, que ce soit pour autrui.

57. — Est-ce à dire que toute protection lui soit refusée? Ce serait aller trop loin, on lui permet, en effet, de s'adresser au magistrat, de lui soumettre le cas et de le faire trancher par lui *extra ordinem.*

Nous avons trouvé déjà deux applications de ces règles en étudiant les lois 3 §§ 1 et 20 § 2 *De statuliberis*[1]. Je ne rappelle que très rapidement les deux hypothèses. Un esclave est affranchi par le testament de son maître sous la condition de payer une certaine somme à l'héritier, on présume que le testateur a voulu lui permettre de prendre cette somme sur son pécule, l'héritier enlève-t-il le pécule, l'esclave n'en acquerra pas moins la liberté, car, par le fait de l'héritier, la condition mise à l'affranchissement est devenue impossible. Qui prononcera et déclarera l'esclave libre? Le magistrat *extra ordinem*[2]. Et de même, qui déclarera valable la com-

[1] D. XL, VII.

[2] Il convient d'assimiler à cette hypothèse celle où l'esclave étant affranchi sous la condition de rendre ses comptes à l'héritier, celui-ci refuse de les recevoir (l. 53 D. *De judiciis,* V, 1); dans ce cas, le magistrat nomme un arbitre pour les recevoir.

pensation *sui generis* prévue par la loi 20? Toujours le magistrat statuant *extra ordinem*.

Il nous est facile de trouver d'autres exemples dans le même ordre d'idées.

Les S.-C. Rubrien, Dasumien et Juncien supposent qu'un testateur a légué par fidéicommis la liberté à un ou plusieurs esclaves, et que les héritiers n'accomplissent ou ne peuvent accomplir les volontés du défunt, l'esclave devra-t-il souffrir de leur absence ou de leur mauvaise volonté? Aucunement, il s'adressera au préteur, et celui-ci, après examen de la cause, le déclarera libre [1].

Nous ne revenons pas sur les exceptions faites au point de vue du droit public, exceptions que nous avons exposées ailleurs [2].

58. — Dans tous les cas que nous venons d'examiner, le magistrat pourra donner suite à la plainte de l'esclave et s'il la trouve fondée, prononcer un arrêt.

[1] Le S.-C. Rubrien s'applique au cas où l'héritier fait preuve de mauvaise volonté; il est présent, l'esclave est un *servus hereditarius*, néanmoins il reste les bras croisés. En pareil cas le préteur, en déclarant l'esclave libre, le déclare *libertus orcinus* (l. 26 § 7 D. *De fideic. libert.*, XL, 5).

L'héritier est-il légitimement absent, c'est l'hypothèse du S.-C. Dasumien, ses droits de patronage sont sauvegardés (l. 36 pr. *in fine*, l. 51 § 4 *h. tit.*). — Enfin, le S.-C. Juncien, prévoyant l'hypothèse où l'esclave n'appartenait pas au testateur au jour de sa mort, veut que l'héritier, quoique s'étant abstenu d'agir, n'en conserve pas moins les droits de patronage (l. 28 § 4 *h. tit.*). Sans doute, on considérait que c'était déjà assez que donner, aux dépens de l'hérédité, effet à la volonté du défunt sur la *familia* d'autrui; puis on ne pouvait supposer, en pareille hypothèse, que si le testateur avait prévu l'inertie de l'héritier, il aurait directement affranchi.

[2] L. 53 *De judiciis* D. V, I. — § 2 *De his qui sui vel alieni juris*, Instit., I, VIII.

Il est une espèce cependant où la protection qu'il accorde à l'esclave semble se borner à un appui moral. Tout contribue à nous porter à le croire, et le texte même, et les éléments de la cause. Voici l'espèce :

Dans la loi 5 § 2, au titre *De præscriptis verbis*[1], le jurisconsulte Paul suppose que je vous donne de l'argent ou une chose quelconque autre que de l'argent pour que vous affranchissiez votre esclave Stichus. Il décide, ceci posé, que pour vous contraindre à tenir votre promesse, j'aurai l'action *præscriptis verbis* ou la *condictio ob rem dati,* sitôt que vous pourrez être considéré comme en faute de ne l'avoir pas tenue. Ainsi, si pouvant affranchir Stichus, vous ne l'avez fait, ainsi que vous me l'aviez promis, je pourrai ou bien vous demander d'exécuter votre engagement sous peine de dommages et intérêts ou répéter ce que je vous ai donné. Jusqu'ici rien que de très net. Mais il est possible qu'au lieu de voir intervenir un tiers entre le maître et l'esclave, la chose se passe entre eux. Par exemple, il est convenu entre eux que l'esclave prenant sur son pécule une somme déterminée, la donnera au maître, et que, moyennant cette prestation, le maître l'affranchira. Supposons que l'esclave ait tenu sa promesse, pourra-t-il contraindre le maître à tenir la sienne? Ulpien, dans la loi 1 § 1 *De officio præfecti urbi*[2], semble admettre l'affirmative, car il le met sur la même ligne que les esclaves qui, maltraités, se réfugient auprès des statues du prince; or, nous savons que dans cette hypothèse, le magistrat décide souverainement et peut contraindre le maître à vendre ses esclaves. Hermogénien dans la loi 53 *De judi-*

[1] D. XIX, v.
[2] D. I, xii.

ciis[1] versic. *sed et si qui*... semble l'admettre aussi. Pourtant nous croyons que la négative doit l'emporter et nous nous basons pour l'affirmer sur une constitution des empereurs Dioclétien et Maximien. Après avoir très nettement posé l'espèce, les empereurs nous disent qu'il ne saurait y avoir lieu à une action, mais que le recteur ou président de la province, le magistrat en un mot, exhortera le maître à s'en tenir au bon mouvement qu'il a eu et par conséquent à faire l'affranchissement. Voici leurs propres expressions : « *Nam si quid servus de peculio domino dederit, contra eum quidem nullam actionem habere potest, sed dominum, qui semel accipere pecuniam pro libertate passus est, aditus provinciæ rector hortabitur, salvâ reverentiâ, favore scilicet libertatis,* PLACITO SUO *stare*[2]. » Faut-il voir dans ce texte le droit pour le magistrat de peser autrement que moralement sur la résolution du maître? Nous ne le pensons pas, pour les deux motifs auxquels nous faisions allusion : Le texte dont les mots « *hortabitur,* » « *salvâ reverentiâ,* » « *placito suo,* » ne sont guère de mise dans une disposition qui conférerait au juge le pouvoir d'ordonner, les éléments de la cause enfin, car si lorsqu'un tiers intervient on trouve les éléments du contrat *do ut facias,* il n'en est plus de même alors que tout s'est passé entre maître et esclave. Peut-on dire qu'il y a eu une *datio,* le maître n'a rien reçu qui ne lui appartînt! Si on suppose même que l'esclave n'a point pris la somme sur son pécule, mais l'a reçue d'un tiers dans le but de la donner au maître et de

[1] D. V, 1.

[2] L. 9, vers. nam si quid... *De condict. ob causam datorum*, C. IV, VI. Cf. l. 8 *De liberali causâ*, C. VII, XVI.

se faire affranchir, la dation, cet élément essentiel, nécessaire, du contrat *do ut facias*, ne manquera pas moins, ainsi que le fait remarquer avec la plus grande justesse M. Accarias, car, par la tradition faite à l'esclave, les deniers sont immédiatement tombés dans le patrimoine du maître[1].

J'ai tenu cependant à exposer cette espèce, car, même dans la doctrine que nous croyons fondée, elle nous montre reconnue dans une certaine mesure la personnalité de l'esclave, et ses droits sauvegardés.

59. — En résumé, si l'esclave ne peut agir au sens propre du mot, il peut s'adresser au magistrat, lui exposer en termes respectueux ses plaintes et sa requête[2], provoquer une enquête, et finalement obtenir justice.

SECTION II.

L'esclave peut-il être tenu d'une obligation ?

60. — Les sources génératrices d'obligations pouvant se ranger sous deux dénominations générales, d'un côté les contrats, de l'autre les délits[3], nous aurons à nous placer successivement à ces deux points de vue pour répondre à la question qui fait le sujet de cette partie de notre travail. Enfin, après avoir étudié de quelle façon et

[1] Accarias, *Théorie des contrats innommés et explication du titre de præscriptis verbis au Digeste*, p. 151 et s.

[2] Si verecundè expostulent (l. 1 § 8 *De off., præf. urb*. D. I, XII).

[3] Il ne faudrait pas confondre les faits que nous rangeons sous cette dénomination et que nous pourrions appeler avec un titre du Digeste les délits privés (*De privatis delictis* D. XLVII, I), avec les faits illicites qui, sous la qualification générale de *crimina*, forment la matière

jusqu'à quel point il est vrai de dire que l'eclave peut s'obliger, nous traiterons brièvement de l'effet des obligations qu'il a pu assumer.

§ I. *Généralités.*

61. — De l'inexistence légale de l'esclave, tirant la règle que l'esclave ne peut ester en justice, que nulle action n'est par conséquent possible contre lui, les Romains furent naturellement amenés à conclure qu'il n'était capable d'aucune obligation : « *In personam servilem nulla cadit obligatio*[1]. » Et en effet, résulterait-il quelque effet de ses promesses, elles ne sont pas dignes d'être décorées du nom d'obligation, puisque aucune action ne vient les sanctionner.

C'était, nous venons de le dire, la conséquence naturelle du principe énoncé par Ulpien : « *Quod ad jus civile attinet, servi pro nullis habentur.* » Mais dans le même texte, Ulpien constate que tout autre est la position de l'esclave au point de vue du droit naturel. De leur existence, à ce point de vue, ne résultera-t-il rien? Ce serait étrange, et l'on ne pourrait guère le comprendre; aussi, n'est-on pas surpris de voir le même Ulpien tirer les conquences appelées par de pareilles prémisses, et nous dire : « SERVI EX DELICTIS QUIDEM OBLIGANTUR *et si manumit-*

du droit pénal, donnent lieu à l'application de peines corporelles ou autres dont la partie lésée ne profite pas et se poursuivent par des voies spéciales. Ces faits, nous nous en sommes occupés plus haut.

Notons du reste qu'il est des faits qui peuvent offrir ce double caractère et présenter ainsi avec les éléments du délit privé ceux du *crimen* (L. 3 *De privatis delictis*).

[1] L. 22 pr. *De div. reg. juris*, D. L, XVII.

tantur obligati remanent, EX CONTRACTIBUS *autem civiliter quidem non obligantur, sed* NATURALITER *et* OBLIGANTUR *et obligant*[1]. »

62. — Laissant de côté la partie de ce texte afférente aux délits de l'esclave, sur laquelle nous reviendrons tout à l'heure, disons quelques mots d'une *objection* assez spécieuse qui peut être faite à cette idée que l'esclave s'oblige naturellement par ses contrats.

Vous prétendez, peut-on dire, que l'esclave s'oblige naturellement lorsqu'il contracte; or, il est certain que la novation n'exige pour sa perfection que la substitution d'une obligation naturelle à l'obligation préexistante, comment expliquez-vous donc que l'esclave intervenant pour libérer quelqu'un, il n'y ait pas novation! Gaius nous dit, en effet, que si quelqu'un a stipulé d'un esclave la somme qui lui était due par un tiers, il n'y a pas plus novation que s'il l'avait stipulée d'un pérégrin en employant la formule « *Spondes-ne.* » Il constate, il est vrai, que Servius Sulpicius était d'avis opposé, mais cet avis était tout isolé et Gaius exprime certainement la doctrine qui triompha[2].

Telle est l'objection.

Ceux qui la posent ne vont pas, du reste, jusqu'à en tirer la conséquence extrême que l'esclave ne s'obligera jamais naturellement, ils prétendent seulement qu'il n'a cette faculté qu'autant qu'il s'engage par un contrat de droit naturel, par exemple, le prêt. Pour les contrats civils, et par ce terme on entend les contrats dont les formes sont réglées par le droit civil, ils lui sont tota-

[1] L. 14 *De obligat. et act.* D. XLIV, VII.

[2] *Com.*, III, §§ 176 et 179. Inst. de Just., III, XXIX, § 3.

lement fermés lorsque la *potestas* d'un maître ne l'habilite pas, et par suite lorsqu'il joue, de sa propre autorité, le rôle de promettant. De là, s'il s'est ainsi engagé, il ne saurait résulter de son engagement aucun effet, même naturel.

63. — A cette opinion on peut opposer les plus graves raisons. Tout d'abord, conçoit-on que l'esclave ne puisse s'engager naturellement *verbis*, que la stipulation lui soit fermée, alors qu'elle est ouverte à tous. Les textes nous prouvent qu'il n'en est rien : La loi 56 § 1 *De fidejussoribus*[1], suppose en termes exprès que l'esclave a pu s'engager par ce mode envers son maître; la loi 8 § 4 *De acceptilatione*[2], dit qu'il peut être libéré par une acceptilation, or l'acceptilation est le mode d'extinction propre aux obligations verbales; enfin Théophile, dans sa paraphrase des Institutes, déclare formellement que l'esclave qui se porte *expromissor* s'engage naturellement[3]. Ainsi, de cette objection, si grave au premier abord, rien ne reste et nous nous sommes convaincus que, même venant faire une expromission, l'esclave s'oblige naturellement.

64. — Que si nous voulons rechercher pour quelle cause la novation ne se produira pas et nous convaincre ainsi mieux encore qu'un pareil résultat ne saurait être attribué à l'inexistence d'une obligation naturelle, nous nous trouvons en présence de deux systèmes.

Le premier se fonde sur le texte du titre *De regulis juris* qui pose en principe qu'il est des offices que seuls

[1] D. XLVI, I.
[2] D. XLVI, IV.
[3] Liv. III, tit. XXIX, § 3.

peuvent remplir les hommes libres [1]. Eh bien, disent ses partisans, l'office d'*expromissor* en est un. Il y a là un acte de générosité, de dévouement dont *a priori* l'esclave est réputé incapable; et ce qui prouve bien qu'il en est ainsi, c'est que s'il a un pécule, et si l'expromission doit être avantageuse pour son pécule, il la fera valablement [2]. Dans tout autre cas son intervention serait radicalement nulle [3].

Le second examine les éléments exigés pour la novation et la façon dont elle peut se réaliser. Il reconnaît que l'extinction de l'obligation qu'on veut nover a pour condition la formation d'une obligation nouvelle qu'elle soit naturelle ou civile, mais il constate aussi que la forme qui permet de la réaliser est la stipulation. Du contrat *verbis* seul peut résulter une novation. Cela posé, examinons notre espèce, nous nous convaincrons que l'engagement de l'esclave a beau l'obliger, il ne saurait nover, car il pourra bien valoir comme pacte, mais ne saurait valoir comme contrat *verbis*. En somme, nous avons ici une obligation naturelle, mais qui résulte d'un simple pacte, la formule employée fût-elle celle de la stipulation, donc la novation ne peut avoir lieu.

65. — Nous n'hésitons pas à adopter cette dernière opinion. Il est certain ainsi que les partisans de l'autre doctrine l'affirment, que l'esclave ne peut compromettre son pécule par un acte de pure générosité; mais l'esclave au-

[1] L. 175 pr. « *In his quæ officium per liberas fieri personas leges desiderant* SERVUS INTERVENIRE NON POTEST. »

[2] L. 3 §§ 5 et 6; l. 47 pr. et § 1 *De peculio* D. XV, I. Mais il faut observer que, même dans ce cas, la dette novée n'est pas éteinte *ipso jure*, elle ne l'est que *exceptionis ope* (l. 30 § 1 D. *De pactis*, II, XIV).

[3] LL. 19 et 20 *De fidejussor. et mandat.* D. XLVI, I.

quel est confié un pécule, ainsi que je le ferai remarquer plus loin, joue deux rôles, celui de mandataire du maître, de représentant du maître, et le sien propre. Par les actes faits dans la limite de ses pouvoirs, il oblige le maître jusqu'à concurrence du pécule, mais en même temps il s'oblige lui-même; par les actes qui excèdent ses pouvoirs, il ne saurait obliger le maître, mais il s'oblige lui-même toujours. Cette simple réflexion nous explique le sens et la portée des textes où nous voyons les jurisconsultes distinguer si l'*expromissio* a été faite dans l'intérêt ou non du pécule. Mais on ne saurait en tirer davantage et conclure que si l'*expromissio* n'a pas sa raison d'être dans la gestion du pécule elle n'oblige pas l'esclave naturellement. Concevrait-on qu'il en fût ainsi? Si l'esclave qui n'a pas de pécule et qui s'engage par une simple promesse est engagé naturellement, concevrait-on que celui qui a un pécule, que celui qui a manifesté sa volonté de la façon la plus claire, en se servant d'une formule concise et énergique, ne soit pas lié, lui aussi! Pareil résultat ne pourrait être compris. Ce qui est vrai, c'est qu'il ne sera pas lié plus énergiquement, car, sans parler au nom du maître, il ne saurait en jouant dans une stipulation le rôle de promettant, faire produire à son engagement les effets spéciaux attachés à l'emploi de la forme essentiellement civile dont il s'est servi. Il n'y aura donc pas novation parce qu'il n'y a pas eu contrat *verbis,* de même qu'il y a pacte de constitut et non pas novation quand deux personnes libres conviennent, autrement que *verbis,* que le paiement d'une dette sera fait de telle ou telle façon.

Ainsi et pour nous résumer de l'intervention de l'esclave ne saurait résulter une expromission parce que l'esclave n'a pas une *persona* apte à s'engager *verbis*. C'est là du reste la doctrine de Théophile, c'est aussi celle de Gaius, on peut le dire sans trop de hardiesse en se fondant sur le rapprochement qu'il établit entre l'esclave et le pérégrin qui aurait fait une *expromissio* en se servant de la seule formule du contrat *verbis* qui lui soit interdite, la formule *spondeo.* Mais l'engagement ainsi contracté *verbis* ne sera point sans effet, il liera l'esclave naturellement, de même que l'acceptilation à lui consentie par son créancier le délierait des obligations qu'un simple pacte aurait suffi à éteindre[1]. Dans les deux cas on ne fait en somme qu'appliquer le brocard *quod abundat non vitiat.*

Remarquons enfin que dans la loi 56 *De peculio*[2], nous trouvons la confirmation expresse de la doctrine que nous venons d'exposer, à savoir que de l'expromission de l'esclave résulte une obligation naturelle bien que la dette ancienne ne soit pas éteinte. Dans l'hypothèse qu'il prévoit, celle de l'*expromissio* faite par l'esclave dans l'intérêt du maître sans que le pécule fût auparavant en jeu, nous voyons cette obligation produire des effets remarquables et cela grâce à la situation du maître qui lui permet de la faire sortir à effet sans avoir à recourir à une action.

§ II. *Contrats.*

66. — L'esclave considéré, ainsi que nous le faisons ici, c'est-à-dire comme agissant pour lui-même, peut se trouver en face de son maître ou d'un tiers. Ce sont là deux hypothèses que nous devons successivement étudier.

[1] L. 8 § 4 D. *De accept.*, XLVI, IV. L. 95 § 4 D. *De solut. et liberat.*, XLVI, III.

[2] D. XV, I.

A) *L'esclave peut-il s'obliger par contrat envers son maître?*

67. — Le texte si général d'Ulpien, que nous venons de citer tout à l'heure, répondrait de façon suffisante à cette question. Mais nous avons mieux qu'une affirmation générale, un texte des Institutes prévoit l'hypothèse et déclare valable l'engagement du fidéjusseur qui vient garantir au maître la dette de son esclave. Le voici : « *In omnibus obligationibus assumi possunt (fidejussores)... at ne illud quidem interest, utrum civilis an naturalis sit obligatio cui adjiciatur fidejussor, adeò quidem ut* PRO SERVO QUOQUE OBLIGETUR, *sive extraneus sit qui fidejussorem a servo accipiat,* SIVE IPSE DOMINUS IN ID QUOD SIBI NATURALITER DEBETUR[1]. »

Ainsi, du contrat intervenu entre le maître et l'esclave sortira soit activement, soit passivement une obligation naturelle; observons seulement que cette obligation ne sera point transformée par l'affranchissement en obligation civile, les textes sont formels[2], et leur décision est des plus humaines et des plus logiques. *La créance du maître restera donc dépourvue d'action,* et cela alors même que l'engagement pris par l'esclave avait pour but l'obtention de la liberté[3].

Telle est la règle.

[1] § 1 *De fidejussoribus*, Instit. III, xx. — Gaius, *Comm.*, III, § 119.

[2] Paul, *Sentent.*, II, xiii, § 9. — LL. 1 et 2 C. *An servus pro suo facto*, IV, xiv.

[3] Aussi exigeait-on que la *jurata promissio operis* ait lieu après l'affranchissement ou tout au moins *in continenti*. Sans cela, le droit civil n'aurait pu la sanctionner (l. 7 pr. et § 2 D. *De oper. libert.*, XXXVIII, i — l. 144 pr. D. *De liber. causâ*, XL, xii). Le serment

68. — Mais on croirait à tort que l'esclave pouvait se jouer impunément de ses promesses. La loi 7 § 8 *De dolo malo* au Digeste et la loi 3 au Code *An servus pro suo facto*, nous donnent la preuve du contraire[1].

Voici l'hypothèse prévue par le premier de ces textes : Un esclave pour rassurer le maître qui va l'affranchir, sur l'insuffisance de ses engagements, les fait garantir par un fidéjusseur, sous la condition expresse que l'affranchissement effectué, il se substituera au fidéjusseur. Affranchi, il se refuse à ce transfert d'obligations. Que fera le maître? Pomponius lui donne contre l'esclave une action de dol, outre l'action *ex stipulatu* qu'il pourra exercer encore contre le fidéjusseur s'il n'a pas à se reprocher d'avoir empêché lui-même le transfert. Ulpien, rapportant cette solution, s'étonne en songeant au caractère subsidiaire de l'action de dol, qu'elle soit donnée alors que le maître en a une autre à sa disposition, l'action *ex stipulatu adversùs reum*, pourtant il la donne sans hésitation au fidéjusseur et au maître lui-même si le fidéjusseur est insolvable. Ainsi l'affranchi, dans cette

prêté avant la *manumissio* n'avait pour but que de servir de cause à celui-là. Tel était du moins le droit classique. Dans l'ancien droit, il est assez probable que le serment fait durant l'esclavage était rendu obligatoire par la *manumissio*, autrement on ne s'expliquerait que très difficilement, ainsi que le fait observer M. Accarias (*Précis de droit romain*, II, p. 199), que le droit civil ait créé ici une forme spéciale d'engagement au lieu de prescrire le recours à la forme ordinaire, c'est-à-dire à la stipulation.

[1] Cicéron, dans une de ses lettres à Atticus, semble indiquer qu'en pareil cas le préteur aurait pu feindre que l'affranchissement n'a pas eu lieu (*Ad Attic.*, VII), par exemple en prétextant que l'*assertor libertatis* ne s'était pas valablement présenté. C'est ce qu'un préteur nommé Drusus prétendit, à son témoignage, dans une circonstance de ce genre.

hypothèse, devra tenir ses engagements sous peine d'être exposé à toutes les conséquences d'une action de dol.

69. — N'allât-on pas plus loin, n'en vînt-on pas à admettre que la convention faite entre le maître et l'esclave, par cela seul qu'elle avait été cause ou condition de l'affranchissement, serait dans tous les cas source d'une action *de dolo* contre lui, si, affranchi, il la méconnaissait? Ainsi que le remarque M. Accarias[1], cette conjecture trouve un appui bien fort dans le texte que nous venons d'exposer; on n'avait qu'à simplifier l'hypothèse, qu'à supprimer la nécessité de l'intervention d'un tiers, pour arriver à investir le maître de cette action. En un mot, il suffisait d'admettre pour le dol ayant pour but direct l'affranchissement, la solution que la même loi donne dans une espèce où le dol n'a eu qu'indirectement ce résultat[2].

70. — Il faut même constater un progrès plus radical si on accepte, tel qu'il nous est donné par le Code, le second texte auquel nous faisions allusion, la loi 3 *An servus pro suo facto* au Code. L'espèce qu'il prévoit est bien simple. Un esclave promet de l'argent à son maître pour se faire affranchir. Affranchi, il se refuse à payer. Le maître, par hypothèse, n'a pas stipulé de lui, après l'affranchissement, la somme promise; comment sera-t-il garanti? Par une action *in factum* : « *Adversùs eum petitionem per* IN FACTUM ACTIONEM *habes.* » Mais qu'est-ce que cette action *in factum?* Pour Cujas, c'est l'action *in factum* prétorienne, subsidiaire à l'action de dol[3]; pour M. de Savigny, c'est l'action *in fac-*

[1] *Précis de droit romain,* II, p. 200 (2e édit.).

[2] L. 7 pr. *De dolo malo* D. IV, III.

[3] Cujas, *Notæ et comment.* in lib. IV, tit. XIV, Cod. Justin.

tum civile, c'est-à-dire l'action *præscriptis verbis* fondée ici sur le contrat inommé *facio ut des.* Cujas avait pressenti cette solution, seulement il n'avait pu se résoudre à admettre qu'il y eût là vraiment action *in factum* civile, parce que le contrat a eu lieu entre un maître et un esclave, et la règle formelle est qu'il ne peut naître une action contre l'affranchi à raison du contrat qu'il a pu faire avant son affranchissement[1]. M. de Savigny ne s'est point laissé arrêter par le scrupule de Cujas, il le lève en remarquant qu'en pareil cas on faisait sans doute abstraction du moment où le contrat avait été passé.

Fut-on aussi loin que le croit M. de Savigny? A vrai dire, nous ne le pensons pas.

Remarquons, d'abord, que la constitution d'Alexandre Sévère, contemporaine de la décision d'Ulpien, que nous analysions il n'y a qu'un instant, est par cela même rendue fort suspecte; remarquons surtout que dans les *Basiliques* où nous la retrouvons la solution qu'elle nous présente est exactement la solution inverse, car nous y trouvons une négation[2], nous devrions donc lire au Code : « *Adversùs eum petitionem per in factum actionem* NON *habes;* » si nous voulions faire concorder les deux leçons. Cette modification faite, le rescrit d'Alexandre Sévère ne ferait autre chose que constater un fait. Mais en admettant qu'il faille tenir pour vraie la version du Code, je crois que l'interprétation de Cujas devrait être préférée à celle de M. de Savigny, car elle ne nous présente qu'une généralisation rapide des principes posés par Ulpien, et cette généralisation n'a rien que de fort probable, ainsi

[1] L. 1 § 4 *De except. rei venditæ* D. XXI, III.

[2] Basil., XXIV, 5, 3, on y lit : ουδεμιαν κατ'αυτοῦ απαιτησιν εχεις (*Corp. jur. civ.*, édit. Kriegel).

que nous le remarquions plus haut, tandis que celle de M. de Savigny nous placerait en face d'un progrès trop grand pour avoir été aussi prompt. Peut-être ce progrès fut-il réalisé par la suite, et le texte, tel que nous le donne le Code, exprime-t-il le droit de l'époque de Justinien. Ce n'est là qu'une conjecture, mais que les textes relatifs au *jusjurandum liberti* insérés au Digeste ne sauraient pas détruire absolument, car il est fort probable que le *jusjurandum* était tombé dans une complète désuétude.

B) *L'esclave peut-il s'obliger par contrat envers les tiers.*

71. — Si l'esclave qui contracte avec son maître s'oblige naturellement, il n'en saurait être autrement lorsqu'il se trouve en face d'un tiers. Ses obligations ne seront pas civiles, car seule sa personne est en jeu; il ne représente pas le maître lorsqu'il s'agit d'obligations à contracter : « *Per servos deterior conditio nostra fieri non potest;* » mais il suffit que sa personne soit en jeu pour qu'une obligation naturelle soit possible : « *Servi ex contractibus naturaliter obligantur.* »

72. — En fait, ainsi que nous l'avons déjà remarqué, l'esclave qui n'avait point de pécule et qui agissait sans ordre du maître ne devait pas trouver facilement l'occasion de contracter. Il en était autrement, grâce au préteur, s'il agissait sur l'ordre du maître ou s'il était à la tête d'un pécule. Au premier cas, les tiers étaient en effet protégés par les actions *exercitoria, institoria, quod jussu,* au second ils l'étaient par les actions *de peculio* et *tributoria* [1].

[1] L'act. *de in rem verso* compétait à celui qui avait contracté avec

73. — La concession d'un pécule élargissait donc singulièrement sa capacité et donnait à ses engagements une véritable valeur. Si l'on va au fond des choses on voit qu'en pareille hypothèse l'esclave remplit deux rôles. Il gère une partie de la fortune du maître et reçoit à cause de cette gestion la faculté d'obliger le maître lui-même jusqu'à concurrence des biens gérés, donc en s'obligeant *ex causâ peculiari* il oblige le maître; mais il s'oblige en même temps lui-même. En d'autres termes, lorsqu'il s'engage, il engage le maître et s'engage lui-même; le maître, jusqu'à concurrence du pécule, mais civilement; lui, pour le tout, mais naturellement. Ses contrats sont donc la source de deux obligations, et ces obligations sont si bien distinctes, que l'une peut périr, l'autre n'en continuera pas moins de subsister. La loi 50 § 2 *De peculio* [1], en décidant que l'obligation de l'esclave est susceptible de recevoir un fidéjusseur bien que l'action *de peculio* ait été intentée contre le maître, la loi 84 *De solutionibus* [2] en déclarant que l'exercice de cette action ne libère pas les fidéjusseurs qui ont cautionné l'esclave, la loi 35 *De fidejussoribus* [3] en déclarant ces fidéjusseurs tenus pour le tout alors même que le pécule se réduirait à rien, ne font que consacrer la distinction des deux obligations.

74. — Remarquons ici aussi que l'affranchissement

l'esclave bien qu'il n'ait pas de pécule et ait agi sans ordre ni mandat. Mais, alors même que l'enrichissement du maître aurait été infiniment probable, la perspective de cette action ne pouvait engager les tiers à contracter avec l'esclave; car elle ne les devait garantir le plus souvent qu'incomplètement.

[1] D. XV, I.

[2] D. XLVI, III.

[3] D. XLVI, I.

ne transforme pas l'obligation de l'esclave en obligation civile. Elle reste imparfaite bien que la cause qui l'a empêchée d'être parfaite ait disparu.

Mais à cette règle même il convient de faire avec Paul et Ulpien deux exceptions.

Nous trouvons la première dans la loi 17 *De negotiis gestis* [1]. C'est une gestion d'affaires entreprise durant l'esclavage et continuée après l'affranchissement, s'il y a connexité entre les actes de gestion postérieurs à l'affranchissement et ceux qui l'ont précédé, l'action *negotiorum gestorum* s'étendra aux actes antérieurs. La même solution doit être donnée au cas de mandat.

La seconde nous est exposée par la loi 21 § 1 *Depositi* [2]. L'esclave a reçu un dépôt, puis il est affranchi. S'il est resté nanti de l'objet déposé, l'action *depositi* sera donnée contre lui.

Ces deux exceptions n'ont rien qui puisse surprendre; la première était en quelque sorte imposée, la seconde s'explique, car c'est le nantissement qui sert de cause à l'obligation du dépositaire, et l'affranchi est resté volontairement nanti.

§ III. *Délits.*

75. — Ulpien, dans la loi 14 *De obligationibus*, pose trop largement le principe, il nous dit en effet : Par leurs délits, les esclaves s'obligent et ils demeurent obligés après l'affranchissement : « *Servi ex delictis quidem obligantur et si manumittantur obligati remanent.* » Cette

[1] D. III, v.

[2] D. XVI, III. — Cf. l. 1 § 18 *h. tit.*

affirmation est trop absolue, car, vraie pour les délits commis par un esclave envers un étranger, elle cesse de l'être dans les rapports de l'esclave et du maître.

Étudions séparément les deux hypothèses.

A) *L'esclave s'oblige-t-il par ses délits à l'égard du maître.*

76. — Gaius et après lui Justinien répondent négativement en termes formels : « *Sed si filius, aut* SERVUS DOMINO NOXIAM COMMISERIT, NULLA ACTIO NASCITUR; *nulla enim omnino inter me et eum qui in potestate meâ est obligatio nascitur.* »

L'influence du rapport de puissance établi entre le maître et l'esclave mettait donc obstacle à la naissance de l'action. Cette influence était même telle aux yeux des Romains qu'ils admettaient que, créé postérieurement à un délit entre l'homme libre qui avait souffert du délit et l'esclave qui l'avait commis, ce rapport éteignait l'action née avant son existence. Ce fut là, au moins de tout temps, l'avis de l'école Sabinienne, et c'est celui que Justinien consacre dans ses Institutes. Les Proculiens prétendaient qu'en pareille occurrence, l'action était simplement assoupie[1].

77. — Qu'on ne se trompe pas sur la portée de la solution que nous venons d'établir. Il est certain que le maître atteint par un délit commis par son esclave, ou qui s'est vu livrer par l'abandon noxal l'esclave coupable, n'aura d'action contre lui, ni durant l'esclavage, ni après

[1] Gaius, *Comm.*, IV, § 78 § 16 *De noxalib. act.*, Instit., IV, VIII. — L. 6 *An servus pro suo facto* C. IV, XIV.

l'affranchissement. Mais serait-il exact d'en conclure que l'esclave ne lui a, par ce délit, donné aucun droit sur lui? Gaius nous dit bien : « Si l'esclave a causé quelque dommage à son maître, il n'y a lieu à aucune action, car il est de toute impossibilité qu'un rapport d'obligation puisse naître entre deux personnes dont l'une est sous la puissance de l'autre; » mais la façon absolue dont il pose son avis et la raison de décider qu'il invoque, nous donnent la vraie mesure de son affirmation. Évidemment, Gaïus ne parle ici que d'obligations civiles, et rien de plus naturel, puisque l'esclave s'oblige civilement par ses délits à l'égard des étrangers, qu'insister sur la différence remarquable qui sépare ses délits envers eux de ceux qui atteignent le maître. Prétendre que le jurisconsulte a voulu donner une portée plus grande à sa phrase, ne serait aller à rien moins qu'à lui faire nier que d'un contrat il puisse résulter entre le maître et l'esclave un lien d'obligation naturelle, ce que certainement jamais Gaius n'aurait songé à contester.

Donc, pour nous, des délits commis par l'esclave contre le maître résulte une obligation naturelle, obligation qui pourra sortir à effet grâce à ces rapports mêmes de maître à esclave, qui s'ils empêchent l'obligation civile de naître rendent possible, en revanche, l'exercice du droit, sans qu'on ait à recourir à la voie d'une action[1].

78. — On conçoit fort bien la règle romaine, le droit

[1] M. de Savigny pense même que le patron devait avoir contre l'affranchi des moyens de recours plus efficaces encore que l'action *ex delicto* à raison du délit commis à son égard avant l'affranchissement. Peut-être cette conjecture pourrait-elle s'autoriser de ce fait que, dans le droit ancien, l'affranchi relevait de la juridiction domestique du patron.

de correction, dont les maîtres usaient et abusaient, rendait inutile le recours à une action.

Cette remarque nous amène à dire quelques mots d'une exception qui lui fut faite. Elle est relative aux délits commis par le *statuliber,* pendant la jacence de l'hérédité, au préjudice de cette même hérédité. Il est bien esclave et l'hérédité est sa maîtresse; mais, être moral, elle ne peut exercer le droit de correction; si la règle s'appliquait ici, on serait donc en présence de fautes qui devraient rester impunies. Le préteur, en pareil cas, donna à l'héritier une action au double contre lui. Des délits, on étendit la solution au cas de dommages causés à l'hérédité, mais on exigeait qu'il y ait eu de la part de l'esclave dol ou faute lourde[1].

B) *L'esclave s'oblige-t-il à l'égard des tiers par ses délits?*

79. — A l'égard des tiers l'esclave s'oblige par ses délits et s'oblige d'un façon beaucoup plus pleine, puisqu'il s'oblige civilement.

Les Romains ici n'avaient pu faire abstraction de la personnalité de l'esclave, et les maîtres n'avaient pu songer à l'absorber à leur profit; mais, ne pouvant donner l'action contre l'esclave lui-même, pendant l'esclavage, « *cum servo nulla actio est*[2], » ils voulurent qu'elle fût dirigée contre le maître. C'était le seul moyen de sanctionner efficacement le principe. Seulement, et cela nous montre combien on jugeait l'esclave capable de vouloir et par conséquent d'assumer une responsabi-

[1] L. 1 pr. et § 2 *Si is qui testam.*, XLVIII, IV. — L. 1 § 14 *h. tit.*
[2] L. 107 *De divers. reg. juris.* D. L. XVII.

lité, le maître, s'il voulait échapper à l'action, n'avait qu'à le livrer au demandeur, à réaliser ce que les textes appellent l'abandon noxal. *Le maître,* en un mot, *n'est tenu qu'à raison de la possession de l'esclave*[1]. L'action dirigée contre lui ne suppose en aucune façon sa responsabilité.

80. — Il est cependant un cas où l'abandon noxal ne pourrait soustraire le maître aux poursuites et cela car la personnalité de l'esclave disparaît derrière la sienne. A-t-il donné à l'esclave ordre d'agir, c'est lui qui sera directement tenu de l'action *ex delicto.* Les textes abondent. Je ne reviens pas sur ceux que j'ai cités, qu'il me suffise d'en rappeler un : « *Servos, cùm dominis suis parent, necessitate potestatis excusari*[2]. » A cette règle était faite, nous l'avons remarqué, une exception que je ne rappelle que pour mémoire, car elle n'a pas ici grand intérêt.

81. — A côté de cette exception nous devons en mentionner une autre favorable au maître. Si plusieurs de ses esclaves se sont réunis pour commettre un délit, d'après l'application rigoureuse des principes, il devrait, pour échapper à l'action noxale, les abandonner tous, ou payer à raison de chacun des dommages-intérêts à la victime du délit. On sait en effet que si le délit a été commis par plusieurs hommes libres, ils sont tous tenus *in solidum* et exposés chacun à l'action *furti*, par exemple, si nous

[1] Gaius, C. IV, § 75 et suiv. — Instit. IV, VIII, § 2. «Summâ autem ratione permissum est noxæ deditione defungi : namque erat iniquum nequitiam eorum ultra ipsorum corpora dominis damnosam esse. »
On fait remarquer avec raison à ce propos qu'il n'est pas vrai de dire que l'esclave ne puisse absolument pas obliger le maître, car, par ses délits, il peut l'obliger jusqu'à concurrence de sa propre valeur.

[2] L. 15 § 3 *De lege Cornelia de Falsis* D. XLVIII, x.

supposons qu'ils ont commis un vol. On conçoit donc la perte énorme que les esclaves auraient pu imposer au maître en commettant, de concert, un délit, même léger. Le préteur, pour mettre un frein à leur malice, décida qu'en pareil cas le maître aurait le choix entre deux partis : ou bien les abandonner, ou bien réparer le préjudice causé, comme s'il l'eût été par un homme libre : « *Utilissimum id edictum prætor proposuit quo dominis prospiceret adversus maleficia servorun videlicet ne cum plures furtum admittant evertant domini patrimonium, si omnes dedere aut pro singulis æstimationem litis offerre cogitur. Datur igitur arbitrium hoc edicto ut, si quidem velit dicere*[1] *noxios servos, possit omnes dedere, qui participaverunt furtum; enimvero si maluerit æstimationem offerre, tantum offerat, quantum si unus liber furtum fecisset, et retineat familiam suam*[2]. » D'ailleurs, en ce même cas, si les esclaves qui ont concouru au délit sont affranchis avant que l'action ait été intentée contre le maître et le préjudice réparé, ils seront tous tenus et chacun pour le tout.

82. — *Ainsi par ses délits, l'esclave s'oblige civilement. Si l'action ne peut durant l'esclavage être intentée directement contre lui c'est à cause de sa situation* qui l'empêche d'être valablement cité et de venir en justice. Concluons-en que *s'il est affranchi l'action sera dirigée contre lui et aboutira.*

Nous constatons ainsi une grande différence entre les obligations de l'esclave qui ont pour cause un délit et celles dont la source est un contrat. Cette différence se

[1] Vel *addicere*, aut *dedere*. V. *Corp. jur. civ.*, édit. Kriegel.

[2] L. 1 *Si familia furtum fecisse dicitur* D. XLVII, VI. Cf. l. 31 *De noxalibus actionibus* D. IX, IV.

justifie par cette considération que dans ce dernier cas on présume qu'il a fait l'affaire du maître et on trouve, par conséquent, trop dur de lui imposer l'acquittement d'obligations qu'il a contractées dans l'intérêt d'autrui. Au cas de délit, cette présomption ne saurait exister, là son obligation a pour base l'acte illicite commis et non l'enrichissement qu'il a pu procurer au maître. Aussi, au cas de vol, donne-t-on toujours contre lui après l'affranchissement l'action *furti*[1]. N'est-ce pas là reconnaître en lui intelligence et volonté, en d'autres termes : personnalité.

§ IV. *Effets des obligations de l'esclave.*

83. — Après ce que nous avons dit de l'effet des obligations que le maître a pu contracter envers lui, notre tâche sera bien simplifiée. *Nous devrons* suivre une marche analogue et par conséquent *étudier ces effets, soit à l'égard de l'esclave lui-même, soit à l'égard des tiers* (V. nos 49 et suiv.).

84. — Sous le premier rapport à moins que l'esclave n'ait un pécule et de ce pécule la libre administration, son obligation ne saurait produire aucun effet durant l'esclavage. Il ne peut ni payer, ni donner des sûretés, il n'a rien. S'il a, au contraire, un pécule et de ce pécule la libre administration, l'existence de son obligation l'autorise à payer[2] et le paiement qu'il fera ainsi éteindra non-seulement l'action *de peculio,* mais aussi son

[1] On ne donne contre lui la *condictio furtiva* que s'il s'est réemparé de la chose volée ou en a conservé la possession frauduleuse après son affranchissement. L. 15 *De condictione furtivâ* D. XIII, I.

[2] L. 13 pr. *De condictione indebiti* D. XII, VI.

obligation naturelle[1]. De même, nous lisons dans le même texte qu'il pourra grever un des objets de son pécule d'une hypothèque pour sûreté de cette obligation.

Après l'affranchissement, il en sera tout autrement : il paiera valablement[2], et, par conséquent, pourra à l'égard de cette dette, faire tous actes de nature à assurer le paiement, par exemple, faire une expromission[3], un pacte de constitut[4], constituer une hypothèque[5]. Et tous ces actes, remarquons-le, ne sauraient être critiqués comme étant des libéralités[6].

85. — Pour le paiement volontaire, et tout ce qui touche à pareil paiement, aucune difficulté ne se présente, il n'en est pas de même si nous nous plaçons en face du paiement imposé par compensation. *Pouvait-on opposer à l'affranchi, devenu créancier, les dettes qu'il avait contractées durant l'esclavage?*

M. de Savigny l'admet en se fondant sur la loi 20 § 2 *De statuliberis*[7]; mais nous avons vu que ce texte qui pourrait s'expliquer du reste *favore libertatis*, et qui, comme tel, devrait être pris restrictivement, ne présente pas en somme un cas de véritable *compensation* (V. n° 51).

[1] Qui survivrait à l'exercice de l'action *de peculio* contre le maître (L. 84 *De solution*. D. XLVI, III).

[2] L. 21 § 2 *De fidejussoribus* D. XLVI, I. — L. 13 pr *De condict. indeb*. D. XII, VI.

[3] L. 19 § 4 *De donationibus* D. XXXIX, V.

[4] L. 1 § 7 *De pecuniâ constitutâ* D. XIII, V.

[5] L. 5 *De pignoribus et hypothecis* D. XX, I. Est-il utile de faire remarquer qu'il ne peut faire que les actes qu'on conçoit de la part du débiteur lui-même aussi bien que de celle d'un étranger, qu'il ne pourra par conséquent se porter son propre fidéjusseur.

[6] L. 19 § 4 *De donat.* D. XXXIX, V.

[7] D. XL, VII.

Pour nous, nous pensons qu'on ne pouvait lui opposer la compensation, car les Romains qui posaient en principe que rien de ce que l'esclave avait fait durant l'esclavage ne pouvait lui être utile après l'affranchissement, devaient, par une juste réciprocité, laisser à sa seule volonté l'acquittement de dettes contractées à raison de faits dont il ne retirait aucun profit[1]. Ne pourrions-nous invoquer à l'appui de notre doctrine l'opinion du jurisconsulte Paul, qui décide dans la loi 19 § 1 *De negotiis gestis*[2], qu'après l'affranchissement, l'esclave, s'il a cessé la gestion d'affaires entreprise durant l'esclavage, ne sera pas responsable du dol qu'il a commis dans cette gestion antérieurement à son affranchissement.

86. — Si nous examinons maintenant les *effets* de l'obligation naturelle de l'esclave *au point de vue des tiers,* nous n'aurons pas à distinguer entre les deux périodes antérieure et postérieure à l'affranchissement.

Nous avons vu qu'elle pouvait servir de base à une fidéjussion, que ce soit le maître ou bien un étranger qui soit créancier[3]. Cette fidéjussion peut être faite par l'esclave lui-même après l'affranchissement[4]. Mais il faut observer avec Africain qu'il ne peut se porter fidéjusseur de sa propre dette, il ne peut l'être que de l'obligation prétorienne dont le maître est tenu *intra annum;* et,

[1] Nous avons vu pourquoi la solution au cas de délit était tout autre.

[2] D. III, v.

[3] § 1 *De fidejussoribus*, Inst. III, xx. — Gaius, *Comment.* III, § 119. Dans la loi 70 § 3 D. *De fidejussor.* XLVI, I, nous voyons même, qu'au premier cas, c'est l'esclave lui-même qui peut adresser au fidéjusseur l'interrogation sur laquelle interviendra la réponse qui le liera. Ceci nous montre à quel point l'esclave qui stipule disparaît absorbé par la personnalité du maître.

[4] L. 21 § 2 *De fidejuss. et mand.* D. XLVI, I.

par conséquent, il ne peut aucunement être fidéjusseur de la dette née d'un contrat intervenu entre lui et le maître seul, car seule sa personnalité est alors en jeu.

Cette solution donnée, Africain prévoit le cas où l'esclave affranchi devient l'héritier du fidéjusseur qui avait cautionné son obligation; en ce cas, dit-il, la fidéjussion subsiste, et pourtant l'obligation naturelle se maintient, de telle façon que si l'obligation civile s'éteignait et qu'un paiement fût effectué, la répétition de l'indû serait refusée : « *Quod si hic servus manumissus fidejussori suo heres existat, durare causam fidejussionis putavit :* ET TAMEN NIHILOMINUS NATURALEM OBLIGATIONEM MANSURAM; UT SI OBLIGATIO CIVILIS PEREAT, SOLUTUM REPETERE NON POSSIT [1]. »

A cette solution devait être faite une objection. Comment admettre la persistance de la fidéjussion, n'est-il pas de règle qu'elle s'éteint alors que le débiteur principal succède au fidéjusseur [2]? Africain prévoit l'objection dans la suite du même texte et dit qu'elle ne saurait ici se poser; il maintient donc sa solution et décide pour l'hypothèse inverse, celle de succession du fidéjusseur à l'esclave affranchi, que le fidéjusseur reste tenu civilement et, de plus, assume l'obligation naturelle qui était à la charge de l'affranchi. Si nous nous demandons pour quelle raison l'objection ne se pose pas, pourquoi la réunion sur la même tête des deux obligations principale et accessoire n'entraîne pas extinction de cette dernière, la loi 95 § 3 *De solut.* [3], nous répondra que

[1] L. 21 § 2 *De fidejuss.* D. XLV, I.

[2] L. 5 pr. et l. 14 D. *De fidej.*, XLVI, I — l. 95 § 2 *De solut.*, XLVI, III.

[3] D. XLVI, III.

cette extinction n'a lieu qu'autant que l'obligation principale est plus pleine dans ses effets : « *Quod vulgò jactatur, fidejussorem, qui debitori heres extitit, ex causâ fidejussionis liberari,* TOTIES VERUM EST, QUOTIES REI PLENIOR PROMITTENDI OBLIGATIO INVENITUR. » Africain, du reste, indique cette raison en nous faisant remarquer qu'ici il ne s'agit pas de la réunion de deux obligations civiles sur la même tête[1].

Si l'obligation naturelle de l'esclave est susceptible de fidéjussion, elle l'est aussi de faire l'objet d'une expromission, car nous savons qu'il suffit d'une dette naturelle pour servir de base à la novation. Ajouterons-nous qu'elle peut aussi faire l'objet d'un pacte de constitut, être garantie par une hypothèque. Ce ne serait que répéter ce que déjà nous avons dit et qu'un mot peut résumer : L'obligation naturelle rend possible le paiement et l'explique, et par conséquent explique aussi et valide tous actes de nature à l'amener, c'est-à-dire la fidéjussion, l'expromission, le constitut, l'hypothèque et le gage.

[1] A cette persistance de l'obligation naturelle Africain reconnaît un intérêt au cas d'extinction de l'obligation civile. Quelle hypothèse a-t-il eue en vue? Grande controverse sur ce point.

Pour Cujas, Africain ferait allusion à une fidéjussion restreinte quant à sa durée : « *Nec erit inanis (obligatio) naturalis, si solverit ne repetat, et fortè aliâ ratione perierit civilis, id est fidejussoria,* VELUTI TEMPORE » (Tract. VII, *Ad African.*, t. V, col. 129). Mais les termes mêmes employés par Africain repoussent cette manière de voir, car l'obligation du fidéjusseur est perpétuelle ; on peut bien, il est vrai, par l'adjonction d'un terme, limiter ses effets, grâce à l'exception *pacti conventi*, mais cette exception même suppose la persistance de l'obligation civile.

Africain aurait-il voulu faire allusion à ces deux catégories spéciales de fidéjusseurs qui portent le nom générique d'*adpromissores :* les *sponsores* et les *fidepromissores?* Gaïus nous apprend que la loi *Furia de sponsu* limitait à deux ans la durée de leur engagement

SECTION III.

De l'esclave considéré comme instrument d'acquisition.

87. — Ainsi que nous l'avons dit plus haut, le droit romain ne faisait pas résulter de l'état d'esclavage l'incapacité d'acquérir, seulement à raison du rapport de puissance existant entre le maître et l'esclave, il érigeait la capacité de celui-ci en nécessité d'acquérir pour celui-là. Remarquons en passant que pendant longtemps le fils de famille ne fut pas mieux traité que l'esclave et cela se comprend, un rapport de puissance analogue existait entre lui et le père. Nous n'insisterons pas sur la grande utilité qu'offraient ainsi les esclaves dans une législation qui n'admettait pas la représentation[1]; ce

(*Comm.* III, § 121). Cette explication, qui semble fort naturelle et bien simple, devient difficilement acceptable si l'on remarque que les *adpromissores* n'accédaient qu'aux obligations résultant de contrats *verbis;* or, l'espèce prévue par Africain est celle d'un contrat *re*, le *mutuum.*

Il est vrai qu'à Rome les prêts étaient généralement accompagnés de la stipulation des sommes prêtées, mais l'esclave ne pouvait se lier par un contrat *verbis* ainsi que nous l'avons dit, notre objection reste donc entière (à moins qu'Africain ne fût de ceux qui pensaient, au témoignage de Gaius, C. III, § 119, que pour un esclave qui avait promis, en employant la formule *spondeo*, l'accession d'un *sponsor* ou d'un *fidepromissor* était possible), et nous croyons, avec M. Machelard, qu'Africain « fait allusion au cas où l'obligation civile pouvait disparaître par un vice de procédure tout en laissant subsister l'obligation naturelle. C'est ce qui arrivait notamment quand il y avait plus pétition ou péremption de l'instance » (*Obligations naturelles*, p. 178).

[1] Cette utilité est fort importante à connaître pour apprécier exactement la position de l'esclave dans le monde romain. Ce devint une habitude chez les Romains que voir dans les esclaves de simples instruments pour la conclusion d'actes juridiques. Citons un exemple,

qu'il nous importe de constater ici, c'est que l'esclave est aux mains du maître un instrument d'acquisition.

88. — Ceci posé, *demandons-nous si ce sera un instrument passif.* Sa volonté sera-t-elle tenue pour rien, annihilée et disparaissant derrière celle du maître ainsi que semble l'exiger son annihilation légale? Entrera-t-elle, au contraire, en ligne de compte et, par conséquent, la personnalité de l'esclave sera-t-elle reconnue, et dans quelle mesure?

Prouver qu'on ne saurait, sans commettre une erreur grossière, dire que l'esclave est un instrument inconscient et qu'il suffit de son concours matériel à l'acte d'acquisition, tel est le but de cette partie de notre étude. Pour plus de clarté, nous traiterons d'abord de l'acquisition entre-vifs des droits réels et personnels par l'intermédiaire de l'esclave; puis nous nous occuperons dans un dernier paragraphe de leur acquisition par voie de dispositions testamentaires faites au profit de l'esclave, en le considérant comme capable de figurer dans un testament, soit à titre d'héritier, soit à titre de légataire.

§ I. *Généralités.*

89. — Le texte fondamental qui nous servira de point de départ et de guide est le § 3 du titre *Per quas personas nobis adquiritur* aux Institutes de Justinien[1]. Voici ses termes : « *Idem vobis adquiritur quod servi vestri ex*

si le jeune âge du pupille met obstacle à ce qu'il puisse demander et obtenir du tuteur la *cautio rem pupilli salvam fore*, le tuteur lui achète un esclave qui stipule pour lui. Si le pupille est indigent, on recourt à un *servus publicus* (l. 2 et 4 *Rem pupill. salv. fore* XLVI, vi — l. 1 § 15 *De magistr. conven.*, XXVII, viii).

[1] L. II, tit. ix.

traditione nanciscuntur, sive quid stipulentur vel ex quâlibet aliâ causâ adquirant : Hoc enim vobis et ignorantibus et invitis obvenit; ipse enim servus qui in potestate alterius est nihil suum habere potest, sed si heres institutus sit, non aliàs, nisi jussu vestro, hereditatem adire potest, et si jubentibus vobis adierit, vobis hereditas adquiritur perindè ac si heredes instituti essetis; et convenienter scilicet legatum per eos vobis adquiritur. » Nous n'aurons qu'à développer et expliquer ce texte.

90. — Mais avant de passer à son étude détaillée, remarquons cette phrase : *Hoc enim vobis et* IGNORANTIBUS *et* INVITIS *obvenit.* L'esclave peut donc acquérir pour le maître, même contre son gré. Or nous savons que pour réaliser une acquisition il faut la volonté d'acquérir, l'*animus rem sibi habendi,* ici celle du maître fait certainement défaut et pourtant l'acquisition est réalisée, c'est donc que la volonté de l'esclave est nécessaire et suffisante. Cette volonté de l'esclave est colorée, je le veux bien, par cette *auctoritas* générale qui lui est donnée, par présomption absolue de la loi, pour tous les cas où il améliorera le patrimoine du maître [1]; mais, sous cette fiction, fort utile pour permettre au maître de tirer de l'esclave tout le profit possible sans être à sa merci, n'est-il pas facile d'apercevoir la reconnaissance de l'intelligence et de la volonté de l'esclave, alors surtout que nous voyons les textes exiger qu'il comprenne ce qu'il fait et par conséquent ne soit ni fou, ni *infans,* et n'ait pas l'intention d'acquérir pour un autre que son maître [2].

[1] « Melior conditio nostra per servos fieri potest, deterior fieri non potest » l. 133 *De reg. juris*, L, XVII.

[2] L 1 § 9, ll. 10 et 19 *De adq., vel omitt. possess.* D. XLI, II.

§ II. *Droits réels.*

91. — Nous traiterons d'abord de l'acquisition directe de la propriété et de ses démembrements, ensuite de celle de la possession, enfin de celle de la propriété par les modes d'acquisition qui ont la possession pour base.

A) *Droit de propriété.*

92. — Le principe est ici que le maître acquiert à son insu et même contre son gré alors que l'esclave fait ce qu'il aurait fait pour acquérir pour lui-même, s'il eût été libre. Ainsi, reçoit-il mancipation d'un fonds italique, reçoit-il tradition d'une *res nec mancipi,* l'acquisition se réalise en la personne du maître. Mais, à raison de sa qualité qui lui interdit l'accès du prétoire, l'esclave ne saurait acquérir par *in jure cessio*[1].

[1] Gaius semble donner de l'incapacité de l'esclave de figurer dans une *in jure cessio* un autre motif, « en somme, dit-il, l'esclave et généralement les personnes *alieni juris* ne peuvent acquérir par *in jure cessio;* et, en effet, puisque rien ne leur saurait appartenir, n'est-il pas convenable qu'elles ne puissent rien revendiquer comme leur appartenant » (*Com.* II, § 96). L'incapacité pour Gaius tiendrait-elle donc à ce que ni l'esclave, ni le fils de famille ne sauraient prononcer une formule contenant affirmation d'un *droit propre ?*

M. Machelard le pense (*Oblig. natur.*, p. 156, n. 1). D'après lui, la formule était rigoureusement ici : *Aio hanc rem esse meam* (Gai., *Com.* II § 24) et cela s'explique, car l'*in jure cessio* n'était autre chose qu'une *legis actio* et dans les *legis actiones* n'était tolérée aucune espèce de représentation (Gai., *Com.* IV § 82. — L. 125 pr. D. *De reg. juris*). Que si on objecte que l'esclave peut bien recevoir une mancipation et que pourtant celle-ci implique comme l'*in jure cessio* prononciation d'une formule affirmant aussi l'existence d'un droit *propre* à celui qui la prononce, il répond que la formule n'est pas à beaucoup près aussi rigide dans la mancipation, et que l'esclave pouvait là s'exprimer ainsi : *Aio hanc rem esse domini mei* (Gai., *Com.* III § 167).

Malgré l'autorité de M. Machelard, nous pensons que Gaius dans

L'*adjudicatio* lui est inaccessible, d'abord pour la même raison que l'*in jure cessio,* puis parce qu'elle implique chez l'adjudicataire l'existence antérieure d'un droit de propriété. Or, ce ne pouvait être le cas de l'esclave.

Les deux modes d'acquisition les plus importants qui soient ouverts à l'esclave sont donc la mancipation et la tradition. Le premier applicable aux *res mancipi,* le second aux *res nec mancipi*[1].

93. — Si l'esclave qui reçoit une mancipation ou une tradition n'appartient qu'à un seul maître, que dans le premier cas il prononce la formule, que dans le second il ait l'intention d'acquérir pour le maître, et l'acquisition, grâce à cet acte volontaire, se réalisera dans la

cette phrase, il faut le reconnaître, assez obscure, a voulu tout simplement nous indiquer que pour figurer dans une *in jure cessio,* qui n'est, ainsi que le dit M. Accarias, qu'une simulation de la *legis actio*, il faut être capable de figurer comme demandeur dans un procès sérieux. C'est là à nos yeux la solution qu'impose l'argument tiré de ce que l'esclave pouvait figurer dans une mancipation. La façon dont M. Machelard le réfute, bien que fort ingénieuse, n'est pas péremptoire, car, Gaius, dans le § 167 de son troisième commentaire, veut tout simplement nous indiquer que l'esclave commun qui veut réaliser par mancipation une acquisition au profit d'un de ses maîtres seulement, doit indiquer son nom dans la formule. En pareille hypothèse, la formule se trouve donc nécessairement modifiée, par suite on n'en saurait induire que l'esclave qui n'a qu'un maître, dût indiquer son nom. Il devait pouvoir dire : *Aio hanc rem esse meam* bien qu'il fût incapable d'être propriétaire, de même qu'incapable d'être créancier, il pouvait néanmoins stipuler *sibi* (L. 1 pr. D. *De stipul. servor.* XLV, III. — Accarias, *Précis de droit romain*, I, p. 683, n. 1 et 685, n. 3).

[1] Je ne m'occuperai point ici de la tradition d'une *res mancipi,* non plus que de la tradition *a non domino* d'une *res nec mancipi* que nous étudierons plus loin. Je ne traite, pour le moment, que de l'acquisition immédiate de la propriété quiritaire par tradition faite à un esclave.

personne du maître. Mais si nous compliquons les faits, si nous supposons qu'au lieu d'un seul maître l'esclave en a plusieurs, nous voyons sa volonté s'affirmer non-seulement quant à l'acquisition de la propriété, mais aussi quant à son attribution.

94. — Supposons que Séius, esclave commun de Primus et Secundus, reçoit une tradition avec intention d'acquérir pour ses maîtres; pas de difficultés, chacun d'eux aura sur l'acquisition faite un droit indivis proportionnel au droit qu'il a sur l'esclave lui-même[1]. Mais si Séius veut acquérir pour Primus seul, l'acquisition sera propre à Primus, à la condition, toutefois, que sa volonté soit formellement exprimée, qu'il ait traité *nominatim* pour lui, qu'il l'ait désigné, s'il s'agit d'une mancipation, dans la formule qu'il a prononcée[2]. Ainsi nous voyons s'affirmer la personnalité de l'esclave dans la consécration de sa volonté. Cette consécration est plus saisissante encore, si nous supposons que l'esclave, agissant sur l'ordre d'un de ses maîtres, déclare expressément vouloir acquérir pour l'autre. L'acquisition qui, dans son silence, aurait été entièrement réalisée pour celui-là, va entièrement à celui-ci; c'est du moins la solution consacrée par Justinien dans la loi 3 au Code *Per quas personas nobis adquiratur*[3]. Elle est fondée sur

[1] L. 5 pr. *De stipul. serv.* D. XLV, III.

[2] Gaius, *Com.* III § 167. Il en sera de même si l'esclave agit sur l'ordre d'un seul de ses maîtres (Gaius, III § 167 *a*). Cette opinion de l'école Sabinienne fut consacrée par Justinien (§ 3 *Per quas pers. nobis adquir.*, Inst. III, XXVIII). Lorsque l'acquisition sera telle qu'elle ne pourra profiter qu'à l'un des maîtres, la même solution s'impose évidemment (l. 12 *De auct. et consen. tutor.*, XXVI, VIII — l. 7 § 1, l. 18 § 1 *De stipul. serv.*, XLV, III).

[3] C. IV, XXVII.

ce que la mention du nom de l'un des maîtres doit l'emporter sur l'ordre de l'autre : « *Multò enim ampliùs oportet valere dominici nominis mentionem quam herilem jussionem.* »

95. — Nous venons de voir la volonté de l'esclave s'imposer malgré celle du maître, nous allons la voir à présent paralyser celle du *tradens.*

Stichus reçoit de Titius tradition d'un meuble; or, Titius en faisant cette tradition voulait faire acquérir Primus l'un des maîtres de Stichus, nous pouvons même supposer que Titius fait cette tradition à Stichus sur l'ordre de Primus, mais Stichus en la recevant entend faire acquérir Secundus, son autre maître. Telle est l'espèce. Plusieurs questions se posent. D'abord : y aura-t-il tradition valable? Ensuite et en supposant une réponse affirmative : au profit de qui se réalisera-t-elle?

Sur ces deux questions la doctrine et les textes sont divisés. On peut cependant affirmer que la doctrine ancienne se trouve exprimée par Julien dans la loi 37 § 6 *De adquirendo rerum dominio* [1]. Voici ses propres expressions : « *Si, quum mihi donare velles, jusserim te servo communi meo et Titii rem tradere, isque hac mente acciperet, ut rem Titii faceret,* NIHIL AGETUR. » Ainsi, d'après Julien, rien n'est fait dans notre hypothèse, la tradition est absolument non avenue. La raison qu'il en donne doit être remarquée : « *Nam et si procuratori meo rem tradideris, ut meam faceres, is hac mente acceperit, ut suam faceret, nihil agetur.* » Il compare l'esclave à un mandataire, n'est-ce pas reconnaître sa personnalité? Enfin, il termine en décidant, ce que

[1] D. XLI, 1.

ces prémisses exigeaient, qu'au cas où l'esclave aura reçu la tradition dans l'intention de faire acquérir ses deux maîtres, elle ne vaudra que pour la partie afférente à celui des maîtres, auquel le *tradens* voulait livrer. Dans cette mesure, en effet, les deux volontés du *tradens* et de l'*accipiens* se sont rencontrées.

En somme, Julien donne à la volonté de l'esclave jouant le rôle *d'accipiens* la même valeur que s'il était libre.

Cette doctrine fut, il est vrai, repoussée dans la suite et nous trouvons exprimée par Ulpien, dans la loi 13 *De donationibus*[1], celle qui prévalut. Désormais la volonté du *tradens* l'emporta, soit sur celle de l'esclave, soit sur celle du mandataire. En donnant cette nouvelle solution, Ulpien ne se conformait pas aussi sévèrement que Julien aux principes reçus en matière de tradition, aussi est-il moins tranchant, *il plaît* de décider, dit-il, « *Placet,* » nous montrant bien par ce mot qu'il nous donne une décision plus équitable que juridique.

B) *Démembrements du droit de propriété.*

96. — Après avoir rappelé que nous ne devons nous occuper pour l'instant que de leur acquisition entre-vifs, nous remarquons qu'il ne saurait être question ici de tradition. Les seuls modes d'acquisition entre-vifs applicables, en droit civil, aux servitudes sont : la mancipation, l'*in jure cessio* et l'adjudication ; or, seule la mancipation est accessible à l'esclave et par elle ne peuvent être acquises que les *res mancipi.* Nous déciderons donc que, seules, les servitudes rurales, en Italie, peuvent nous

[1] D. XXXIX, v.

être acquises par l'intermédiaire de l'esclave. Hors ce cas, aucune servitude, qu'elle soit réelle ou personnelle, ne peut nous être acquise par lui. C'est ce que constate le § 51 des *Fragmenta Vaticana;* mais, cette constatation faite, il nous indique un moyen de tourner la difficulté. Voulait-on constituer un usufruit par l'intermédiaire d'un esclave, on lui mancipait le fonds, et le maître le remancipait en retenant l'usufruit. « *Per mancipationem ita potest* (*adquiri nobis usus fructus per eos quos in potestate habemus*), *ut nos proprietatem, quæ illis mancipio data sit, deducto usufructu remancipemus*[1]. »

97. — Par les esclaves on pouvait enfin acquérir les divers droits créés par le préteur. Ainsi l'esclave reçoit-il simple tradition d'une *res mancipi,* v. g. d'un esclave, il acquiert pour le maître la propriété bonitaire de l'esclave livré[2].

C) *Possession.*

1° Acquisition.

98. — « *Non solum autem proprietas per eos quos in potestate habemus, nobis adquiritur, sed etiam possessio;*

[1] Il est bon de remarquer que ce procédé de constitution, applicable quelle que soit la nature de la servitude, n'est admis que dans l'*in jure cessio*, l'*adjudicatio* et le testament, lorsqu'un fonds est légué sous la réserve d'une servitude au profit d'un fonds restant *in hereditate*. Il n'est pas admis dans le cas de simple tradition (*Fr. Vatic.*, § 47). D'après M. Accarias, le motif de cette rigueur serait que les servitudes étant des créations du droit civil ne doivent pouvoir s'établir par un simple pacte adjoint à un mode d'aliénation du droit des gens. Sous Justinien, la *deductio* fut admise même dans la tradition.

[2] Rappelons que Justinien supprima toute distinction entre la propriété bonitaire et la propriété quiritaire — fr. uniq. *De nudo jure quir. tollendo* C. VII, XXV.

cujuscumque enim rei possessionem adepti fuerint, id nos possidere videmur : undè etiam per eos usucapio vel longi temporis possessio nobis accedit[1]. »

Ainsi ce n'est point seulement la propriété, c'est aussi la possession que nous acquérons par nos esclaves. Mais cette acquisition exige deux conditions spéciales que nous allons étudier.

99. — D'abord il faut posséder son esclave pour acquérir la possession par son intermédiaire. De là, s'il a été donné en gage[2] ou s'il jouit, en fait, de la liberté[3], il n'acquiert pas à son maître la possession des choses qu'il peut recevoir ou appréhender. Notons que l'esclave fugitif acquiert la possession à son maître, tant qu'un tiers ne s'est point emparé de lui[4].

Posséder l'esclave ne suffit pas, car la règle n'est plus ici que l'esclave acquiert au maître à son insu. La possession résulte en effet d'un acte complexe : d'abord du fait de la détention, c'est le *corpus*, ensuite d'un élément intentionnel, c'est l'*animus rem sibi habendi*. Or, si le premier peut être emprunté, le second ne peut l'être. L'*animus* doit être personnel au possesseur, au maître en l'espèce, il ne peut que le prêter. On ne conçoit donc pas qu'il soit *ignorans* et à plus forte raison *invitus*.

Il faudra donc, quand l'esclave appréhendera ou recevra tradition d'une chose, que le maître connaisse la prise de possession, pour qu'il possède par son intermé-

[1] § 3 *in fine, Per quas person. nob. adq.*, Inst. II, IX.

[2] L. 1 § 15 *De adq. vel amitt. possess.* D. XLI, II.

[3] L. 31 § 2 *De usurp. et usuc.* D. XLI, III. Sauf application de la règle : *Per extraneam personam nobis possessio adquiritur*. V. Accarias, *Précis de droit romain*, I, p. 684, n. 1. Nous supposons au texte que le maître n'a pas conservé l'*animus*.

[4] L. 1 § 14 *De adquir. vel amitt. poss.* D. XLI, II.

diaire. Il ne faut pas entendre ceci avec un rigorisme trop grand. Je m'explique. Si le maître a donné à l'esclave l'ordre d'appréhender ou de recevoir, il devient possesseur dès l'appréhension ou la tradition, bien qu'il n'en connaisse pas le moment précis.

100. — Mais *si la volonté du maître est nécessaire, elle ne suffit pas, il faut aussi celle de l'esclave.* Paul est formel. Après avoir posé le principe et examiné ses diverses applications il écrit : « *Hæc quæ de servis diximus ita se habent,* SI ET IPSI VELINT NOBIS ADQUIRERE POSSESSIONEM *nam si jubeas servum tuum possidere, et is eo animo intret in possessionem, ut nolit tibi, sed potiùs Titio adquirere, non est tibi adquisita possessio*[1]. »

101. — Il est même une *hypothèse où la volonté de l'esclave remplacera entièrement celle du maître,* celle d'acquisition faite EX CAUSA PECULIARI par un esclave placé à la tête d'un pécule[2]. Certains auteurs ont voulu voir dans cette espèce une dérogation plus apparente que réelle au principe de la nécessité d'un *animus* propre au maître. Pour eux, si l'on n'exige pas ici que le maître ait un *animus* spécial au moment de l'acquisition, c'est que par le fait même de la constitution du pécule et de la possession qui en est laissée à l'esclave, le maître a manifesté et manifeste à chaque instant l'intention formelle d'acquérir et par conséquent de posséder par lui tout ce qu'il appréhendera *ex causâ peculiari*[3].

[1] L. 1 § 19 *De adquir. vel amitt. possess.* D. XLI, II.

[2] Machelard, *Textes de droit rom. expliq.*, p. 50 et 51. — Accarias, *Préc. de droit rom.*, n° 215, I, p. 478.

[3] Cette opinion peut s'autoriser d'un texte de Paul, la loi 1 § 5 *De adq. vel amitt. possess.* « Item adquirimus possessionem per servum, aut filium, qui in potestate est, et quidem earum rerum quas peculiariter tenent, etiam ignorantes... *quia nostrâ voluntate intelligantur*

Je crois qu'il faut aller plus loin et décider qu'en l'espèce, le maître emprunte l'*animus* de l'esclave. Voici mes arguments : Paul dit formellement dans la loi 3 § 12 D. *De adq. vel amitt. possess.*, que si nous possédons même à notre insu « *etiam ignorantes* » ce que nos esclaves ont appréhendé *ex causâ peculiari* « (*res*) *quas servi peculiariter paraverunt*, » il ne faut pas nous en étonner, bien qu'en règle générale, l'*animus* personnel soit exigé. Et cela pourquoi? Parce qu'en pareil cas, nous leur empruntons et l'*animus* et le *corpus* : « *Nam videmur eas* (*res*) EORUMDEM (*servorum*) ET ANIMO ET CORPORE POSSIDERE. » L'assertion de Paul est corroborée par l'observation suivante : L'esclave d'un maître fou ou captif par conséquent incapable d'*animus* personnel, a beau obtenir tradition d'un meuble, se mettre en possession d'un immeuble, il n'acquerra pas la possession; mais, supposez à cet esclave un pécule, supposez qu'il obtienne cette tradition ou opère cette prise de possession *ex causâ peculiari*, il en sera tout autrement[1].

Est-il besoin d'autres arguments?

L'enfant possède par l'esclave reçu dans l'hérédité paternelle tout ce que cet esclave acquerra *ex causâ peculiari*; or, il est encore incapable d'*animus*[2] et on ne peut, pour lui, se retrancher derrière cet ordre général qu'on dit être donné par le fait de la constitution du pécule.

Les cités, elles aussi, possèdent ce que leurs esclaves

possidere, qui iis peculium habere permiserimus. » Dans la loi 3 § 12 *ejusd. tit.*, il nous semble avoir donné une raison meilleure.

[1] L. 44 § 7 *De usurp. et usuc.* D. XLI, III.

[2] « *Affectionem tenendi non habet, licet maximè rem corpore suo contingat*, SICUTI SI QUIS DORMIENTI ALIQUID IN MANU PONAT. » (L. 1 § 3 *De adq. vel amitt. possess.*). Cette comparaison de Paul nous a semblé digne de remarque.

acquièrent *ex peculiari causâ;* et, cependant dans le texte même où Paul rapporte et consacre cette opinion, il constate qu'elles ne peuvent rien posséder par elles-mêmes, car elles sont incapables d'un consentement *un*[1].

Quel que soit le motif d'une pareille dérogation[2], elle n'en est pas moins un aveu de la personnalité de l'esclave.

2° Conservation de la possession.

102. — Pouvant nous être acquise par l'esclave, la possession doit *a fortiori* pouvoir nous être conservée par lui. Mais sa volonté jouera-t-elle relativement à la conservation un rôle aussi important que pour l'acquisition? Je n'hésite pas à répondre négativement. En effet, l'esclave ne peut nuire aux droits du maître par une manifestation de volonté, quelque formelle qu'elle soit, si elle n'est suivie d'exécution. Il faudra donc qu'il se dessaisisse pour porter atteinte à ces droits, et, même alors, qu'il s'agisse d'un meuble ou d'un immeuble, la possession n'est perdue pour le maître qu'autant qu'elle ne peut être recouvrée par la voie des interdits[3].

103. — Pour les immeubles d'ailleurs, on put grâce à la fixité de leur situation soustraire presque entièrement le maître au caprice de l'esclave, et l'on décida

[1] L. 1 § 22 *De adq. vel amitt. poss.* D. XLI, II. Nous devons cependant remarquer que certains jurisconsultes, au témoignage de Paul, pensaient que les cités ne pouvaient acquérir la possession par leurs esclaves, car elles ne les possèdent pas, à proprement parler, eux-mêmes : « *Sed quidam contrà putant, quoniam ipsos servos non possideant.* » (*Eod.*)

[2] Papinien la fonde sur ce qu'on ne pouvait raisonnablement exiger que le maître s'enquît à chaque instant de la consistance du pécule. (L. 44 § 1 *De adq. vel amitt. possess.*).

[3] L. 17 pr. *De adq. vel amitt. poss.*

qu'alors même que l'esclave en abandonnerait la possession, le maître ne la perdrait qu'autant qu'un tiers s'en serait emparé [1].

Il est enfin un meuble que nous devons rapprocher des immeubles. Ce meuble n'est autre que l'esclave lui-même. Pour le posséder le maître n'a pas besoin de le détenir matériellement. Bien plus, est-il délaissé par le maître, il n'en demeure pas moins en sa possession, s'il conserve l'esprit de retour. Ainsi, sa volonté neutralise l'effet normal de l'abandon [2]. « Le lien moral qui l'attache au maître n'a donc pas moins de puissance que la fixité de situation d'un immeuble et la loi est forcée d'oublier ici qu'elle ne leur reconnaît pas de personnalité [3]. »

D) *Acquisition de la propriété par les modes basés sur la possession.*

104. — Lesclave pouvant nous acquérir la possession, n'est-il pas naturel de conclure qu'il peut nous acquérir la propriété par les modes d'acquisition qui reposent sur elle. Ces modes sont : l'occupation, la tradition et l'usucapion.

[1] Mais dès ce moment la possession lui échappe, qu'il soit ou non averti (L. 25 § 1; l. 40 § 1 *De adq. vel amit. possess.*).

[2] Loi 3 § 13, l. 47 *De adq. vel amitt. posses.* « Igitur earum quidem rerum, *quæ ratione vel animâ carent*, confestim amittitur possessio, *homines autem* retinentur si revertendi animum haberent. »

Du reste le maître d'un esclave qui s'enfuit, en conserve la possession, s'il garde l'*animus*, tant que cet esclave n'a pas été appréhendé par un tiers qui commence à le posséder. V. l. 1 § 14, l. 3 § 10, l. 13 pr., l. 15, l. 27 § 3, l. 50 § 1. *De adq. vel amitt. pos.*, l. 15 § 1 *De usufructu* D. XLI, III.

[3] Accar., *Précis de dr. rom.*, n° 217-1° (I, p. 483).

Du premier nous n'avons rien à dire. Du second nous n'avons guère à nous occuper non plus. Bornons-nous à rappeler que la tradition faite *a domino* transfère immédiatement la propriété s'il s'agit d'une *res nec mancipi* et confère, avant Justinien, la propriété bonitaire des *res nec mancipi*, propriété qu'une usucapion sûre transformera en *domaine quiritaire*.

Nous n'avons donc à parler que de l'usucapion. Nous nous placerons pour le faire dans l'hypothèse la plus simple : celle d'une tradition reçue *a non domino*.

105. — On sait que pour acquérir la propriété de la chose ainsi livrée, il faut juste titre, bonne foi, et possession prolongée pendant un temps déterminé par la loi. La seconde de ces conditions seule doit faire l'objet de notre examen. En effet, cette question s'impose : *Faut-il tenir compte de la bonne foi de l'esclave ou de celle du maître ?*

Ici encore nous devons distinguer suivant que l'esclave a reçu tradition *ex causâ peculiari* ou non. Au premier cas, sa bonne foi suffit. Aussi l'usucapion poursuivrait-elle son cours, quand bien même le maître apprenant la la tradition, après qu'elle a eu lieu, serait alors de mauvaise foi. Mais la mauvaise foi du maître au moment même de l'acquisition par l'esclave neutraliserait la bonne foi de celui-ci et rendrait l'usucapion impossible. En somme, l'usucapion des choses acquises par l'esclave dans la gestion de son pécule s'accomplira, pourvu qu'à sa bonne foi on ne puisse opposer, je ne dis pas l'ignorance, mais la mauvaise foi du maître, lors de l'entrée en possession [1].

Pour toutes acquisitions réalisées par un esclave qui n'a point de pécule, la bonne foi de l'esclave ne suffit

[1] L. 2 §§ 10, 11, 12, 13 *Pro Emptore* D. XLI, IV.

pas, il faut aussi celle du maître, et, par conséquent, l'usucapion ne commence que du jour où celui-ci connaît la prise de possession[1].

§ III. *Droits de créances.*

106. — La règle que nous pouvons poser ici est bien simple. Elle est de tous points semblable à celle que nous avons posée pour le cas d'acquisition de droits réels. Donc le droit que l'esclave eût acquis pour lui-même, s'il eût été *sui juris*, passe sur la tête du maître, même à son insu et contre son gré. — Ainsi l'esclave se comportera comme un homme libre, seulement l'acquisition passera par-dessus sa tête pour se réaliser en la personne du maître et cela le maître lui eût-il défendu de contracter : « *Servus, vetante domino, si pecuniam ab alio stipulatus sit, nihilominus obligat domino promissorem*[2]. »

Nous conformant au texte que nous avons choisi pour guide[3], nous nous placerons dans l'hypothèse d'une stipulation; non point que l'esclave ne puisse nous faire devenir créancier que par cette seule voie, il le pourrait par tout autre contrat[4] et même par un délit dont il serait victime; mais c'est là l'hypothèse la plus simple et la plus intéressante, en même temps que la plus large et la plus pratique.

[1] L. 2 § 11 *Pro emptore* D. XLI, IV.

[2] L. 62 *De verb. oblig.* D. XLV, I.

[3] § 3 *Per quas pers. nob. adq.* Inst. II, IX.

[4] Le contrat *litteris* lui est fermé, car il n'a pas de *Codex* (Cicér., *pro Cœlio*, 7); s'il est occupé par le maître à la tenue de son propre *Codex*, il ne joue dans les inscriptions qu'il y mentionne que le rôle d'un scribe, d'une machine (Cicér. *In Verr.*, 2e act., II, 77); (Accar., II, p. 385, texte et n. 2).

107. — Si nous sommes en face d'un esclave appartenant à un seul maître, pas de difficultés, nous savons qu'il emprunte à son maître sa propre capacité : « *Servus ex personâ domini jus stipulandi habet*[1], » nous savons, d'autre part, que nous devenons créanciers par l'intermédiaire de notre esclave[2], ce qui n'est, soit dit en passant, qu'une conséquence fort naturelle de l'emprunt qu'il nous fait de notre capacité, en même temps qu'une suite du rapport de puissance qui l'attache à nous, nous conclurons donc que le bénéfice de la stipulation sera acquis au maître. *Mais ce résultat ne sera obtenu qu'autant que l'esclave le voudra.* De là, s'il stipule pour un tiers, la stipulation sera sans effet; elle n'en aura pas pour le tiers, car « *nemo alteri stipulari potest*[3], » elle n'en aura pas pour le maître, car l'esclave n'a pas voulu acquérir pour lui[4]. Du reste, alors même qu'il a voulu contracter pour son maître, on ne saurait faire abstraction de sa personnalité ; s'il s'agit d'interpréter le contrat, c'est sa volonté et non celle du maître qu'on recherchera[5].

Du reste, que l'esclave stipule *sibi*, ou *nominatim* pour son maître, ou de façon impersonnelle, il n'importe ! « *Quum servus stipuletur, nihil interest, sibi, an domino, an vero sine alterutrâ eorum adjectione dari stipuletur*[6]. »

[1] *De stipul. serv.* pr. Inst. III, XVII.
[2] *Per quas pers. nobis adq.* pr. Inst. III, XXVIII.
[3] § 19 *De inut. stipul.*, Inst. III, XIX.
[4] L. 30 *De stipul. serv.* D. XLV, III.
[5] L. 12 *De contrah. empt.* D. XVIII, I.
[6] L. 1 pr. *De stipul. serv.* D. XLV, III. A ce cas doit être assimilé celui de stipulation faite par l'esclave au profit de son *conservus* ou plus généralement de toute personne en puissance du maître (l. 1 § 3 *De stip. servor.*). — « *Sive mihi, sive sibi, sive conservo suo, sive*

108. — Si nous supposons qu'au lieu d'un seul maître l'esclave en a plusieurs, nous voyons mieux encore l'importance donnée à sa volonté.

En principe, l'esclave commun acquiert à chacun de ses maîtres, proportionnellement aux droits qu'ils ont chacun sur lui. C'est la solution la plus logique, c'est celle que nous voyons consacrer sans hésitation lorsque l'esclave a stipulé *sibi* ou *impersonaliter* pour tous ses maîtres.

Que s'il a stipulé *nominatim* pour *tous* ses maîtres, s'il les a désignés successivement par leurs noms, les textes nous présentent deux solutions différentes. Pomponius veut qu'en pareil cas la créance se divise par portions viriles[1]. Pour Ulpien, au contraire, il n'est pas douteux qu'elle ne se divise proportionnellement à leurs droits de propriété : « *Nam etsi omnium* (*dominorum*) *jussu stipulatus sit, vel omnibus nominatim, non dubitaremus, omnibus* PRO DOMINICIS *eum portionibus,* NON PRO VIRILIBUS *adquirere*[2]. »

Si telle est la solution alors que l'esclave stipulant *nominatim* a désigné *tous* ses maîtres, il en est bien différemment s'il ne les a pas tous désignés. Sa volonté suffit à rendre étrangers à l'acquisition ceux qu'il n'a point nommés. Gaius est formel : « Il est certain, dit-il, que l'esclave commun acquiert pour tous ses maîtres et pour chacun proportionnellement aux droits qu'il a sur lui ; mais il faut excepter le cas où l'esclave stipule ou acquiert pour l'un de ses maîtres nommément, car c'est

impersonaliter dari servus meus stipuletur, mihi adquiret. » L. 15 *h. tit.*

[1] L. 37 *De stipul. serv.* D. XLV, III.

[2] L. 7 pr. *huj. tit.*

à celui-là seul qu'est alors réservé le bénéfice de l'acquisition[1]. »

109. — Dans cette hypothèse, l'effet produit par la manifestation de volonté de l'esclave est frappant, il en est pourtant une où il l'est plus encore. Gaius, après avoir donné la solution que nous venons de rappeler, se demande si l'on ne devrait point assimiler le cas où l'esclave commun acquiert sur l'ordre de l'un de ses maîtres à celui où de son propre mouvement, il stipule pour l'un d'eux. Les Sabiniens voulaient qu'il en fût ainsi et Gaius ne peut faire moins que se ranger à leur avis[2]. Les Proculiens, au contraire, voulaient que le bénéfice de l'acquisition fût réparti entre tous les maîtres; pour eux, et c'est à noter, l'ordre du maître ne valait pas la manifestation de volonté de l'esclave[3]. Justinien trancha définitivement la controverse en se rangeant à l'avis de l'école Sabinienne[4].

Ceci dit, supposons que Séius, esclave de Titius et de Mœvius, reçoit de Titius l'ordre de stipuler dix sous d'or de Primus. Il va stipuler, mais au lieu de dire : « *Titio domino meo decem aureos dari spondes?* » ou ce qui suffirait étant donné l'ordre reçu : « *Decem aureos dare spondes?* », il s'exprime ainsi : « MŒVIO *domino meo decem aureos dari spondes?* » En un mot, il stipule, mais, nommément, pour un de ses maîtres autre que celui dont il avait reçu ordre de stipuler. Eh bien, à qui appar-

[1] Gaius, *Com.* III, § 167. Cf. l. 5 *De stipul. serv.*

[2] Gaius, C. III, § 167a. V. aussi l. 5 *De stip. serv.*, et l. 7 § 1, *h. tit.*

[3] Gaius, *Com.* III, § 167a.

[4] Inst. III, XXVIII. *Per quas pers. nob. oblig. adq.*, § 3 — l. 3 *Per quas pers. nob. adq.* C. IV, XXVII.

tiendra le bénéfice d'une pareille stipulation? Sera-ce à Titius qui a donné l'ordre? Sera-ce à Mœvius dont le nom a été prononcé? La difficulté naît, on le voit, du pied d'égalité sur lequel les textes placent, au point de vue des effets, l'ordre donné et la désignation faite.

Dans la loi 3 *Per quas personas nobis adquiratur* au Code, Justinien la rappelle et la tranche. Sa solution repose tout entière sur la distinction suivante. Le maître qui a donné l'ordre de stipuler à l'esclave lui a-t-il ordonné de stipuler *suo nomine*, ou lui a-t-il donné simplement l'ordre de stipuler sans y joindre cette recommandation, a-t-il dit par exemple à Séius : « Je t'ordonne d'aller stipuler *en mon nom* dix sous d'or de Primus, » ou lui a-t-il seulement dit : « Je t'ordonne d'aller stipuler dix sous d'or de Primus; » au premier cas, l'esclave aura beau stipuler au nom de Mœvius, son autre maître, l'ordre formel qu'il a reçu prévaudra sur la désignation qu'il a faite; au second, au contraire, cette désignation l'emportera sur l'ordre reçu. Désormais le maître qui voudra s'assurer le bénéfice d'une acquisition à réaliser par l'intermédiaire d'un esclave dont il n'est propriétaire que pour partie, n'aura qu'à lui donner formellement ordre de stipuler *suo nomine;* s'il ne le fait, il est à sa discrétion. C'est ce que Cujas exprime d'une façon saisissante en résumant l'explication de cette loi, qui semble au premier abord renfermer une contradiction, dans ces deux lignes : « *In summâ cùm unus ex dominis jubet specialiter servum sibi stipulari, plus valet jussum quam nomen; cùm vero simpliciter jubet, nullo alio adjecto, plus valet nomen quam jussum*[1]. » On voit quelle importance et quelle

[1] Cuj. Oper., t. VII, col. 772 (*Recit. Solem.*, in lib. IV, Cod. ad tit. XXVII, Per quas pers. nob. acq.).

force conserva dans le droit même de Justinien la volonté de l'esclave; elle pouvait annihiler la volonté du maître, même exprimée par un ordre, et renverser ainsi ses espérances les plus légitimes.

110. — Avant de quitter cette matière, il est bon d'observer que jamais on n'alla jusqu'à reconnaître la personnalité de l'esclave au point de décider que sur sa tête résiderait le droit né de la stipulation. Nous voyons bien aux Institutes[1], que si l'esclave stipule un droit de passage, c'est lui seul qui aura le droit de l'exercer, mais cela n'empêche en aucune façon que le droit ne réside sur la tête du maître, il l'exerce par l'esclave, voilà tout. Cela est si vrai que si l'esclave se voit refuser le passage, c'est le maître qui agira *ex stipulatu.* Ainsi que les Institutes nous en préviennent, il en sera de même toutes les fois que la stipulation aura pour objet un fait[2], et non-seulemeut le maître acquiert le bénéfice de l'opération, mais aussi elle est réputée faite par lui-même[3]. Cela est d'autant plus intéressant à constater qu'en matière de legs, ainsi que nous le verrons, le principe est tout autre.

[1] § 2 *De stip. serv.*, Inst. III, xvii.

[2] *Eod.* — V. aussi l. 38 § 6 *De verb. obligat.* D. XLV, i.

[3] Les conséquences de ce principe sont : la validité de la stipulation faite par l'esclave *post mortem suam ;* l'inutilité de la stipulation par lui faite de la chose du maître; la persistance de l'usufruit, par lui stipulé, durant toute la vie du maître; l'acquisition par le maître qui le possédait, lorsqu'il a contracté, du bénéfice de l'acquisition, bien qu'elle fût affectée d'une condition qui ne s'est réalisée qu'après son affranchissement ou sa vente à un autre maître; enfin, la possibilité pour lui de stipuler une servitude prédiale pour le fonds de son maître.

§ IV. *De l'esclave considéré comme capable de figurer dans un testament.*

111. — Après nous avoir dit que nous acquérons ce que nos esclaves obtiennent par tradition ou stipulation, les Institutes ajoutent : *vel ex quâlibet aliâ causâ adquirant,* voulant nous prévenir ainsi que les deux modes sus-mentionnés étaient simplement des modes types. Mais il est pourtant un mode sur lequel leurs rédacteurs ont jugé bon de s'arrêter malgré cet avis, je veux parler de l'acquisition faite en vertu de dispositions testamentaires, qu'elle se restreigne à un simple legs ou s'étende à toute une hérédité. Nous allons les imiter, c'est la seule hypothèse vraiment intéressante qu'il nous reste à examiner.

L'esclave peut figurer dans un testament qu'il soit fait par son maître[1] *ou par un tiers. Il peut y figurer comme institué ou comme légataire.* N'est-ce pas déjà reconnaître sa personnalité?

112. — Et d'abord il peut être institué. Le principe est bien, il est vrai, qu'il emprunte au maître la *factio testamenti.* Mais ceci mis à part, les textes nous disent : « *In testamentis inspicitur persona servi*[2]. »

[1] Peut-être ne le put-il à l'origine dans le testament de son maître, car il ne pouvait acquérir de lui par mancipation. On sait que la règle qu'on peut induire de la forme même du testament primitif, le testament *per æs et libram,* est que seules peuvent être instituées les personnes capables d'obtenir pour elles-mêmes ou pour autrui le bénéfice d'une mancipation intervenue entre elles et le testateur. Cela paraît infiniment probale, tant que le rôle de *familiæ emptor* dut être joué par l'héritier lui-même.

[2] Cf. § 75 *Fragm. Vatic.* — V. aussi l. 5 *De servit. leg.* D. XXIII, III, et l. 82 § 2 *De legatis.* 2. D. XXXI.

Si nous cherchons quelles sont les conséquences de cette règle, nous trouvons qu'au fond c'est vraiment l'esclave qui acquiert l'hérédité. Il n'en pourra profiter, en fait, s'il est encore esclave lors de son ouverture, mais il en sera tout autrement s'il a été affranchi.

113. — De l'institution de l'esclave faite par le maître, je n'ai que peu de choses à dire.

On sait les conditions exigées avant Justinien pour sa validité : que l'affranchissement immédiat par le testateur soit possible, que l'esclave puisse devenir citoyen Romain [1]; enfin que la liberté lui soit expressément léguée [2]. On sait aussi que Justinien ne conserva que la première [3].

Les résultats de cette institution varieront suivant qu'au jour du décès du testateur, en la supposant pure et simple, l'esclave est resté *in eâdem causâ*, ou bien est affranchi, ou enfin est aliéné. La même distinction devra être faite en se plaçant au moment de l'arrivée de la

[1] Si ces deux conditions ne se rencontraient pas à cause de l'application de la loi *Ælia Sentia*, leur absence n'annulerait pas l'institution faite par un maître insolvable et cela par application de la même loi.

[2] Gai., *Com.* II §§ 186 et 187. Ce texte nous indique la solution qu'avaient admise les anciens jurisconsultes pour échapper à la difficulté qui naissait lorsque le maître voulait affranchir son esclave et en même temps l'instituer héritier : Il devait être libre pour faire valablement adition; d'autre part, il devait faire adition pour être libre. On sortit de ce cercle vicieux en décidant qu'il suffirait de réunir les deux dispositions dans la même formule, de telle façon que leur réalisation put être considérée comme simultanée.

[3] Du reste, il exigea toujours que le maître ait la volonté de l'affranchir, ainsi s'explique la nullité de l'institution faite sous la condition : *quum liber erit* (ll. 21 et 22 *De cond. inst.* XXVIII, VII); seulement il voit, jusqu'à preuve contraire, cette volonté dans l'institution faite.

condition, si, l'institution ayant été faite sous condition, la condition est encore pendante lors du décès du testateur. Au premier cas, la liberté et l'hérédité lui sont immédiatement et nécessairement acquises; au second, il ne saurait être question de liberté, et pour l'hérédité, il peut à son choix l'accepter ou la répudier; au troisième enfin, il se trouve dans la même situation que l'esclave d'autrui institué héritier.

114. — L'esclave d'autrui peut, en effet, être institué héritier, la seule condition exigée est que son maître ait la *factio testamenti* avec le testateur [1]. Mais ce n'est pas nécessairement ce maître qui profitera de l'institution; ce sera celui qui, possédant l'esclave au jour où l'adition sera possible, lui donnera ordre de la faire; ce sera l'esclave lui-même si à ce moment il est affranchi [2]. Ainsi, pour employer l'image d'un texte d'Ulpien : Le droit à l'hérédité suit l'esclave dans son passage à travers les ergastules : « *Ambulat cum dominio* [3]. » Du reste, on croirait à tort que celui qui acquerra l'hérédité par l'intermédiaire de l'esclave, est pour cela réputé institué; il n'en est rien, aussi annule-t-on les legs qui auraient pu être mis à sa charge [4].

115. — Pour les héritiers externes à la différence des

[1] Ulp. *Reg.* XXII § 9.

[2] La loi 82 *De adq. vel omitt. hered.* (D. XXIX, II) nous apprend que s'il est affranchi après le décès du testateur, mais avant d'avoir fait adition par ordre du maître, il pourra quoique *cœlebs* acquérir l'hérédité ou le legs. S'il était encore en puissance, on examinerait, pour valider l'institution ou la déclarer caduque, si le maître qui doit recueillir satisfait aux conditions exigées par les lois caducaires.

[3] L. 2 § 9 *De bonor. possess. secund. tabul.*, XXXVII, XI.

[4] Ulp. *Reg.* XXIV § 21. V. aussi l. 5 § 1 *De vulg. et pupill. substit.* XXVIII, VI.

héritiers nécessaires ou des héritiers siens et nécessaires, on distingue la délation de l'hérédité de son acquisition. La délation est opérée par le fait même du testament, l'acquisition n'est réalisée que par un acte émané de l'héritier, l'*adition*. L'esclave institué par un tiers, devra donc faire adition pour acquérir l'hérédité qui lui est dévolue. Mais il ne le pourra sans en avoir reçu du maître l'ordre spécial[1], et ceci n'est autre chose qu'une application du principe que nul ne peut être obligé malgré soi par le fait des personnes en sa puissance, car, les dettes d'une hérédité forment une charge inséparable de son actif, et dans toute hérédité on trouve des dettes, ne fût-ce que les frais funéraires.

Cet *ordre* obligera-t-il l'esclave? Non, car il est de principe que « l'adition implique absolument la volonté de l'héritier lui-même, » et, par suite, en l'espèce, de l'esclave lui-même. C'est donc moins un ordre qu'il reçoit, qu'une autorisation. La volonté du maître ne saurait contraindre la sienne et encore moins la remplacer[2]. Aussi voyons-nous Ulpien décider après Celse que l'adition faite par l'esclave « *metu verborum* » ne saurait avoir aucun effet[3]. De même qu'on exigeait la volonté personnelle de

[1] L. 6 pr.; l. 25 § 5 *De adq. vel omitt. her.* D. XXIX, II.

[2] L. 13 § 3 *De adquir. vel omitt. hered.* D. XXIX, II. Cbn. l. 30 § 7 *h. tit.*

[3] L. 6 § 7 *h. tit.* En voici du reste les propres termes : « *Celsus libro quinto decimo Digestorum scripsit, eum, qui metu verborum, vel aliquo timore coactus* FALLENS, *adierit hereditatem, sive liber sit, heredem non fieri placet, sive servus sit, dominum heredem non facere.* » Faut-il, en s'en tenant à la lettre du texte, exiger pour déclarer l'adition nulle et de nul effet qu'il n'y ait eu que simulation, et, par conséquent, inexistence complète de volonté, ou ne vaudrait-il pas mieux, en adoptant la leçon proposée par Brencmannus qui lit : PAL-

l'esclave pour que l'adition valût, on voulait que ce fût lui-même qui eût de sa vocation et du titre qui l'appelait, cette connaissance exacte qu'on exigeait pour sa validité[1].

Ceci mis à part, constatons que, l'adition valablement faite, la qualité d'héritier s'imprime directement dans la personne du maître, l'esclave n'est pas réputé avoir été héritier même un seul instant. De là, s'il est affranchi, il ne sera tenu en aucune façon des dettes héréditaires qui sont, ainsi que nous l'avons dit, la charge inséparable de l'actif.

118. — On peut se demander quel intérêt pouvait offrir la faculté d'instituer l'esclave d'autrui, et l'on ne peut que s'étonner à première vue de voir aussi répandue que les textes nous permettent de conjecturer qu'elle l'était, une pareille pratique. On en aura, à notre avis, une explication satisfaisante, si l'on veut bien réfléchir que si l'hérédité légitime était susceptible d'être cédée, l'hérédité testamentaire ne pouvait l'être. Ne conçoit-on pas que par le moyen de l'institution de l'esclave on arrivait à permettre cette cession. Le maître de l'esclave institué le vendait à l'acquéreur qui, lui donnant l'ordre de faire adition, devenait propriétaire de l'hérédité. Ainsi l'hérédité pouvait passer de mains en mains, et l'héré-

DENS au lieu de FALLENS, croire que les jurisconsultes romains ne s'en tenaient pas à l'application stricte du brocard bien connu : *coactus voluit, sed voluit?* N'est-ce pas plus raisonnable et surtout plus pratique? V. cependant la loi 21 § 5 *Quod metus causa* D. IV, II.

La même solution doit être donnée s'il s'agit d'acquérir une *bonorum possessio*. Il en est tout autrement lorsqu'il s'agit d'un fidéicommis d'hérédité fait en faveur de l'esclave, la volonté du maître suffit pour en obtenir la restitution (l. 65 pr. *Ad Sen. cons. Trebell.* XXXVI, I).

[1] L. 30 § 7 *De adq. vel omitt. her.*

rédité seule, car nous n'avons qu'à adjoindre à la vente de l'esclave un pacte de fiducie, et l'adition faite, c'est-à-dire l'opération réalisée, l'esclave reviendra à son premier maître. Peut-être pourrait-on attribuer à l'existence de ce procédé, qui conciliait les droits du testateur et les intérêts de l'héritier, la persistance de la prohibition absolue de céder *in jure* l'hérédité testamentaire[1]?

117. — *L'esclave pouvait aussi figurer dans un testament à titre de légataire.* Ici encore, nous devons poser en principe que pour que le legs fût valablement fait à l'esclave, il fallait que le maître ait *factio testamenti* avec le testateur. Mais, d'autre part, pour que la disposition fût valable, il fallait considérer un instant l'esclave légataire comme libre. Tout legs qui eût été inutile dans cette hypothèse tombait, aussi lisons-nous au § 75 des *Fragm. Vatic.* : « *In legatis persona servi inspicitur,* » et voyons-nous Paul nous dire : « *Cùm enim servo alieno aliquid in testamento damus, domini persona ad hoc tantum inspicitur, ut sit cum eo testamenti factio,* CÆTERUM EX PERSONA SERVI CONSISTIT LEGATUM, *et ideò rectissimè Julianus definit,* ID DEMUM SERVO ALIENO LEGARI POSSE QUOD IPSE LIBER FACTUS CAPERE POTEST[2]. » C'est absolument le contre-pied de la théorie admise lorsqu'il s'agit d'une stipulation faite par l'esclave, aussi déciderons-nous : qu'on peut léguer à l'esclave, même purement et simplement, la chose de son maître; qu'on ne peut lui léguer une servitude au profit du fonds de son maître[3]; que le legs peut lui être fait *post mortem*

[1] M. Ihering professe cette opinion.
[2] L. 82 § 2 *De legatis*-2° D. XXXI.
[3] *Fragm. Vatic.*, § 56.

domini, mais non *post mortem suam;* que si un legs d'usufruit lui est fait, la créance s'éteindra par sa mort ou son aliénation[1].

118. — Le maître pouvait acquérir ainsi, par l'intermédiaire de l'esclave, le droit de propriété et ses démembrements. L'acquisition du droit de propriété se réalisait par le legs fait à l'esclave *per vindicationem* ou *per præceptionem* dans l'opinion Proculienne; celle des démembrements de ce droit par le legs *per vindicationem*. Justinien ayant ramené tous les legs à une seule et même classe, cette distinction disparut nécessairement.

Pour le legs de propriété, pas de difficultés; pour celui de servitude personnelle, il n'y en a pas non plus. Le maître jouira : directement, au cas d'usufruit; par l'intermédiaire de l'esclave, au cas d'usage ou habitation, sauf droit de louer en cette dernière hypothèse. Mais que dirons-nous du legs de servitude prédiale? N'avons-nous pas vu que le legs d'une pareille servitude ne se concevait pas, puisqu'il ne saurait procurer à l'esclave, s'il était libre, aucun avantage? Rigoureusement, en effet, il faudrait le déclarer nul, mais ici on admettait un tempérament : si l'esclave avait un pécule, et des biens immeubles dans ce pécule, on considérait qu'on pouvait lui léguer une servitude qui dût profiter à l'un de ces biens. C'est la solution que nous trouvons consacrée par Marcien[2], en ces termes : « *Servitus quoque servo prædium habenti rectè legatur*[3]. »

119. — En somme, soit qu'il s'agisse d'institution,

[1] *Fragm. Vatic.*, § 57. Observons que Justinien modifia cette décision.

[2] Mécien d'après la plupart des leçons.

[3] L. 17 § 1 *De legatis*-3° D. XXXII.

soit qu'il s'agisse de legs, l'esclave emprunte au maître la *factio testamenti*, mais, à tous les autres points de vue, il est traité comme s'il était libre; il pourra recevoir tout ce qu'il pourrait recevoir s'il l'était, et ne pourra recevoir que cela.

CONCLUSION.

120. — Que ressort-il de l'étude que nous venons de faire, quelle conclusion en tirer, sinon que la réalité se substitua à des points de vue nombreux à la fiction, et que la même loi qui proclame hautement l'assimilation de l'esclave à l'animal reconnaît au fond sa personnalité en tenant compte tour à tour de son intelligence, de sa conscience, de sa volonté! Qu'elle le frappe lorsqu'il est coupable; qu'elle le protège lorsqu'il est victime; qu'elle se souvienne, s'il arrive à la liberté, des relations qu'il a nouées en esclavage; qu'elle lui reconnaisse une aptitude relative à être sujet, soit actif, soit passif, d'un droit; qu'elle tienne compte de sa volonté, alors même qu'il agit dans l'intérêt et sur l'ordre du maître; qu'elle l'associe au culte de la famille et déclare religieuse sa sépulture; qu'elle le proclame enfin capable d'arriver à la liberté et à la cité, ne sont-ce pas là autant d'aveux de sa personnalité et par suite autant de contradictions qui lui sont arrachés par le fait! Tant il est vrai que lorsqu'une théorie, quelque accréditée qu'elle soit d'ailleurs, est artificielle, toujours la vérité arrive à se manifester et à s'imposer!

DROIT FRANÇAIS

DE L'EFFET

DES CONVENTIONS MATRIMONIALES

SUR LES

DROITS DES CRÉANCIERS ANTÉRIEURS AU MARIAGE

DROIT FRANÇAIS.

DE L'EFFET
DES CONVENTIONS MATRIMONIALES
SUR LES
DROITS DES CRÉANCIERS ANTÉRIEURS AU MARIAGE.

INTRODUCTION.

1. — En choisissant le sujet de cette étude, nous ne nous sommes point dissimulé les difficultés qu'il présentait. Il devait nous forcer à effleurer tous les régimes matrimoniaux et nous exposait, dès lors, à nous laisser aller à des digressions trop longues sans rapport intime avec le sujet, et à présenter au total un ouvrage décousu, sans cohésion entre ses diverses parties.

2. — Aurons-nous échappé à ce double danger? Nous n'osons nous en flatter, bien que nous ayons fait tous nos efforts pour déduire les règles posées de principes aussi rigoureux que possible, et pour montrer dans

l'œuvre législative la persistance des idées et l'unité de vue.

3. — C'est là surtout ce qui nous a semblé devoir être le côté intéressant d'une pareille étude. Dégager l'idée inspiratrice du législateur, en déduire le principe établi, montrer l'application de ce principe dans toutes les hypothèses où son idée-mère trouve place, tel est le but théorique auquel nous avons tendu. Étudier la situation que fait au créancier le mariage du débiteur nous a semblé se prêter merveilleusement à ce dessein, à raison tout à la fois de la précision de la question posée et de la variété d'aspects sous lesquels elle devait être envisagée.

4. — D'autre part, une pareille étude nous offrait un intérêt pratique incontestable. Il importe, en effet, au créancier dont le débiteur se marie de connaître quels sont désormais ses droits, car sa situation est certainement affectée par ce mariage et par le règlement pécuniaire qu'il entraîne entre époux.

5. — De prime abord, pareille affirmation peut étonner. Comment! Les créanciers seront touchés par les conventions matrimoniales de leurs débiteurs! Mais ces conventions sont « *res inter alios acta!* » Et n'est-il pas écrit dans l'article 1165 que « les conventions n'ont d'effet qu'entre les parties contractantes; elles ne nuisent point au tiers et elles ne lui profitent que dans le cas prévu par l'article 1121? »

6. — A ces objections qui trop facilement se présentent à l'esprit, la réponse est bien simple.

Et d'abord, il est certain que les conventions matrimoniales ont, de façon générale, effet à l'égard des tiers. Indiquons, sans autrement insister, les articles 1394, 1397, 1413, 1417, 1429 et 1554.

7. — Cet effet est-il inconciliable avec le principe posé par l'article 1165? Nous n'hésitons pas à répondre que non. L'article 1165, à notre avis, se borne à établir que l'on ne peut être débiteur ni créancier sans son propre consentement. A ce principe, pas d'exception. Aussi les conventions matrimoniales n'imposent-elles pas, de façon directe, des obligations à qui ne s'est pas obligé et ne donnent-elles pas des droits à qui n'a pas stipulé. Mais tout autre est la question de savoir si les créanciers peuvent invoquer, ou se voir opposer, les changements apportés par les conventions matrimoniales dans les droits de leur débiteur. Prenons un exemple pour préciser notre pensée. L'article 1421 investit le mari de l'administration des propres de la femme sous le régime de communauté; en sa qualité d'administrateur, il peut les donner à bail. Eh bien! Les tiers pourront-ils se prévaloir de ce droit? Pourra-t-il être invoqué contre eux? En d'autres termes, les baux consentis par le mari seront-ils opposables aux tiers et par les tiers? N'aurions-nous pas deux textes formels, les articles 1429 et 1430, la réponse ne saurait être qu'affirmative. Le mariage en opérant un changement dans l'état des conjoints a, par contre coup, modifié leurs droits sur leurs biens. Or cette modification, pas plus que le changement d'état dont elle résulte, ne peut exister dans les rapports des seuls époux, le vouloir serait vouloir annihiler tous les effets, soit du mariage, soit des conventions matrimoniales, dont l'utilité ne se manifeste vraiment que dans les rapports des époux avec les tiers.

8. — M. Troplong n'admet pas complètement cette théorie, il soutient que dans les rapports des époux avec les tiers les conventions matrimoniales sont *en général*

« *res inter alios acta.* » A quelle distinction se rattache-t-il? « C'est au profit des tiers contre les conjoints, « dit-il, qu'est établie la règle tutélaire que les énon-« ciations du contrat de mariage font foi contre eux; « mais on ne saurait opposer aux tiers des énonciations « qui les blesseraient, ce serait pour eux *res inter alios* « *acta.* » A l'appui de son opinion, il invoque l'article **1165**. Mais cet article ne fait aucune distinction; si la convention ne doit pas nuire aux tiers, elle ne doit pas davantage leur profiter. Aussi, est-ce avec raison que la Cour de cassation a jugé « que les conventions matrimoniales, en tant qu'elles transmettent ou modifient des droits réels, ou donnent au mari le pouvoir d'administrer plus ou moins librement les biens de la femme *sont susceptibles de profiter aux tiers et de leur être opposées,* » repoussant, du reste, l'application de l'article **1165** qui n'est relatif, ainsi que les motifs de son arrêt le constatent, qu'aux obligations que les conventions font naître entre les parties [1].

Par cet arrêt, la Cour de cassation a reconnu et consacré, en l'appliquant à une espèce, le principe que nous défendons, à savoir que les conventions matrimoniales ont effet à l'égard des tiers.

9. — Mais allons plus loin, ne nous bornons pas à cette réponse déjà suffisante, il en est une plus topique à faire encore aux objections qui peuvent s'offrir à l'esprit. La voici :

Il ne suffit pas pour qu'une personne puisse être considérée comme tiers, relativement à une convention, qu'elle n'y ait pas figuré elle-même, en personne, comme partie

[1] Cass., 17 déc. 1873; Dall., 1874. 1. 145.

contractante, il faut qu'elle n'y ait pas été représentée et qu'elle n'ait pas succédé à un titre quelconque, comme héritière ou ayant-cause, à l'une des parties contractantes.

Or les créanciers sont ayants-cause de leur débiteur. De là résulte que les conventions passées par un débiteur ont effet à l'égard de ses créanciers comme à son propre égard, et qu'elles leur profitent ou leur nuisent de son chef, puisqu'ils n'ont pas sur son patrimoine d'autres droits que les siens.

Ainsi, à tort selon nous, prétendrait-on trouver les créanciers dans ce mot « tiers » employé par l'article 1165. L'argument qu'on voudrait tirer de l'adverbe qui commence le texte suivant, relatif au droit des créanciers d'agir du chef de leur débiteur[1], ne serait rien moins que concluant, car, loin de déroger à l'article 1165, l'article 1166 ne fait qu'en tirer une conséquence logique et nécessaire, et l'expression par laquelle il débute, n'est autre chose qu'une transition dont le législateur s'est servi pour traiter la grande question des droits des créanciers relativement au patrimoine du débiteur et non point aux conventions qu'il a pu faire.

10. — Mais qu'on ne se méprenne pas à nos paroles. Les conventions passées par un débiteur, disons-nous, ont effet à l'égard de ses créanciers, *parce qu'ils n'ont pas sur son patrimoine d'autres droits que les siens;* par ces mots nous montrons clairement notre pensée et limitons le champ de notre étude.

Ainsi *les conventions matrimoniales n'auront effet que sur le gage des créanciers des époux, jamais sur leur si-*

[1] Art. 1166. « *Néanmoins*, les créanciers peuvent exercer les droits et actions de leur débiteur.... »

tuation de créanciers[1]. Le lien d'obligation reste le même quant à ses termes, car jamais par l'effet d'un acte auquel il est étranger, le créancier ne cessera d'être créancier. Cela est incontestable; mais ce qui ne l'est pas moins, c'est que comme créancier il a pour gage la fortune entière du débiteur, que celui-ci par ses actes ou conventions peut augmenter ou amoindrir cette fortune et atteindre ainsi par contre-coup le créancier.

11. — Est-il nécessaire d'établir ces propositions? « Quiconque s'est obligé personnellement, est tenu de remplir son engagement sur tous ses biens mobiliers et immobiliers, présents et à venir. » Tel est le principe posé par l'article 2092 C. civ.[2]. L'article 2093 en constate la conséquence évidente en proclamant que « les biens du débiteur sont le gage commun de ses créanciers. »

Mais quel est le caractère de ce gage? Ce n'est point, à coup sûr, un gage au sens technique du mot, gage spécial, conférant au créancier nanti un *jus in re,* c'est-à-dire un droit propre et distinct de celui du débiteur sur le bien qui en est affecté. C'est, ainsi que le dit M. Demolombe, « un gage collectif et imparfait qui plane en

[1] Dans le cas où adoptant le régime dotal la femme s'est constituée en dot tous ses biens présents et à venir, la situation de ceux de ses créanciers antérieurs qui ne peuvent poursuivre les biens dotaux à raison de la non-certitude de la date de leurs créances semble atteinte par les conventions matrimoniales. En fait, elle le sera le plus souvent, mais ils n'en restent pas moins créanciers et cette qualité produira tous ses effets si la femme, après dissolution du mariage, acquiert ou recueille des biens.

[2] Duparc-Poullain proclamait ce même principe dans les termes suivants : « Tout ce que nous allons dire a pour fondement le principe général que qui s'oblige, oblige tous ses biens présents et futurs, meubles, immeubles, actions et droits... » (*Principes de Dr.,* VII, p. 282).

quelque sorte vaguement sur tous les biens, sans s'asseoir sur aucun d'eux déterminément, et qui ne confère aux créanciers, simples ayants-cause de leur débiteur, qu'un *jus ad rem,* c'est-à-dire uniquement le droit qui appartient à celui-ci, puisqu'ils ne peuvent l'invoquer que de son chef[1]. »

D'un pareil état de choses découle naturellement que le débiteur reste à la tête de son patrimoine, libre dans ses actions, ses acquisitions, ses aliénations, et que tous ses actes sont opposables à ses créanciers qui, venant invoquer ses droits, ne peuvent en avoir plus que lui.

12. — Ceci posé et sans nous arrêter sur les garanties offertes aux créanciers par les articles **1166** et **1167** contre les dangers les plus grands d'une telle position, la négligence ou la fraude du débiteur, nous remarquons que les conventions matrimoniales, ayant pour objet de régler l'association des biens rendue nécessaire par celle des personnes et devant par cela même influer sur la fortune des conjoints, atteindront nécessairement leurs créanciers soit en diminuant soit en augmentant leur gage. Ce sont les modifications qu'elles apporteront ainsi à leur situation que nous allons étudier.

13. — Les seuls créanciers dont nous ayons à nous occuper sont donc les créanciers antérieurs à la célébration du mariage, les créanciers qui, au jour du mariage, avaient situation acquise. Il importe, en conséquence, de bien déterminer ce que nous entendons par dettes antérieures au mariage.

14. — *Sont antérieures au mariage les dettes dont la cause est antérieure au mariage,* et cela qu'elles décou-

[1] Demolombe, XXV, nº 48.

lent d'un contrat ou d'un quasi-contrat, d'un délit ou d'un quasi-délit. En un mot, ce n'est pas l'exigibilité, mais bien la *cause* de la dette qu'il faut prendre en considération.

15. — Si donc la dette est née d'une convention, que cette convention soit pure et simple, ou bien à terme, ou sous condition, peu importe, c'est toujours à la date de la convention qu'il faudra s'attacher[1]. Le terme ne fait que reculer l'exigibilité, la condition rétroagit.

16. — Est-elle née d'un délit? Pour les dommages-intérêts auxquels pendant la communauté le conjoint peut être condamné, pas de difficulté; le délit est leur cause, le jugement ne fait que les liquider. Quant à l'amende dont il peut être frappé, la question est plus délicate. Pothier dit en effet que c'est par le jugement qu'on en devient débiteur, toutefois il décide avec Lebrun que le germe en est dans le délit. Il faut aller plus loin, et voir dans le délit la vraie cause de la dette; le juge ne fait que la constater. C'est donc au moment où le délit a été commis que nous devrons placer la date de la dette, qu'elle se présente sous forme d'amende ou de dommages-intérêts[2].

17. — L'application de la règle ne présentera le plus souvent aucune difficulté, il est pourtant certaines hypothèses délicates sur lesquelles il est bon de nous expliquer brièvement.

18. — Si l'un des conjoints se trouvait au moment du mariage engagé dans un procès, quelle date attribuerions-nous à la dette des frais de procédure faits posté-

[1] Pothier, *Traité de la communauté*, nº 354.

[2] Pothier, *Communauté*, nºs 355 et 356. — Lebrun, *Traité de la communauté*, liv. II, ch. II, sect. III.

rieurement à la célébration de l'union conjugale? Il faut le reconnaître, la dette de ces frais est née durant le mariage, mais elle est née d'une cause antérieure, « de la téméraire contestation que le conjoint a formée en entreprenant le procès[1], » donc cette dette doit être traitée comme dette antérieure.

Mais, qu'on ne s'y trompe pas, cette solution est limitée aux dépens faits à raison de contestations pendantes au jour du mariage. Si depuis lors il avait été formé des demandes incidentes, si de nouvelles contestations s'étaient greffées sur les anciennes, les frais auxquels elles donneraient lieu ne sauraient être considérés comme formant une dette antérieure au mariage, car leur cause est postérieure[2].

19. — Que dirons-nous du reliquat d'un compte de tutelle, ou d'administration particulière ou publique cessant au cours du mariage? La solution ne peut être absolue, le reliquat ne consiste point en effet en une dette unique, c'est le résultat et le total de tous les faits de gestion à raison desquels le tuteur ou l'administrateur est constitué débiteur. Il y a donc là diverses dettes ayant des origines, des causes distinctes, et par conséquent des dates différentes. Concluons que tous les articles correspondants aux faits de gestion antérieurs au mariage, à raison desquels le tuteur ou l'administrateur est constitué débiteur, doivent être considérés comme dettes anté-

[1] Pothier, *Communauté*, n° 357.

[2] Cette exception n'atteint donc pas les demandes accessoires qui sont nécessairement liées à la demande principale, et sont en quelque sorte appelées par cette demande, car le principe des frais qu'elles occasionnent se trouve dans la cause même qui a motivé cette demande.

rieures; tous faits postérieurs au mariage et articles y relatifs, seront tenus pour dettes postérieures.

20. — Enfin que décider au sujet des dettes qui grèvent une succession qui, ouverte avant le mariage au profit de l'un des époux, n'a été acceptée que depuis cette époque? Les principes de la saisine et de l'acceptation rendent le doute impossible. L'héritier est saisi de plein droit des biens du défunt dès l'ouverture de la succession, sous l'obligation d'acquitter ses dettes (art. 724 C. civ.), la cause de l'obligation qu'il contracte en acceptant, aussi bien que celle des droits qu'il acquiert, est dans la saisine, aussi son acceptation rétroagit-elle (art. 777 C. civ.), donc ce sont là des dettes antérieures.

21. — Remarquons encore qu'il résulte aussi des prémisses que nous avons posées que parmi les créanciers antérieurs les seuls qui doivent vraiment nous préoccuper sont les créanciers chirographaires. Car les créanciers hypothécaires et privilégiés n'ont pas seulement ce gage général et flottant que les principes impartissent aux créanciers personnels, quels qu'ils soient, ils ont un gage au sens technique du mot, gage spécial leur conférant un *jus in re*, c'est-à-dire un droit propre, distinct de celui de leur débiteur, sur les biens qui en sont affectés, et par conséquent à l'abri des actes postérieurs de ce débiteur, sous la seule condition qu'il ait été conservé conformément à la loi.

Notre étude ne les intéresse donc qu'autant que la réalisation de leur gage ne les ayant point entièrement désintéressés, ils resteraient, pour le surplus de leurs créances, confondus dans la masse des créanciers.

GÉNÉRALITÉS ET DIVISION.

22. — Le contrat de mariage est le contrat par lequel les futurs époux règlent, quant à leurs biens, les conséquences résultant de l'association conjugale.

23. — Rationnellement, la question pécuniaire soulevée par le mariage se ramène à la question de savoir comment les charges du mariage seront supportées par chacun des époux. C'est là l'objet essentiel des conventions matrimoniales.

Mais, historiquement et dans les faits, le champ de ces conventions est plus large. Elles comprennent la détermination du régime auquel seront soumis les biens de la femme, et les droits respectifs des époux sur leurs biens réciproques.

24. — Ces droits respectifs peuvent *a priori* se concevoir, soit comme la conséquence légale du mariage, soit comme le résultat de conventions libres, consenties entre les époux.

Le législateur a dû, par conséquent, établir le contrat de mariage type, ainsi qu'en matière de succession *ab intestat*, il a dû faire le testament type, car il importait de fixer les conséquences pécuniaires de ces unions si nombreuses qu'aucun contrat ne précède. Bien entendu, du reste, il n'a pas imposé le régime qu'il a déclaré régime de droit commun, il a laissé aux parties la liberté de le modifier et de l'exclure, liberté pleine et entière sous la seule condition qu'il n'y ait rien dans leurs conventions de contraire aux bonnes mœurs, et de dérogatoire à ce qu'il a considéré comme des règles d'ordre public (art. 1387 et suiv.).

25. — Comme régime de droit commun il a réglé et ordonné le régime de communauté; puis il a traité des clauses principales par lesquelles sa composition peut être étendue ou restreinte, ou les règles de son partage modifiées. Les conventions exclusives de communauté : régime de séparation de biens et régime sans communauté, se sont ensuite imposées à son examen. Enfin, sur les réclamations des pays de droit écrit, il a posé les règles du régime dotal. Et c'est qu'en effet le législateur ne pouvait se contenter d'établir les règles du régime qu'il proclamait régime de droit commun et d'indiquer par un mot qu'il laissait liberté pleine et entière aux contractants; il devait indiquer les plus usités parmi les clauses modificatrices ou régimes exclusifs adoptés, et régler leurs effets, n'eût-ce été que pour rendre plus clairs et intelligibles des contrats dont l'interprétation aurait dû être demandée, sans cela, aux anciennes coutumes et aux anciens styles.

26. — Nous ne saurions mieux faire que suivre l'œuvre du législateur. Nous traiterons d'abord du régime de communauté, puis du régime exclusif de communauté, enfin du régime dotal. Sous chacun de ces régimes et des clauses qui s'y rattachent, nous aurons à examiner la situation faite aux créanciers antérieurs au mariage. Nous envisagerons cette situation à deux époques : pendant la durée du régime et après sa dissolution. Nous devrons forcément esquisser à grands traits chacun de ces régimes; nous nous efforcerons de le faire aussi clairement et surtout aussi brièvement que possible.

PREMIÈRE PARTIE.

DU RÉGIME DE COMMUNAUTÉ.

CHAPITRE I.

DU RÉGIME DE COMMUNAUTÉ LÉGALE.

PRINCIPES.

27. — Dans toute société où la famille a reposé moins sur une idée de puissance absolue que sur les liens du sang, on conçoit que l'homme et la femme en associant leur existence ont dû mettre en commun ce qu'ils possédaient[1]. C'est à l'autorité de ce fait que l'idée de la communauté a dû être empruntée. Mais, en passant dans la loi positive, la simplicité et l'uniformité de l'ancien usage disparut et soit quant à l'établissement, soit quant à l'étendue de cette association de biens, de nombreuses divergences se produisirent. Le Code civil a rétabli l'unité en tranchant toutes difficultés relatives soit à son établissement, soit à sa composition.

La communauté légale est donc une association de biens entre époux, régie par des règles qui lui sont propres[2], et qui s'établit, soit par la simple déclaration qu'on

[1] Locré, XIII, p. 446. Discours du tribun Siméon.

[2] On dit quelquefois que la communauté est soumise à certaines règles exorbitantes du droit commun des sociétés, reproduisant ainsi le mot de Pothier : La communauté entre conjoints par mariage est

se marie sous le régime de la communauté, soit par l'absence dans le contrat de mariage de toute stipulation de régime, soit par l'absence absolue de contrat[1].

28. — Cette association comprend-elle tous les biens des conjoints? Si oui, il est évident qu'elle doit aussi comprendre leurs dettes. Comprend-elle seulement une quotité de ces biens, il est évident encore qu'elle devra, à moins de stipulation contraire, comprendre une partie de leurs dettes.

Cette dernière hypothèse est la vraie et nous trouvons dans la communauté, comme dans toutes les sociétés, « deux masses corrélatives et correspondantes formant balance entre les profits et les charges, les recettes et les dépenses[2]. » L'article 1409 C. civ. qui fixe la composition de la masse passive est fondé sur ce principe de réciprocité, son rapprochement des articles 1401 et 1402 qui établissent la masse active ne saurait laisser de doute à cet égard. Cette corrélation des deux masses active et passive est telle, que nous pouvons dire en somme que toutes les choses qui composeraient l'actif de la communauté si elles étaient dues à l'un des époux, forment au

exorbitante des sociétés ordinaires (*Communauté*, n° 3); mais nous avons préféré ne pas employer cette expression qui, plus encore que celle de Pothier, pourrait induire à penser que l'association conjugale des époux mariés en communauté n'est qu'une variété du contrat de société. Nous croyons qu'elle constitue une association toute spéciale, un contrat bien distinct, qui n'est certes pas sans offrir de nombreuses analogies avec le contrat de société, mais qui se suffit à lui-même et nous en concluons que si nous recourons au cas de silence de notre titre aux règles établies au titre de la société, ce ne sera que par analogie. Nous avons employé la formule dont nous nous servons au texte pour bien marquer cette idée.

[1] M. Bufnoir, à son cours.

[2] Duvergier, *Rapport au Tribunat*, V. Locré, XIII, p. 345.

contraire son passif lorsque l'un des époux en est débiteur[1].

Ainsi se trouve confirmée l'idée que *prenant partie des biens présents des conjoints la communauté doit supporter partie de leurs dettes présentes.* Quel sera son lot?

29. — L'article 1409 répond à la question :

« La communauté se compose passivement : »

1° « De toutes les dettes mobilières dont les époux « étaient grevés au jour de la célébration de leur ma- « riage[2]......... »

3° « Des arrérages et intérêts seulement des rentes ou « dettes passives qui sont personnelles aux deux époux. »

30. — Ainsi *tombent en communauté les dettes mobilières antérieures à la célébration du mariage. Deux conditions sont donc exigées* par l'article 1409, *l'une relative à la nature de la dette, l'autre relative à sa date.* La dette doit être mobilière, la dette doit être antérieure au mariage.

Nous devons examiner ces deux conditions. La première nous retiendra longtemps, car nous devons examiner les

[1] Cette règle d'une vérité absolue lorsque la théorie des récompenses était encore inconnue, n'est exacte qu'au point de vue de l'obligation aux dettes, ou si l'on aime mieux, du passif *provisoire* de la communauté.

[2] Nous négligeons la fin du texte, car nous n'avons point à nous préoccuper des créanciers des successions qui échoient aux conjoints au cours du mariage, et ne voulons point traiter la question des récompenses dues par les conjoints dans leurs rapports entre eux ou avec la communauté. Nous n'avons à nous préoccuper que des rapports des conjoints, ou de la communauté avec les créanciers. En un mot, *nous ne nous occupons que de l'obligation aux dettes et non de la contribution.*

C'est, du reste, le point de vue auquel s'est placé le législateur, sauf à indiquer les cas où récompense serait due.

critiques qu'elle a soulevées et nous rendre un compte exact de ses conséquences. Sur la seconde, grâce aux principes posés dans notre introduction, nous serons très brefs.

31. — Et d'abord, la dette pour tomber au passif de la communauté doit être *mobilière*. Activement, la communauté prend à ce jour toute la fortune mobilière des conjoints (art. 1401-1° C. civ.); passivement, elle prend au même jour toutes leurs dettes mobilières. C'est l'application du vieux brocard : « Là où va l'actif mobilier, là va le passif mobilier. »

A l'inverse, les dettes immobilières restent propres aux conjoints qui conservent leurs immeubles (Art. 1402) : « Là où va l'actif immobilier, là va le passif immobilier. »

32. — Ce partage des dettes concorde fort bien avec le vieux principe de notre ancien droit français, « que les dettes mobilières d'une personne sont une charge de l'universalité de ses meubles [1]. » Mais ce principe n'est plus en vigueur, et les dettes sont aujourd'hui divisées, en principe, en proportion des valeurs recueillies. Elles sont vraiment charge de l'universalité des biens, et, s'il y a séparation entre les meubles et les immeubles, elles sont réparties entre les deux universalités nouvelles au prorata de leur valeur. Telle est la règle actuelle, règle que le législateur applique aux conjoints eux-mêmes lorsque des successions leur échoient au cours du mariage.

33. — Pourquoi donc a-t-il conservé l'ancienne règle en ce qui concerne le partage dont nous nous occupons?

On l'en a vivement critiqué en faisant remarquer que, sans parler de l'anomalie ainsi créée dans le système général de la loi, il n'y a plus aujourd'hui de proportion

[1] V. Pothier, *Communauté*, n° 233.

entre l'actif mobilier et le passif mobilier d'une part, l'actif immobilier et le passif immobilier d'autre part, et, de fait, les dettes immobilières sont chose bien plus rare qu'autrefois. Il suffit pour le démontrer de remarquer, d'une part, que les rentes foncières étaient autrefois considérées comme immobilières et que la plupart des coutumes attribuaient ce caractère aux rentes constituées[1], d'autre part, que la vente n'était pas translative par elle-même, mais produisait seulement l'obligation de transférer la chose vendue et par conséquent une obligation essentiellement immobilière si la chose vendue était un immeuble; tandis qu'aujourd'hui, les rentes privées, beaucoup moins fréquentes d'ailleurs, sont mobilières, et la vente, si elle porte, ce qui est le cas le plus ordinaire, sur un corps certain, transmet par elle-même la propriété de ce corps. On en conclut qu'au mépris des principes qui régissent les sociétés, la loi fait ainsi supporter à la communauté toutes les dettes, alors qu'elle ne prend que partie de l'actif.

34. — Nous croyons ces critiques exagérées et inexactes au point de vue juridique. Les principes qui régissent les sociétés ne sont point ici applicables sans restriction[2]; les apports effectués par l'époux à l'origine de la communauté ne sont, ou peuvent n'être, que partie

[1] Pothier, *Communauté*, n° 146.

[2] Cela ressort de façon évidente du principe que nous avons posé que l'association des époux communs est un contrat tout spécial et non point une variété du contrat de société. Une simple réflexion suffira à le prouver. Le fonds commun formé par les apports des époux ne l'a pas été dans l'intention de le faire valoir et de partager les bénéfices qui résulteront des opérations faites à son aide. Or, cette intention est la caractéristique du contrat de société tel qu'il est prévu et réglé par notre Code (Civ. Cass., 22 nov. 1852, S. 53. 1. 73).

des apports totaux qu'il effectuera, le législateur ne pouvait donc se baser sur eux de façon absolue.

Du reste, nous allons plus loin, et prétendons que le législateur ne pouvait établir une proportion calculée d'après la valeur comparée des meubles et des immeubles appartenant à chaque époux au moment du mariage. La communauté, on ne doit pas l'oublier, est le régime de ceux qui se marient sans contrat, il fallait donc écarter toute règle qui eût exigé la rédaction d'un écrit. Or, décider que la communauté prendrait dans les dettes une part proportionnelle à la valeur du mobilier, était obliger les parties à faire dresser un inventaire destiné à établir cette proportion. On ne le pouvait. On a donc sagement fait de conserver la règle ancienne qui n'offre pas au fond d'inconvénients sérieux; car, en fait, lorsque les résultats causés par son application seraient choquants, lorsqu'elle créerait entre les conjoints une situation d'une inégalité criante, toujours un contrat sera dressé.

35. — Il ne suffit point d'avoir justifié la disposition de l'article 1409, il faut en étudier l'étendue. Deux questions s'imposent donc à notre examen, deux questions qui, à vrai dire, n'en font qu'une : *Quelles dettes sont mobilières? Quelles dettes sont immobilières?*

36. — Pothier nous enseigne « qu'une dette est mobilière quand la chose due est une chose mobilière[1]. » Il s'attache donc à l'objet de la dette pour en déterminer la nature. Ce principe conduit à faire tomber au passif de la communauté toute dette dont l'objet est mobilier.

Est-il absolu?

Un passage de Pothier pourrait en faire douter :

[1] Pothier, *Communauté*, n° 234. *Introd. gén. aux Coutumes*, n° 50.

« On a coutume, dit-il, d'apporter une exception au « principe que toutes les dettes mobilières dont chacun « des conjoints se trouve débiteur lorsqu'ils contractent « leur mariage, sont une charge de la communauté. Cette « exception concerne les dettes mobilières qui ont pour « cause le prix d'un propre de communaute de l'un ou « de l'autre des conjoints. Elle est fondée sur ce qu'il a « paru trop dur qu'un conjoint fît payer à la communauté « le prix d'un héritage qu'il retient pour lui seul et qui lui « est propre de communauté[1]. » Mais la restriction n'est qu'apparente, car certainement Pothier a confondu dans ce passage l'*obligation* et *la contribution* aux dettes. Sa doctrine véritable est traduite et appliquée par l'article 1409-1°, qui met pareilles dettes à la charge de la communauté sous le bénéfice d'une récompense.

37. — Pour nous, qui n'avons à nous préoccuper que de l'*obligation* aux dettes, *nous n'avons à considérer que l'objet de la dette* et notre solution doit être absolue. A-t-elle pour objet un meuble ou un droit mobilier, l'obligation de la payer incombe à la communauté, car elle est mobilière. Peu importe d'ailleurs qu'elle se trouve transformée, c'est-à-dire qu'elle ait son principe dans une transaction sur un immeuble ou un droit immobilier, car c'est, nous le répétons, à son objet et non à sa cause que nous nous attachons. De même nous ne saurions nous préoccuper des garanties accessoires qui en assurent le paiement, elles n'ont aucune influence sur sa nature.

38. — Au contraire, a-t-elle pour objet un immeuble un droit immobilier, elle ne tombera point en communauté, car elle est immobilière. Pothier en donnait

[1] Pothier, *Communauté*, n° 239.

comme exemple la dette du vendeur d'immeubles qui n'a pas encore fait livraison[1]. « Mais aujourd'hui, ainsi que le fait remarquer M. Colmet de Santerre, on ne peut plus citer ces dettes-là, parce que, dans les principes du droit moderne, la propriété de la chose vendue ou promise est transférée au créancier; le vendeur ou le promettant n'est plus, à proprement parler, débiteur de la chose, il est simplement détenteur de la chose d'autrui. La question entre lui et celui à qui il a fait la promesse n'est plus une question d'obligation mais de propriété, il n'existe plus quant à l'immeuble, une obligation personnelle grevant ou diminuant le patrimoine du promettant[2]. »

39. — Cette obligation existe au contraire sûrement si nous supposons que l'immeuble vendu n'a point été déterminé dans son individualité. Cette hypothèse était aussi prévue par Pothier et c'est le deuxième exemple qu'il nous fournit. Il suppose « le legs d'un arpent de vignes à prendre dans les bons cantons de la province, » et décide que si l'héritier est encore débiteur du legs lors de son mariage, la dette ne tombe point en communauté[3]. La solution de Pothier est la nôtre, car en l'espèce l'héritier est tenu aujourd'hui encore d'une véritable obligation de donner et l'objet dû est un immeuble.

40. — Tel est le principe. Il est bien net. Sans doute, dans certaines hypothèses, son application peut être débattue, mais il ne rentre en aucune façon dans le cadre de cette étude de discuter des questions qui se rattachent à la distinction des biens en meubles et immeubles.

[1] Pothier, *Communauté*, nº 243.

[2] Colmet de Santerre, VI, p. 101, nº 41 *bis*-III.

[3] Pothier, *Communauté*, nº 243.

41. — *Il ne suffit point que la dette soit mobilière, il faut encore qu'elle soit antérieure au mariage,* et par ces mots nous entendons non le contrat de mariage, mais la célébration du mariage devant l'officier de l'état civil. Article 1409-1°. La communauté sera donc tenue des dettes contractées dans l'intervalle qui sépare la passation du contrat de la célébration du mariage. Quelques auteurs l'ont contesté[1]. En présence du texte formel de l'article 1409, corroboré par les articles 1399 et 1410, leur doctrine nous paraît insoutenable. On ne saurait opposer à notre solution l'article 1404, car dans l'espèce qu'il prévoit, le législateur a considéré que le principe de l'immutabilité des conventions matrimoniales était atteint; le même danger n'existait pas à ses yeux au cas que nous discutons, aussi ne trouvons-nous pas pour lui de texte analogue à l'article 1404. Enfin, il est juste que la communauté supporte les dettes contractées par les conjoints dans cet intervalle, alors qu'elle est appelée à recueillir tout ce que les conjoints peuvent acquérir à titre onéreux pendant le même temps.

42. — Bien entendu, du reste, nous ne statuons ainsi qu'autant qu'il s'agit de dettes contractées sans fraude. Au cas où il en serait autrement, au cas, par exemple, où ces dettes ne seraient que des libéralités déguisées faites dans le but de dépouiller la communauté ou l'un des conjoints des avantages que le contrat lui a attribués, nous n'hésiterions pas à voir dans de pareils actes une atteinte aux conventions matrimoniales et à décharger de leurs conséquences la communauté et le conjoint. En somme,

[1] Lebrun, *Communauté*, ch. III, sect. III, n° 2. — Battur, *De la communauté*, I, n° 290.

dans l'hypothèse prévue par l'article 1404 le législateur établit une présomption de fraude, dans la nôtre il faudra l'établir[1].

43. — Remarquons avant d'abandonner l'étude des conditions que doit remplir la dette pour tomber au passif de la communauté, que *seules les dettes dont les conjoints sont personnellement débiteurs tombent en communauté.* La formule employée par l'article 1409 : « Toutes les dettes mobilières dont les époux étaient *grevés* au jour de la célébration de leur mariage, » est donc inexacte. Pothier auquel elle a été empruntée disait bien mieux : « La communauté légale est chargée de toutes les dettes mobilières dont chacun des conjoints était *débiteur* au temps que s'est contracté le mariage[2], » montrant ainsi la nécessité d'un lien personnel d'obligation. Nous ne saurions insister sur cette critique, car il est bien évident que le droit de poursuite du créancier qui aurait purement et simplement hypothèque sur les immeubles, ou sur l'un des immeubles, de l'un des conjoints ne saurait en aucun cas être affecté. La solution que nous donnons n'offre, par suite, d'intérêt qu'au point de vue, étranger à cette étude, de la contribution aux dettes[3]. Nous avons tenu néanmoins à la signaler en passant.

44. — Connaissant désormais quelles dettes tombent

[1] Bellot des Minières, *Du contr. de mar.*, I, p. 223 et s. — Duranton, *Cours de dr. franç.*, XIV, n° 219. — Odier, *Traité du cont. de mar.*, I, 158. — Rodière et Pont, *Traité du cont. de mar.*, II, 714. — Marcadé, sur l'article 1410-1°, n° 3. — Aubry et Rau, *Cours de dr. civ. franç.*, § 508, texte et n. 23, t. V, p. 321.

[2] Pothier, *Communauté*, n° 233.

[3] Pothier, *Communauté*, n° 233. — Duranton, XIV, 220. — Rodière et Pont, II, 733.

en communauté et quelles dettes restent propres, nous devons examiner l'intérêt offert par leur distinction en étudiant les droits des créanciers antérieurs soit pendant la durée du régime de communauté, soit après sa dissolution.

PREMIÈRE SECTION.

Droits des créanciers antérieurs au mariage pendant la durée de la communauté.

45. — Nous devrons distinguer les dettes du mari de celles de la femme, l'article 1410 C. civ. consacre cette distinction qui découle de la situation même qui est faite a l'un et à l'autre des époux dans la société conjugale régie par la communauté.

§ I. *Créanciers du mari.*

46. — Pour eux la règle à poser est absolue : *Ils peuvent sans distinction d'aucune sorte poursuivre leur paiement sur les biens personnels de leur débiteur et sur les biens communs.* Que leur créance soit ou non constatée par un titre ayant date certaine antérieure au mariage, qu'elle ne repose sur aucun écrit, qu'elle soit mobilière ou immobilière, peu importe. Est-ce donc que nous fassions litière des principes que nous avons posés? En aucune façon, mais ils sont ici neutralisés par d'autres principes, par la situation même qui est faite au mari chef de la communauté.

47. — *Les créanciers n'auront pas à prouver l'antériorité de leurs créances.* Pourquoi? Parce que le mari, comme chef de la communauté, a le droit d'engager ses biens, de les aliéner, même de les donner sous certaines réserves. Dès lors, quel intérêt aurait-on à distinguer si la dette dont l'exécution est poursuivie contre lui a été contractée antérieurement ou postérieurement au mariage? Aucun, si ce n'est de savoir qu'elle est tombée en communauté en vertu du principe posé par l'article 1409 ou en vertu de ses droits de seigneur et maître[1].

48. — *Les dettes immobilières du mari sont traitées en fait comme si elles étaient mobilières* et peuvent en conséquence être poursuivies sur les biens de la communauté, c'est là une conséquence nécessaire de la situation faite au mari sous le régime de communauté. Mais il ne faut point exagérer cette idée, ainsi que le fait selon nous M. Laurent. D'après lui, le mari sous le régime de communauté ne possède pas deux patrimoines, il n'en possède qu'un seul dans lequel se trouvent compris les biens de la communauté; donc, ses créanciers antérieurs au mariage, par cela seul qu'ils ont action sur ses biens, doivent avoir action sur les biens de la communauté. Ce sont là en effet des biens futurs au sens de l'article 2092, ils ont été acquis par le mari postérieurement à l'obligation, et le mari est tenu, aux termes du même article, sur tous ses biens, tant futurs que présents, envers ses créanciers.

Du reste, ajoute-t-il, le droit du créancier personnel sur les biens du débiteur naît au moment où il agit contre lui, donc il doit avoir action sur tous les biens que le débiteur possède à cet instant. Or, nous supposons que la poursuite est intentée durant la communauté, et par conséquent,

[1] D'ailleurs nous devons remarquer que les dettes contractées par le mari, antérieurement au mariage, en fraude des droits de la femme, ne seraient point opposables à celles-ci. V. en ce sens un arrêt de la Cour de cassation du 26 janvier 1847, D. 47. 1. 63.

à un moment où les deux patrimoines n'en font qu'un entre ses mains; on ne concevrait pas dès lors, qu'ils n'aient action que sur une fraction de ce patrimoine.

Ainsi que nous le disons plus haut, à ce système on doit reprocher l'exagération, au moins dans la forme, des principes posés. La solution est exacte; mais il n'est pas nécessaire pour la justifier de poser en principe que le mari, chef de la communauté, n'a entre les mains qu'un seul patrimoine, et M. Laurent reconnaît lui-même qu'il en a deux, puisque, au point de vue des actes à titre gratuit, il sait les distinguer. Seulement la vérité est qu'ils sont confondus entre les mains du mari, dès qu'il s'agit d'actes à titre onéreux, et que, par suite, il est tout naturel de traiter toute dette du mari comme dette de la communauté, et toute dette de la communauté comme dette du mari. Du reste, cette confusion au regard des tiers s'imposait; on ne pouvait attarder leurs poursuites par une fin de non-recevoir, basée sur une distinction qui serait, pour eux, longue, difficile et dangereuse. Enfin le mari ayant, pendant la communauté, un droit de disposition presque absolu sur les biens qui la composent, pouvant les dissiper, et, *a fortiori*, les employer à payer ses propres dettes, ses créanciers pourraient, en vertu de l'article 1166, demander leur paiement sur ces biens.

19. — Cette dérogation aux principes généraux tient donc, tout à la fois, aux pouvoirs du mari comme chef de la communauté, et à l'état de fait, conséquence de ces pouvoirs, qui réunit entre ses mains et confond aux yeux des tiers les biens de la communauté et ses biens personnels. Dès lors, nous pouvons d'ores et déjà conclure qu'elle n'aura plus de raison d'être, sitôt que la dissolution de la communauté fera déchoir le mari de la situation privilégiée qu'il a pendant sa durée. Dès ce moment, il pourra être intéressant de distinguer les créances du mari en créances mobilières et créances immobilières. Nous étudierons ce point dans notre deuxième section.

50. — Nous n'avons point d'ailleurs à insister sur l'idée que les propres de la femme, qu'ils soient immobiliers ou mobiliers, ne peuvent être saisis par les créanciers du mari quels qu'ils soient. Mais, en fait, comme ils sont confondus avec ceux de la communauté, il peut arriver qu'ils soient saisis, au mépris du droit de la femme. En pareil cas, nous devons remarquer, qu'elle pourra réclamer la distraction de ses biens personnels, conformément aux règles posées par les articles 608 et 732 du Code de procédure civile[1].

§ II. *Créanciers de la femme.*

51. — Pour les créanciers de la femme, la règle à poser n'est pas moins absolue que pour les créanciers du mari; mais elle est d'application plus délicate, et nécessite d'assez longues explications. Je la formule ainsi : *Seules, les dettes de la femme qui tombent en communauté, d'après les principes posés par l'article* 1409, *peuvent être poursuivies sur les biens communs.*

Les autres ne peuvent être poursuivies que sur les propres, et leur poursuite ne saurait en rien amoindrir les droits de la communauté, si d'ailleurs leur date n'est pas certaine.

Il faudra donc *que la dette de la femme soit mobilière* et *antérieure au mariage, pour que son exécution puisse être poursuivie sur les biens communs.*

[1] Colmar, 24 janvier 1832. D. *Rép.*, vº *Successions*, nº 1263.

52. — *De la nature que doit avoir la dette*, nous n'avons rien à ajouter. La seule indication de son objet suffira à l'établir (V. nos 35 et suiv.).

53. — *De son antériorité* nous devons, au contraire, nous occuper longuement, car la dette ne porte pas en elle-même la preuve de sa date (V. les nos 14 et suiv.).

Comment l'établir? Pour le mari, la question ne se pose pas; pour la femme, au contraire, elle s'impose. Placée dans une situation essentiellement dépendante, la femme commune ne peut jamais engager la communauté sans le consentement du mari, que ce consentement se traduise par son concours à l'acte ou par son autorisation[1]; le créancier envers lequel elle s'est engagée ne peut donc échapper à l'obligation de prouver l'antériorité de sa créance. Nous irions volontiers jusqu'à dire qu'il y a là une nécessité d'ordre public. En effet, qui ne voit combien il serait facile à la femme de sortir de la position qui lui est faite dans le ménage, à la faveur du principe que les dettes mobilières des époux antérieures au mariage tombent en communauté, si ce principe n'était entouré de sérieuses garanties! Qui l'empêcherait d'éluder la nécessité de l'autorisation maritale, si ses engagements devaient être exécutés, par cela seul qu'ils portent une date antérieure au mariage! Il suffirait d'une antidate, et elle pourrait grever la communauté, à l'insu et contre le gré du mari!

Comment parer à ce danger?

Notre ancien droit laissait au juge le pouvoir d'appréciation le plus large; à lui de décider d'après les éléments de la cause si le créancier avait établi ou non l'antériorité

[1] Sauf les deux cas prévus par l'article 1427.

de sa créance. Voici, sur ce point, un passage de Ferrière à retenir : « Comme il serait facile à une femme d'éluder « la loi de l'autorisation par antidate de billets et pro- « messes faites par la femme, le mari n'en serait pas tenu « s'il apparaissait qu'ils fussent faits pendant le mariage, « par des circonstances du temps auquel ces promesses « auraient paru, et de ceux au profit desquels elles au- « raient été faites; et s'il n'y avait qu'un simple soupçon, « la présomption violente de l'antidate ne s'y rencontrant « pas, le mari n'aurait que le recours de l'affirmation de « ses créanciers; ce qui dépend des circonstances et de la « prudence du juge[1]. »

Aujourd'hui le juge n'a plus un semblable pouvoir d'appréciation, l'article **1410** établit la règle, il n'a qu'à veiller à son application. Voici les termes dans lesquels dispose cet article :

« La communauté n'est tenue des dettes mobilières con- « tractées avant le mariage par la femme, qu'autant « qu'elles résultent d'un acte authentique antérieur au « mariage, ou ayant reçu avant la même époque une « date certaine, soit par l'enregistrement, soit par le décès « d'un ou plusieurs signataires dudit acte..... »

54. — La règle est donc que *les dettes mobilières de la femme ne tombent en communauté qu'autant que leur existence antérieure au mariage est légalement établie; et cette existence ne sera légalement établie, qu'autant que le titre sur lequel elles s'appuient, aura, s'il n'est authentique, reçu date certaine antérieurement au mariage.*

[1] Ferrière, *Sur la Cout. de Paris*, art. 221, gl. uniq. § 1. V. aussi Pothier, *Communauté*, n° 259.

55. — L'exigence d'une date certaine s'expliquerait bien simplement, semble-t-il au premier abord, si la communauté était une personne civile; ce ne serait que l'application à une espèce du principe général que les actes sous seing privé font, à cette seule condition, foi de leur date vis-à-vis des tiers (art. 1328). Mais sans examiner la question très discutable de savoir, si la communauté, personne civile, mais cessionnaire et cessionnaire à titre universel des droits et obligations des époux, pourrait être considérée comme un tiers au sens de l'article 1328, nous savons qu'elle ne jouit point de la personnalité civile, qu'elle ne forme point une personne distincte de celle des époux, qu'elle n'est autre chose que les deux époux considérés comme associés; dès lors reste absolument entière la question de savoir comment justifier l'application faite ici par le législateur, de la règle posée par l'article 1328. Nous contenterons-nous de dire, que, par exception, le législateur envisage ici la communauté comme un tiers[1]? Une telle explication ne saurait nous satisfaire; s'en contenter est éluder la difficulté, et non la trancher. Selon nous, l'application de l'article 1328 s'imposait en l'espèce, car l'intérêt d'un tiers est en jeu; ce tiers, c'est le mari. Nous avons déjà dit que sa situation est telle que les dettes de la communauté peuvent être poursuivies sur ses biens personnels. Comme chef de la communauté il détient les biens communs; ces biens, aux yeux des tiers, se confondent avec les siens; les créanciers n'ont pas à les distinguer dans leurs poursuites. Dès lors, admettre que les dettes de la femme tomberaient en

[1] Troplong, *Traité du contr. de mar.*, II, 773. — Rodière et Pont, II, 710.

communauté, sans que le titre qui les constate ait reçu date certaine antérieure au mariage, eût été violer le principe que les actes sous seing privé ne font point, par eux-mêmes, foi de leur date à l'égard des tiers.

56. — Comment le titre recevra-t-il date certaine? Par l'enregistrement ou le décès de l'un des signataires, répond l'article 1410, et il se borne là. Nous devons aller plus loin, et nous le pouvons sans craindre d'excéder la pensée du législateur. L'article 1410 n'est au fond qu'une application de l'article 1328; or, dans cet article, outre les deux circonstances rappelées par l'article 1410, nous en trouvons une troisième : le cas où la substance de l'acte sous seing privé a été constatée dans un acte dressé par un officier public, par exemple dans un procès-verbal de levée de scellés ou dans un inventaire. Si nous ne la retrouvons dans l'article 1410, c'est par suite d'un simple oubli; c'est là une lacune qu'il faut combler sans hésitation, en vertu des principes généraux, dans un texte, qui ne fait, je le répète, que les rappeler.

57. — Mais pourrait-on aller plus loin? Devrait-on dans d'autres cas admettre les créanciers à établir, et autoriser les juges à reconnaître l'antériorité de leurs créances?

Le pouvoir discrétionnaire que notre ancienne jurisprudence accordait au juge, compte encore quelques défenseurs. M. Bugnet, notamment, pense que la remarque de Pothier, « qu'on doit avoir égard aux circonstances, » pourrait encore recevoir son application[1].

[1] Bugnet, notes sur Pothier, VII, p. 167 (Pothier, *Communauté*, n° 259). — Cpr. Troplong, II, 773. — Grenoble, 13 mai 1831, Dalloz, *Répert.*, v° *Contrat de mariage*, n° 3421. — Montpellier, 20 février 1865, Sir. 65. 2. 95. — Aix, 27 avril 1866, Sir. 66. 2. 53.

Nous ne saurions admettre une pareille opinion. L'article **1410** n'est, avons-nous dit, qu'une application de l'article **1328**; c'est donc sur cet article que porte en somme le débat. Or, nous pensons avec la Cour de cassation qu'il est limitatif et que les trois cas indiqués par son texte, sont les seuls dans lesquels un acte sous seing privé peut acquérir date certaine à l'égard des tiers[1]. Du reste, si nous ramenons le débat aux proportions plus modestes de l'espèce qui nous occupe, nous ne craignons pas d'affirmer que la rédaction même de l'article **1410** consacre notre doctrine. Ses termes sont restrictifs, et la pensée du législateur qui les a employés en face de l'ancienne jurisprudence n'est pas douteuse; il avait constaté les abus qu'elle permettait, il a voulu les faire disparaître[2].

58. — L'exigence de la date certaine est-elle absolue? Non, *en vertu des principes généraux, certaines dettes échappent à l'application de l'article 1328, et, par conséquent, à celle de l'article 1410.*

59. — Ce sont d'abord les *dettes inférieures à 150 fr.*, qu'elles soient ou non constatées par écrit. L'existence de pareilles dettes pourrait être établie par témoins; leur date pourra être établie par le même moyen. On ne peut raisonnablement exiger d'un créancier qui a traité pour une somme aussi modique, qu'il produise un écrit, et *a fortiori* un écrit enregistré[3]. Art. **1341**.

[1] Cass., 22 août 1876, Sir. 77. 1. 54. — Demolombe, *Traité des contrats*, VI, p. 493 et suiv. — Larombière, *Traité des obligations*, IV, art. 1328, nº 50.

[2] Toullier, XII, 202. — Glandaz, *Encyclopédie*, vº *Communauté conjugale*, nº 144. — Aubry et Rau, V, p. 319, § 508, n. 15.

[3] La femme pourra donc au cours du mariage obliger la communauté en antidatant des engagements inférieurs à 150 francs. Mais le danger n'est pas grand, car le mari pourra prouver l'antidate et la

60. — Ce sont *les dettes,* quel que soit leur chiffre, *qui s'appuient sur un commencement de preuve par écrit.* Ici, comme pour les dettes inférieures à 150 fr., le créancier doit être admis à prouver par témoins non-seulement la convention elle-même, mais encore son antériorité[1]. Remarquons seulement, que l'acte qui serait invoqué comme formant un commencement de preuve par écrit, ne le serait valablement, qu'*autant qu'il aurait acquis date certaine* par l'un des trois moyens déterminés par l'article 1328. Il est bien évident, en effet, que les tiers ont le droit d'exiger, que le commencement de preuve par écrit leur offre, contre l'antidate, les mêmes garanties que la loi leur permet d'exiger de l'acte constitutif lui-même[2].

61. — Ce sont encore *les dettes commerciales.* La femme était avant le mariage marchande publique; la date des engagements qu'elle a contractés en cette qualité peut être prouvée de la même façon que ces engagements eux-mêmes. A l'appui de cette considération décisive, je remarque, que décider autrement, serait permettre à la femme de modifier, en l'empirant, la condition de ses créanciers. Or, le créancier doit, à notre avis, conserver le bénéfice de la législation sous l'empire de laquelle il a traité avec la femme, et le mode de preuve doit être déterminé d'après les règles applicables au jour du contrat, et non d'après celles qui seraient applicables au jour où son exécution est réclamée. Du reste, le mari ne saurait se plaindre en pareille hypothèse; il savait la condition de

prouvera facilement si la multiplication de cette fraude devient un danger pour la communauté.

[1] Aubry et Rau, § 508, texte et n. 19, V, p. 320.

[2] Larombière, IV, art. 1328.

la femme, il n'avait qu'à prendre ses précautions en se mariant[1].

62. — Ce sont enfin les *dettes dont il est impossible au créancier de rapporter la preuve écrite.* Art. 1348. Ainsi la disposition de l'article 1410 est étrangère aux obligations qui naissent de quasi-contrats, délits ou quasi-délits, ainsi encore elle ne s'applique point aux obligations dont la loi est la source.

63. — *En résumé,* la règle de l'article 1410 ne doit être appliquée, qu'aux dettes *contractées* par la femme, et résultant de conventions dont il doit être passé acte aux termes de la loi. Article 1341. Hors de cette

[1] V. en ce sens : Troplong, II, 778. — Rodière et Pont, II, 713. — Req. rej., 17 mars 1830. S. 30. 1. 134. — Angers, 2 avril 1851, D. 51. 2. 53 — Cassat., 6 juillet 1853, D. 53. 1. 269. — Caen, 6 décembre 1858, S. 59. 2. 227. — Paris, 10 juillet 1866, S. 67. 2. 42. — Rennes, 28 mai 1867, S. 68. 2. 224. — V. aussi Poitiers, 28 février 1856, D. 56. 2. 176. Toutefois sur pourvoi contre cet arrêt, M. le conseiller d'Oms, rapporteur, a soutenu de façon incidente que l'article 1410 est applicable aux dettes commerciales. Voici ses propres paroles : « Si dans le débat qui s'agite entre le créancier qui est commerçant et le débiteur qui fait aussi le commerce, la dette peut s'établir par des preuves que la loi commerciale admet, c'est-à-dire à l'aide des livres, des présomptions, il en est autrement *vis-à-vis du mari.* L'action dont il est l'objet est dirigée contre lui en sa qualité de chef de la communauté. C'est une action exclusivement civile, ainsi que le déclare l'arrêt de votre Chambre civile qui a cassé pour incompétence l'arrêt de la Cour d'Angers « attendu que la contestation était purement civile. » De là résulte que l'action dirigée *contre le mari* est soumise quant au fond, c'est-à-dire pour les modes de preuve qui doivent l'établir aux règles et aux principes de la loi civile » (Cass., 9 déc. 1856, D. 56. 1. 452). Nous croyons qu'il y a dans cette argumentation une confusion. Sans doute l'action dirigée contre le mari est civile et doit être portée devant les tribunaux civils, mais la dette quant à son existence et à sa preuve doit rester sous l'empire des règles du droit commercial. Aucune négligence n'est imputable au créancier; il doit conserver la situation sur laquelle il avait en contractant le droit absolu de compter.

hypothèse, nous sommes hors de ses termes et de son esprit [1].

64. — *Si la dette de la femme réunit ces deux conditions*, si elle est *mobilière* et si elle a *date certaine antérieure* au mariage, *elle tombe au passif de la communauté*. Cela ne veut dire en aucune façon que le lien d'obligation primitif soit brisé; la femme reste toujours débitrice. Cela veut dire que le créancier pourra poursuivre son paiement sur les biens de la communauté, et même sur les biens du mari; car la communauté pour les tiers s'incarne dans la personne du mari. Ainsi non-seulement son gage s'agrandit matériellement; mais il acquiert un nouveau débiteur, auquel il peut réclamer, au moins pendant la durée de la communauté, la totalité de sa créance [2].

65. — Le titre qui constate une dette mobilière antérieure de la femme, se transmet donc contre le mari et la communauté. Il est à remarquer qu'il se transmet contre eux avec toute son énergie. Ainsi était-il exécutoire contre la femme, il le demeure contre la communauté et partant contre le mari. Sous l'ancienne jurisprudence, cependant, « les créanciers ne pouvaient procéder contre le mari par voie d'exécution qu'ils n'aient au préalable obtenu sentence contre lui, qui le condamne au paiement, ou, ce qui revient au même, qui déclare exécutoires contre lui les titres que les créanciers ont contre sa femme [3]. »

[1] Par application de ce principe, la Cour de Trèves a jugé que le mari ne pouvait quereller les dettes de la communauté du premier mariage de la veuve qu'il a épousée, sous prétexte que leur date est incertaine. (Trèves, 31 mars 1809. D. v° *Cont. de mar.*, n° 906.) Cpr. Cass., 24 juin 1828. D. 28. 1. 290.

[2] Ce résultat est fort intéressant à constater lorsque la dette tombée en communauté est une rente perpétuelle ou viagère.

[3] Pothier, *Communauté*, n° 242.

Pareille sentence n'est plus aujourd'hui nécessaire; toutefois il convient que le mari soit averti par les créanciers avant toute voie d'exécution; aussi enseigne-t-on généralement, qu'il faut appliquer ici, par analogie, l'article 877 du Code civil aux termes duquel : « les titres exécu-« toires contre le défunt sont pareillement exécutoires « contre l'héritier personnellement; et néanmoins les créan-« ciers ne pourront en poursuivre l'exécution que huit « jours après la signification de ces titres à la personne ou « au domicile de l'héritier[1]. »

66. — Mais il ne faudrait pas conclure que toutes les conditions accessoirement liées au titre, si elles subsistent après le mariage, militent contre le mari, ou la communauté. Il en est, en effet, d'absolument inhérentes à la personne du débiteur. Par exemple, la femme était contraignable par corps, elle le demeure; au lieu de la poursuivre, le créancier poursuit le mari évidemment celui-ci ne peut être soumis à la contrainte par corps. De même, la femme était justiciable des tribunaux de commerce, elle le demeure; mais si le créancier poursuit le mari, celui-ci peut réclamer la juridiction civile; à son égard l'action est purement civile[2].

Tels sont les droits du créancier dont la créance est à la fois mobilière et antérieure au mariage.

67. — *Quels seront les droits du créancier dont la*

[1] Delvincourt, III, p. 26, n. 1. — Toullier, XII, 201. — Duranton, XIV, 230. — Glandaz, *Encycl.*, v° *Com. conj.*, n° 144. — Troplong, II, 703. — Rodière et Pont, II, 715. — Bruxelles, 25 juin 1807, D. v° *C. de M.*, n° 913, n. 1. — Cpr. Massé et Vergé, sur Zachar., IV, p. 84, n. 12.

[2] Poitiers, 26 févr. 1856. D. 56. 2. 176. — V. *en sens contraire*, Dalloz sous l'arrêt de Cass. du 6 juillet 1853, qui renvoyait l'affaire à la Cour de Poitiers (D. 53. 1. 269, note).

créance ne réunira pas l'une et l'autre ou ne réunira ni l'une ni l'autre de ces deux conditions? Nous allons l'examiner, en nous préoccupant, d'abord, des dettes auxquelles l'une seule des deux conditions requises fait défaut, c'est-à-dire des dettes mobilières qui n'ont pas date certaine et des dettes immobilières qui ont date certaine; puis, des dettes auxquelles toutes les deux font défaut, c'est-à-dire des dettes immobilières qui n'ont pas date certaine.

68. — *Si leur créance est mobilière mais n'a pas date certaine antérieure au mariage,* les créanciers de la femme ne pourront poursuivre ni la communauté, ni par suite le mari; la femme seule reste exposée à leur action, et cela, encore, à la condition expresse que cette action ne portera en rien atteinte aux droits de la communauté. Ces créanciers ne pourront donc exercer leurs droits que sur la nue propriété des propres de la femme. Article 1410-2°.

Et cette solution même peut surprendre au premier abord. En effet, si pareille dette n'est point mise à la charge de la communauté, n'est-ce pas parce que la loi craint et suppose l'antidate; n'est-ce pas, par conséquent, en vertu de la présomption que la dette a été contractée, et le billet souscrit, pendant le mariage! Or la femme pendant le mariage est incapable! Dès lors n'aurait-il pas fallu déclarer nul *erga omnes,* cet engagement contracté à un moment où le promettant était incapable de s'obliger? Les principes posés ne l'exigeaient-ils pas? Cette doctrine n'est pas neuve; c'était celle de Lebrun, écoutez-le : « Quoiqu'il y ait une clause de séparation de biens dans le « contrat de mariage, pareils billets, datés d'avant le ma- « riage, ne sont pas valables; parce qu'on ne permet pas

« à la femme séparée de s'obliger sans autorisation; et, « par conséquent, un billet daté d'auparavant son ma« riage, pouvant être antidaté, n'a pas d'effet. En tous ces « cas, on commet le créancier, pour ne pas exposer ni le « mari ni la femme, parce que si on jugeait autrement, « en cas de communauté de biens et de dettes, il serait « aisé à la femme de ruiner son mari, et en cas de sépa« ration, on permettrait à la femme de se ruiner soi« même...; » et les conséquences de sa doctrine ne l'effraient pas plus qu'elles ne lui échappent, car il conclut : « Ainsi un temps d'incapacité influe sur toute la vie de la « femme, et annule son billet sous seing privé[1]. »

Mais, pas plus les considérations invoquées, que l'argument tiré de l'ancien droit, ne sauraient ébranler une solution consacrée en termes formels par le législateur, et qui ne saurait être sérieusement critiquée.

Remarquons tout d'abord, que la doctrine de Lebrun n'était point reçue de façon générale dans notre ancien droit. Duparc-Poullain, entre autres, la réfutait excellemment dans le passage suivant de ses *Principes de droit :* « On dégage le mari des dettes de cette espèce. « Il n'y a pas le même motif pour priver le créancier du « droit de faire condamner la femme et de discuter ses « biens sans nuire aux droits du mari sur ces mêmes « biens. Il n'y a aucune loi qui oblige les créanciers de « traiter devant notaire avec les filles ou veuves; on ne « présume pas la fraude; et on la présume encore moins « dans une espèce où la femme mariée, qui antidaterait « ses billets, n'obligerait que ses propres à la charge de « l'usufruit de son mari[2]. »

[1] Lebrun, *Communauté*, liv. II, ch. I, sect. V, nos 19 et 20.

[2] Duparc-Poullain, *Principes de droits*, V, no 43.

C'est cette doctrine que le législateur a suivie. Vainement on le nierait en s'appuyant sur l'article 1558. Sans doute ce texte décide sans distinctions que l'immeuble dotal ne peut être aliéné pour payer les dettes de la femme qui n'ont point date certaine antérieure au mariage; sans doute, l'immeuble dotal échappe totalement aux créanciers qui ne justifient point ainsi de leur antériorité, mais cette disposition exceptionnelle, cette dérogation aux principes généraux posés au titre des obligations (art. 1322), s'appuie sur un texte formel, et se justifie par les règles spéciales et les garanties rigoureuses du régime dotal. Comment donc prétendrait-on l'étendre à un régime sous lequel rien ne la justifierait, alors surtout que les textes qui régissent ce régime consacrent formellement l'application des principes généraux.

L'article 1410 n'est en effet, dans son second alinéa, comme dans le premier, que l'application, à une espèce, des principes posés au titre des obligations; car, si en thèse générale les actes sous seing privé ne font pas foi de leur date à l'égard des tiers (art. 1328), en thèse générale aussi, les actes sous seing privé non opposables aux tiers peuvent très bien être opposés aux parties elles-mêmes, lorsqu'elles ne contestent pas leur signature (art. 1322). Cette simple remarque suffit à faire justice des critiques qu'on voudrait diriger contre la loi; elle montre l'inanité des considérations sur lesquelles on les appuie, en repoussant la présomption qu'à tort on voudrait trouver dans un texte qui se borne à rappeler les principes.

60. — *La nue propriété des biens personnels de la femme reste donc le gage de ses créanciers, alors même que leur titre n'a pas date certaine antérieure au mariage.* Nous en tirons une conséquence pratique fort intéressante : par une simple antidate la femme peut échapper à l'incapacité que la qualité de femme mariée lui imprime, et aliéner ses propres. L'engagement émanera en fait d'une personne qui ne pouvait ni s'obliger, ni aliéner, mais il vaudra grâce à la date apposée; si du reste la femme était capable, c'est-à-dire majeure, au moment où la date le place.

Il y a là certainement un danger, mais il ne faut point en exagérer la gravité. Le mari et la femme elle-même peuvent poursuivre la nullité de pareilles obligations : le mari, car il a le droit et le devoir de maintenir intacte l'autorité maritale; la femme, car elle a le droit de se retrancher derrière son incapacité. Seulement c'est à eux qu'incombera la charge de prouver l'antidate, car la fraude ne se présume point.

70. — L'article 1410 ne faisant que l'application des principes généraux, le seul tiers en cause étant le mari, nous pouvons conclure que si le droit de poursuite des créanciers est limité, il l'est par celui du mari. Du seul article 1410, nous pourrions donc inférer, que la jouissance des propres de la femme appartient à la communauté, et, par conséquent, au mari qui absorbe celle-ci; c'est, du reste, ce que nous enseigne l'article 1401-2°. Cette remarque faite en passant, concluons de notre observation, et ceci est très important à constater, que si le mari reconnaît la vérité de la date alléguée et par conséquent l'antériorité de la dette, le créancier est relevé de la déchéance qui le frappait. Le droit du mari, mis à néant par la renonciation libre qu'il y a faite, ne vient plus paralyser le sien; dès lors il peut agir sur la pleine propriété des biens de sa débitrice, par conséquent aussi sur ceux de la communauté et sur ceux du mari. En un mot, sa situation est la même que si sa créance était constatée par un titre ayant date certaine antérieure au mariage; sa dette tombe en communauté[1].

71. — De cette même observation que la jouissance impartie à la communauté et par conséquent au mari est le seul obstacle à l'étendue du droit de poursuite des créanciers dont le titre, à raison de l'incertitude de sa date, ne saurait lui être opposé, on a voulu conclure que si la femme commune s'était réservé le droit de toucher sur ses seules quittances une certaine somme pour son entretien personnel, ces créanciers pourraient, à leur choix, saisir la somme elle-même ou la pleine propriété des propres dont elle représente le revenu.

Pareille prétention ne peut se soutenir. Donner ce droit aux créanciers serait porter atteinte aux droits du mari. C'est ce que la Cour de cassation a fort bien établi dans un arrêt rendu le 9 août 1820. Elle a considéré, en effet, que si cette somme était détournée de sa destination, l'entretien de la femme, auquel elle était au moins pour partie destinée, retomberait nécessairement et pour le tout à la charge de la communauté, qui, aux termes de la loi, a l'obligation d'y fournir. Permettre la saisie de cette somme serait donc violer l'article 1410, car ce serait permettre à des créanciers de la femme, dont les titres ne satisfont point aux conditions qu'il requiert, d'exercer contre leur débitrice une action qui réfléchirait contre la communauté, et par suite contre le mari[2].

72. — *A prendre l'article 1410-2° à la lettre, c'est*

[1] Même entre époux, art. 1410-3°.

[2] Cassation, 9 août 1820, Dal., v° *C. de M.*, n° 915. — Troplong, II, 781. — Aubry et Rau, § 508, n. 16, V, p. 319.

seulement sur la nue propriété des immeubles personnels que les créanciers dont nous nous occupons pourraient poursuivre leur paiement. Plus exactement nous avons dit qu'ils le pourraient sur la nue propriété des PROPRES *de la femme,* embrassant sous une même expression les meubles aussi bien que les immeubles personnels. Cette généralisation du texte est légitime. L'article ne parle, il est vrai, que des immeubles personnels, mais cela ne peut nous surprendre, car les propres mobiliers sont l'exception sous le régime de communauté légale, et nous savons en outre combien les meubles comptaient peu aux yeux du législateur de 1804. Son silence ne peut être invoqué contre nous; la rédaction est énonciative, dès lors pourquoi distinguer entre les propres de la femme? On n'en saurait donner de motifs. Du reste l'article 1413 appuie notre doctrine; il décide que les créanciers d'une succession purement immobilière, acceptée par la femme avec autorisation de justice, « ne peuvent, « en cas d'insuffisance des immeubles de la succession, se « pourvoir que sur la nue propriété *des autres biens per-* « *sonnels de la femme.* » En d'autres termes, ces créanciers deviennent, pour l'excédant du passif sur l'actif, créanciers de la femme; mais celle-ci est commune, et le mari par son refus d'autoriser l'acceptation a repoussé quant à lui les conséquences de cette acceptation; dès lors les créanciers n'ont pour gage, la communauté durant, que la nue propriété des *biens* personnels de la femme. N'est-ce pas là une espèce sensiblement analogue à la nôtre? Or, nul ne doute que l'expression générale de l'article 1413 n'embrasse les meubles, aussi bien que les immeubles.

73. — Si nous sommes en présence d'un immeuble ou d'un meuble susceptible d'un véritable usufruit, l'*applica-*

tion de la règle posée par l'article **1410-2°** est des plus simples. Si le meuble réservé ne comporte pas un véritable usufruit, que se passera-t-il? En pareil cas la communauté, par application des articles **587** et **1851** du Code civil, est devenue propriétaire; la femme a seulement de ce chef une créance à titre de récompense qui vient accroître le chiffre de son action en reprise. Le gage des créanciers subit évidemment la même transformation; c'est cette action en reprise seule, qu'ils peuvent valablement saisir; leur droit se trouve donc paralysé pendant la durée de la communauté. L'exemple le plus simple qu'on puisse donner est celui d'une somme d'argent réservée propre, et versée entre les mains du mari; la femme, si l'on veut, s'est réservé une créance, et postérieurement au mariage, le débiteur s'est libéré entre les mains du mari. En l'espèce, aucune difficulté, les créanciers ont désormais les bras liés.

74. — Mais en sera-t-il de même si la somme réservée est encore due? En d'autres termes, *les créanciers de la femme dont le titre n'a pas date certaine antérieure au mariage, peuvent ils frapper de saisie-arrêt une somme d'argent qui est propre à leur débitrice, et qui n'a point encore été versée dans la caisse de la communauté?*

La question s'est présentée récemment, voici dans quelles circonstances : Une femme mariée sous le régime de la communauté réduite aux acquêts fut appelée à recueillir partie d'une succession. Le partage de cette succession eut lieu en justice; bref, à la suite des opérations, sa part se trouva fixée à une somme de **10,000** fr. que le notaire liquidateur avait entre les mains. Avant qu'elle n'ait été retirée, un créancier de la femme, créancier dont le titre n'avait pas date certaine antérieure au mariage, la saisit entre les mains du notaire. Certainement cette saisie n'était pas valable quant à la pleine propriété de la somme, les droits de la communauté primaient ceux du saisissant, mais n'était-elle pas, au moins, valable pour la nue propriété?

Cette saisie soulevait donc une question du plus vif intérêt, car si elle était validée, le capital des 10,000 fr. échappait à l'administration sans contrôle du mari; il devait être placé en mains sûres et en bonnes valeurs à la volonté de la justice ou au choix des parties, un seul droit restait au mari, en percevoir les intérêts.

Le tribunal de Dunkerque a tranché la question en faveur du créancier et déclaré la saisie valable. Sur appel, la Cour de Douai, par arrêt du 14 décembre 1881, s'est prononcée dans le même sens. Voici en substance les motifs de son arrêt : La propriété des choses fongibles ne peut s'acquérir que par tradition, car seule la tradition peut déterminer leur individualité; tant qu'elle n'a pas eu lieu, le droit de la communauté ne peut naître faute d'un objet certain sur lequel il se puisse fixer. Du reste, la communauté n'est que l'ayant-cause de la femme et ne saurait avoir plus de droits qu'elle ; or la femme est simplement créancière en l'espèce d'une somme de 10,000 fr. à titre de dépôt irrégulier. Cette créance est une valeur mobilière qui, par sa nature, comporte un véritable usufruit; dès lors les créanciers de la femme en peuvent saisir la nue propriété.

M. Laurent enseigne la même doctrine : « Pour que les « deniers tombent dans la communauté d'acquêts, écrit-il, « il faut qu'ils y aient été versés ; tant que la communauté « ne les possède pas, elle est dans l'impossibilité de les « consommer et partant elle n'en est pas propriétaire. » Il en conclut que : « Si les deniers ne sont pas versés dans « la communauté ils conservent leur nature de propres : « tel serait le prix d'un propre aliéné ; tant qu'il est entre « les mains de l'acheteur, c'est une créance et une créance « n'est pas une chose consomptible[1]. »

Ces arguments quelque graves qu'ils soient ne paraissent pas absolument probants à M. Aubry. D'après lui la thèse de la Cour de Douai est erronée. En effet, le droit de copropriété, qu'au moment de l'ouverture de la succession, la femme avait sur les deniers de cette succession, n'a fait que résider un instant sur sa tête, et par elle est entré en communauté; cela est vrai tout au moins dès que les deniers afférents à sa part ont été individualisés par leur réunion dans une liasse, dans un sac, et leur dépôt entre les mains du notaire. Dès lors pourquoi la communauté n'en deviendrait-elle pas propriétaire? Son usufruit sur les immeubles ne naît-il pas dès cette époque; et s'il naît, comment se refuser à reconnaître que sur les choses consomptibles son usufruit et le droit de propriété qu'il entraîne doit naître aussi? Serait-ce que le droit de propriété ne pourrait naître qu'autant que son exercice est immédiatement possible? Où trouve-t-on ce principe pour les choses qui se consomment *primo usu?* Certes, il est évident que la communauté ne peut être propriétaire des deniers simplement dûs à la femme par un tiers; mais cela ne prouve pas, que la communauté ne puisse, sans tradition du reste, devenir du chef de la femme propriétaire des deniers dont celle-ci serait et resterait propriétaire, si elle n'était femme commune.

Objecte-t-on que dans l'espèce le notaire est seul pro-

[1] Laurent, *Traité de droit civil,* XXIII, nº 148.

priétaire, que la femme n'a qu'une simple créance. M. Aubry répond, que ce n'est pas, à proprement parler, la femme, mais bien la communauté qui est créancière; la communauté était virtuellement propriétaire des deniers héréditaires, c'est en partie pour elle qu'ils ont été déposés, c'est elle qui dès leur division en devait devenir pleine propriétaire, c'est elle qui a l'action *depositi*.

Ainsi nous sommes, dit-il, en présence d'un bien commun, qui doit échapper aux créanciers de la femme, qui ne peuvent avoir pour gage, à raison de l'incertitude de leur date, que les biens qui restent aux mains de leur débitrice, c'est-à-dire la nue propriété de ses propres parfaits, et son action en reprises.

Il en conclut, et c'est la distinction dictée par ces prémisses, que si le tiers qui se trouve débiteur d'une somme d'argent propre à la femme, la doit à la femme elle-même, la saisie pratiquée par les créanciers de la femme, qui n'ont pas date certaine antérieure au mariage, vaudra jusqu'à concurrence de la nue propriété de cette somme; au contraire, s'il la doit à la communauté, leur saisie ne saurait valoir, elle manque d'objet[1].

Sans doute, la théorie de M. Aubry est séduisante et fort ingénieuse, nous croyons cependant plus sûr de nous en tenir à la doctrine de l'arrêt qu'il critique : car, en définitive, la communauté ne peut invoquer en l'espèce que les droits de la femme; son droit de propriété n'aurait pu naître que par l'individualisation de son objet, or, lorsque cette individualisation a eu lieu, les principes reçus en matière de dépôt irrégulier, rendaient sa naissance impossible.

[1] V. un article de M. Aubry inséré dans la *Revue critique de législation et de jurisprudence* (1882, p. 240 et suiv.).

75. — Nous venons d'étudier les *droits* du créancier dont la dette est mobilière mais n'a qu'une date incertaine; nous devons nous préoccuper maintenant de ceux *du créancier dont la dette a date certaine, mais n'est pas mobilière.* Ainsi nous aurons parcouru les deux cas de notre première hypothèse, dettes de la femme auxquelles manque, pour tomber en communauté, l'une seulement des deux conditions exigées.

A la différence des dettes mobilières, *les dettes immobilières restent propres aux conjoints :* « Là où va l'actif immobilier, là va le passif immobilier ». Elles ne tombent point en communauté, même à l'égard des créanciers. C'est la règle ancienne, règle fort importante autrefois, dénuée aujourd'hui de presque tout intérêt. Nous avons vu, en effet, combien moins nombreuses sont à l'heure actuelle les dettes immobilières, et nous avons remarqué que leur exécution portera le plus souvent sur l'immeuble lui-même ou sur le droit immobilier réclamé; or, ce n'est que dans le cas, où l'action engagée tendra, par suite du défaut d'exécution, à des dommages-intérêts, que la communauté pourra se trouver mise en jeu, le créancier pouvant élever la prétention de la poursuivre. En aura-t-il le droit?

Il ressort clairement des principes posés que non. Sa dette est immobilière, dès lors elle ne tombe point en communauté; *il n'aura* donc *action que contre la femme.*

Est-ce à dire que sa poursuite sera limitée à la nue propriété des propres de sa débitrice? Il faut distinguer; la dette immobilière ne tombe point en communauté, cela est rigoureusement vrai pour le principal de cette dette, mais cela doit cesser d'être vrai pour ses arrérages; la communauté, jouissant des propres des conjoints (article 1401-2°), doit nécessairement acquitter les intérêts de leurs dettes propres, sous peine de leur créer une situation intolérable, et telle est en effet la disposition contenue dans l'article 1409-3°. La dette immobilière tombera donc en communauté quant à ses intérêts, mais cela, évidemment, à la condition formelle qu'elle aura date certaine antérieure au mariage; elle ne saurait être traitée plus favorablement que la date mobilière. Celle-ci tombe en principe pour le tout à la charge de la communauté, celle-là n'y tombe que pour partie, cette question de mesure ne saurait influer en rien sur les conditions exigées pour l'application du principe. Les raisons de décider sont les mêmes, les solutions ne sauraient différer.

Cela étant, n'est-il pas légitime de penser que la communauté qui devrait supporter les intérêts de telles dettes ne saurait se plaindre d'être privée d'une jouissance qui ne représentera, au fond, que le service de ces intérêts? N'aboutirait-on pas à faire supporter à la femme elle-même le poids des intérêts de ses dettes propres, au gré du caprice des créanciers, si on restreignait leur droit d'agir à la nue propriété des biens de leur débitrice, lorsqu'ils l'exercent pendant la communauté? Ne serait-ce pas d'ailleurs faire à la femme une situation par trop mauvaise, alors qu'elle n'a certainement rien à se reprocher? Ne sait-on pas en effet combien sont dépréciés les biens dont on ne vend aux enchères que la nue propriété!

Que si on nous objecte, que ces considérations, qui toutes d'ailleurs n'ont que la valeur de simples raisons de convenance et d'équité, ne portent pour la plupart qu'autant qu'il s'agit de dettes immobilières productrices d'intérêts, nous répondrons, que nous ne prétendons pas les invoquer seules. Nous avons en effet un argument de texte à faire valoir, et cet argument qu'elles appuient nous semble décisif.

Lorsque la femme recueille une succession purement immobilière, avec l'autorisation de son mari, les créanciers de cette succession, qui demeurent créanciers propres, peuvent poursuivre leur paiement *sur tous les biens personnels de la femme,* et nul ne doute que leur action ne s'étende à la pleine propriété de ces biens. Telle est la décision de l'article 1413. Par analogie, les créanciers immobiliers, qui ont date certaine antérieure au mariage, doivent avoir les mêmes droits.

Sans doute, on fait observer, que dans le cas prévu par l'article 1413, il y a en quelque sorte reconnaissance des dettes par le mari, qui autorise la femme à accepter, et se soumet ainsi aux conséquences de cette acceptation.

Mais nous remarquons à notre tour, qu'on peut, sans exagération aucune, trouver la même reconnaissance et la même soumission dans le fait même du mariage. Le mari, disait-on autrefois, prend la femme « *cum honore et onere*[1] », « *qui épouse le corps, épouse les dettes*[2] », ou encore « *qui femme épouse, dette épouse*[3] », cela est toujours vrai. En épousant la femme, le mari épouse ses dettes mobilières antérieures au mariage; les autres il les laisse à sa charge, mais ne saurait entraver leur paiement. Les seules qu'il puisse hardiment méconnaître sont celles

[1] *Cout. de Blois*, art. 180.

[2] Loisel, liv. I, t. 2, n° 8.

[3] *Cout. de Meaux*, art. 65. V. aussi *Cout. de Melun*, art. 215. — Citons enfin cette phrase de Bacquet : « Maritus, ducendo uxorem, contraxisse videtur cum creditoribus uxoris; quemadmodum hæres, adeundo hæreditatem, censitur contraxisse cum creditoribus hæreditatis. » (*Droits de justice,* ch. 21, n° 100).

dont l'existence n'était pas légalement certaine au jour du mariage, et qu'il peut, par suite, nier avoir épousées en aucune façon.

Concluons donc, que le créancier de la femme, à raison d'une dette immobilière ayant date certaine antérieure au mariage, pourra poursuivre son paiement intégral sur la pleine propriété des propres de sa débitrice. Si ce même créancier agissait en paiement des intérêts seuls, nous lui donnerions action de ce chef, tant sur les biens de la communauté, que sur les biens personnels du mari [1].

76. — De notre *deuxième hypothèse, celle où la dette ne réunit ni l'une ni l'autre des conditions exigées pour qu'une dette puisse tomber au passif de la communauté,* celle par conséquent d'une *dette immobilière dont la date est incertaine,* nous n'avons qu'un mot à dire. Le créancier dont la créance sera telle ne la verra pour aucune partie tomber au passif de la communauté, il ne pourra donc en poursuivre l'exécution que sur la nue propriété des propres de la femme. En un mot, sa situation est la même que celle du créancier dont la dette est mobilière mais n'a pas date certaine; contre l'un, aussi bien que contre l'autre, la nullité de l'engagement pour cause d'incapacité de la femme et d'antidate destinée à la couvrir, peut être poursuivie tant par le mari que par la femme.

[1] Il est bon de le constater, car la solution que nous donnons relativement aux dettes immobilières, doit être appliquée aux dettes mobilières exclues du passif de la communauté par une clause expresse du contrat de mariage. Elle aurait le plus grand intérêt dans l'hypothèse où la dette exclue serait une rente; hypothèse fort pratique, étant donnés les résultats auxquels conduit, au cas d'existence d'une rente, soit perpétuelle, soit viagère, à la charge de l'un des conjoints, l'application des principes de la communauté légale.

77. — Jusqu'ici nous ne nous sommes occupés que des créanciers de la femme antérieurs au mariage. Nous avons étudié leur droit de poursuite, tant sur le patrimoine de leur débitrice, que sur les biens communs et sur les biens du mari, pendant la durée de la communauté. *Nous devons nous demander, avant de passer à l'étude de leur situation après la dissolution de la communauté, s'il n'est pas des droits qu'ils puissent exercer du chef de leur débitrice, pendant le même temps.*

Ici, nous tenons à le remarquer, nous n'avons plus à faire de distinctions parmi les créanciers antérieurs; *nous allons marcher sur un terrain commun à tous les créanciers de la femme,* aussi bien aux créanciers postérieurs au mariage, qu'aux créanciers antérieurs; nous devrons par conséquent moins insister.

Observons aussi, que si nous ne nous sommes pas posé la même question en traitant des droits des créanciers du mari, c'est qu'elle ne présente à leur point de vue aucun intérêt; il ne se pose à leur sujet aucune question spéciale. Il en est tout autrement en l'espèce; car, à raison même de la situation effacée qu'elle assigne à la femme commune, la loi lui accorde dans de nombreuses dispositions, notamment dans les articles **1408**, **1443**, **1453** et **1483**, des avantages et des droits exorbitants du droit commun. Ces droits exorbitants, destinés à contrebalancer les pouvoirs presque absolus du mari, sont-ils au sens de l'article **1166** exclusivement attachés à la personne de la femme? Les créanciers peuvent-ils au contraire s'en prévaloir? La question est, on le voit, fort importante et fort intéressante; nous devrons l'étudier avec soin dans notre seconde section. Nous en renvoyons l'étude à cette partie de notre travail, par l'excellente raison que l'exercice de ces droits ne doit, et ne peut, en règle générale, avoir lieu qu'après dissolution de la communauté.

78. — Il en est un cependant dont l'exercice suppose nécessairement l'existence de la communauté, c'est le droit de demander sa dissolution, le droit de réclamer la séparation de biens. Article 1443. Mais, pour lui précisément, la question ne saurait se poser. Un texte formel, l'article 1446, dispose que les créanciers ne peuvent l'exercer sans le consentement de leur débiteur.

Cette disposition a soulevé de vives critiques. Certains auteurs voient en elle une dérogation difficilement justifiable au droit commun, car la séparation de biens ne met en jeu que des intérêts pécuniaires, et n'affecte en rien l'union conjugale [1]. Nous croyons au contraire que la séparation de biens met en jeu des intérêts moraux tels que le législateur a eu raison de laisser à la discrétion de la femme le droit de la réclamer.

Nous employons cette formule, pour montrer que c'est à nos yeux la femme qui agit, alors même que l'action est poursuivie par les créanciers. En donnant à ses créanciers son consentement écrit, — un consentement verbal ne suffirait pas, remarquons-le en passant, — elle leur a donné en quelque sorte mandat d'agir, et cela dans leur intérêt en même temps que dans le sien. De cette idée de mandat nous concluons que la femme pourra à son gré arrêter l'instance, à condition toutefois d'indemniser les créanciers des dépenses et frais qu'ils ont pu faire sur la foi de son consentement; le mandataire révoqué doit être rendu indemne par le mandant. Du reste, la

[1] Mourlon, *Répét. écrites*, III, p. 81. — Duranton XIV, n° 418, p. 555. — Marcadé sur l'art. 1446-1°, V, p. 588.

femme ne pourrait se retrancher derrière sa bonne foi; elle était absolue maîtresse de donner ou refuser son consentement, elle a commis une faute en le donnant inconsidérément, les créanciers ne sauraient en souffrir. Le même ordre d'idées nous conduit à décider que la femme ne pourrait arrêter l'action des créanciers, en rétractant son consentement, s'ils avaient abandonné d'autres poursuites, qui leur seraient aujourd'hui fermées, ou qu'ils ne pourraient plus reprendre avec le même avantage.

79. — Ainsi les créanciers de la femme ne peuvent, si elle ne le permet, s'immiscer dans les affaires du ménage; le secret de ces affaires et la paix de l'intérieur l'exigent impérieusement. Mais il est un moment, où les dangers de cette immixtion cessent, où les ménagements n'auraient pour résultat que d'assurer la perte complète des droits des créanciers de la femme, au profit de ceux du mari, où par suite ces créanciers doivent avoir et ont en effet le droit d'agir; ce moment, est celui de la *déconfiture* ou de la *faillite* du mari [1].

Savoir de façon vague qu'ils peuvent agir ne saurait nous suffire, *nous devons préciser les droits qui leur sont impartis par l'article* 1446-2°.

Il est d'abord un point certain, c'est qu'il n'y a pas en l'espèce séparation de biens; elle n'a été ni demandée, par hypothèse, ni par conséquent prononcée. Il est certain

[1] Sur l'état de faillite il ne peut s'élever de difficulté, il conste du jugement déclaratif Il n'en est pas de même de celui de déconfiture, comment sera-t-il prouvé? Bornons-nous à indiquer qu'un simple procès verbal de carence ne suffirait pas à l'établir, il faut que l'insolvabilité soit patente, par exemple que les biens du débiteur, du mari en l'espèce, mis en discussion sur la poursuite de ses créanciers, ne suffisent pas à acquitter ses dettes (Cass., 21 mars 1822, D. *Rép.*, V. *Cont. de mar.*, n° 1687).

aussi que l'article 1446-2° ne donne pas aux créanciers le droit de la demander. Que leur donne-t-il donc? Plus et mieux; il leur donne, en effet, le droit de la considérer comme obtenue, et d'exercer, jusqu'à concurrence du montant de leurs créances, sur la communauté fictivement dissoute à leur égard, les droits qui compèteraient à leur débitrice au cas de dissolution.

Ils sont donc autorisés à faire liquider et à poursuivre les droits de la femme, comme si la communauté était dissoute. Nous bornons là notre formule, mais de savants auteurs, tels que MM. Aubry et Rau, ajoutent « et que la femme y eut renoncé[1] ». Ainsi complétée, la formule devient inexacte; elle est trop absolue, elle semble dire que la femme, doit toujours être considérée comme renonçante par les créanciers qui viennent exercer ses droits; or c'est là une fiction que la loi ignore. L'article 1446-2°, il est vrai, ne semble pas prévoir que les créanciers de la femme aient à exercer son droit d'option, mais il ne le leur enlève pas non plus; son silence ne saurait avoir un pareil effet. Sans doute le législateur, ainsi, du reste, que l'ont fait MM. Aubry et Rau, s'est placé en rédigeant ce texte à un point de vue pratique; or, il est évident, que, dans l'hypothèse d'une faillite ou d'une déconfiture, l'acceptation ne peut, en général, être avantageuse à la femme et à ses ayants-droit, l'actif de la communauté devant être absorbé par les créanciers du mari en faillite ou déconfiture, sauf l'hypothèse, assez rare en pratique, de la mise en faillite d'un commerçant dont l'actif serait supérieur au passif. De cette remarque on peut légitimement conclure que le

[1] Aubry et Rau, V, p. 389.

législateur s'est placé en fait dans l'hypothèse d'une renonciation en écrivant l'article 1446-2°; on ne saurait aller plus loin.

Ainsi les créanciers pourront : exercer au nom de la femme la reprise de ses apports immobiliers et même de ses apports mobiliers, si elle s'est réservé la faculté de les retirer en renonçant (art. 1514); se faire colloquer de son chef dans les distributions et ordres ouverts sur le mari[1]; réclamer cette collocation non-seulement sur le prix des immeubles personnels de ce dernier, mais encore sur celui des conquêts de communauté[2], et se prévaloir de l'hypothèque légale de leur débitrice.

En exerçant ces droits les créanciers devront-ils respecter l'usufruit de la communauté? Nous ne le pensons pas. Nous n'exigerons donc pas qu'ils laissent au mari la jouissance des sommes dont ils ont obtenu collocation, et nous leur permettrons de poursuivre le paiement qui leur est dû, sur la pleine propriété des biens meubles ou immeubles de la femme, dont ils ont opéré la reprise en nature[3].

MM. Rodière et Pont sont d'un avis opposé. Ils veulent que le mari conserve le droit de distraire à son profit les fruits et revenus, soit des sommes colloquées, soit des biens repris en nature, tant que dure le mariage. « L'article 1446 a pour but d'empêcher la perte

[1] Duranton, XIV, 419. — Bellot des Minières, II, p. 132 et s. — Marcadé, sur l'article 1446, n° 1. — Troplong, II, 1395. — Civ., cass., 14 janvier 1817, S. 1817. 1. 146.

[2] Orléans, 12 juillet 1854, S. 54. 2. 561. — Colmar, 20 novembre 1855, S. 56. 2. 580. — Civ., rej., 4 février 1856, S. 56. 1. 225.

[3] Marcadé sur les articles 1446 et 1447, n° 1. — Aubry et Rau, § 516, texte et n. 6, V, p. 389. — Colmet de Santerre, VI, n° 95 *bis*-VI.

du capital de la dot, mais ne lui enlève pas sa destination essentielle : subvenir aux charges du mariage, il ne fait donc pas cesser le droit que le mari a acquis sur elle par le mariage et pour toute sa durée[1] ».

Nous ne saurions nous ranger à cet avis. Adopter une telle doctrine serait limiter arbitrairement la faculté accordée aux créanciers. L'article 1446-2° les autorise à exercer les droits de leur débitrice, et cela sans restriction, c'est-à-dire évidemment à les exercer de la façon dont elle-même les exercerait si la communauté était dissoute. Et qui favoriserait-on autrement? Les créanciers du mari, qui, sans nul doute, devraient être autorisés à saisir dans la communauté les revenus qu'on aurait soustraits aux créanciers de la femme ! Est-il possible que le législateur ait voulu pareil résultat, lui, qui, précisément en prévision du conflit qu'élévera entre les créanciers la faillite ou la déconfiture, a permis aux créanciers de la femme d'agir sans délai.

80. — *En résumé, les créanciers de la femme ne peuvent ni de leur propre chef, ni du chef de leur débitrice, poursuivre la séparation de biens; mais ils peuvent la tenir pour prononcée dans deux hypothèses exceptionnelles, en profiter en tout cas, si la femme l'a demandée et obtenue, la demander même, si celle-ci y consent.*

81. — *La demande de séparation,* tendant à la dissolution de la communauté, *tend nécessairement à l'amoindrissement des droits du mari.* Dès lors, nous ne nous étonnons pas, que *ses créanciers puissent,* aux termes de l'article 1447 *in fine,* « *intervenir dans l'instance sur la* « *demande en séparation pour la contester* ». Non pas

[1] Rodière et Pont, III, 2114. — Duranton, XIV, 420.

que nous voyons là une application de l'article 1166, car le débiteur, en l'espèce, n'est point inactif. Nous y trouvons plutôt l'application de l'article 1167, application étendue par cette considération, qu'il vaut mieux prévenir le mal, qu'avoir à y remédier[1].

Par application du même article 1167, l'article 1447 décide, que *les créanciers pourront faire prononcer la nullité, quant à eux, de la séparation de biens qui a eu lieu en fraude de leurs droits.* Le créancier ne sera donc pas recevable à former tierce-opposition, s'il n'établit, outre le préjudice, que la séparation a été surprise à la justice par fraude.

MM. Toullier et Zachariæ enseignent que le préjudice seul doit être prouvé. Ils le tiennent pour suffisant à justifier l'action. C'est oublier que la fraude est la base traditionnelle et nécessaire de l'action Paulienne; c'est retirer à la femme le droit de demander la séparation de biens, ou tout au moins le droit d'en profiter, car la séparation nuit toujours aux créanciers du mari; ce sont eux qui la rendent nécessaire, c'est contre eux qu'elle est dirigée[2].

[1] Si la séparation de biens a été prononcée en première instance, les créanciers du mari peuvent, bien qu'ils ne soient pas intervenus au débat de première instance, déférer à la Cour le jugement qui l'a admise. Nul doute que ce droit d'appel ne leur soit accordé du chef de leur débiteur, et, par conséquent, par application de l'article 1166. — Art. 1166 et 1447 C. civ., 871 C. proc. — Poitiers, 6 juillet 1824; D. *Rép.*, v° *Cont. de mar.*, n° 1903.

[2] Aubry et Rau, § 516, n° 22, V, p. 395. — Dutruc, n°s 239 et s. — Limoges, 2 août 1837, Dal., *Rép.*, v° *Contr. de mar.*, n° 1777. — Civ., cass., 2 février 1870, S. 70. 1. 191. — V. *en sens contraire* : Toullier, VII, 88 et 89. — Zachariæ, § 516, texte et note 6.

Remarquons qu'il ne faut pas confondre le droit dont nous venons de nous occuper avec celui qu'ont les créanciers d'attaquer en nullité

Le droit d'intervention et celui de former tierce-opposition sont étroitement liés ; seuls peuvent intervenir ceux qui auront le droit de former tierce-opposition : Art. 466 et 474 C. proc. civ. En thèse générale, ces droits sont cependant indépendants ; je dis en thèse générale, car dans certains cas il est nécessaire d'avoir usé de l'un pour pouvoir user de l'autre. Ainsi les créanciers qui n'ont pas formé opposition à ce qu'il soit procédé, hors de leur présence, à un partage intéressant leur débiteur, ne peuvent le critiquer. En est-il de même en notre espèce? La rédaction proposée par le Conseil d'État semblait l'admettre, mais elle fut modifiée par le Tribunat, précisément pour ne point laisser subsister cette apparence ; donc, *en tout état de cause, les créanciers peuvent agir*[1].

Pendant quel laps de temps le pourront-ils? Le Code civil, muet sur ce point, laissait leur action soumise au droit commun ; or, on sait que le délai pour former tierce-opposition est, en général, de trente ans. Mais le Code de procédure a restreint sa durée, à peine de déchéance, au délai d'un an mentionné en son article 872 (art. 873 C. proc. civ.). Cette décision s'explique par l'excellente raison qu'on ne pouvait laisser trop longtemps incertaine, l'existence d'un jugement qui a pour résultat de modifier la situation personnelle des époux. Elle ne présente, d'ailleurs, aucun danger sérieux, la demande et le jugement de séparation recevant la plus grande publicité.

Il est bon, néanmoins, de constater qu'il y a dans l'article 873 C. proc., une dérogation au droit commun, et de voir comment elle se justifie ; car nous en conclurons

toute séparation de biens qui n'aurait pas été poursuivie, prononcée ou exécutée dans les formes et délais prescrits par la loi.

[1] Locré, VI, p. 379.

qu'elle ne saurait être étendue à l'action par laquelle les créanciers attaqueraient le jugement séparatif, en tant qu'il liquide les reprises de la femme, si, par hypothèse, l'action en séparation et celle en liquidation des reprises de la femme avaient été formées et jugées simultanément. Pour attaquer cette partie du dispositif du jugement de séparation, un délai de trente ans doit être imparti aux créanciers. L'état des époux n'est pas en question, et la disposition attaquée n'a pas reçu la grande publicité de celle qui prononce la séparation[1].

D'ailleurs, les deux actions : en séparation de biens et en liquidation de reprises, sont essentiellement distinctes. Elles peuvent bien être formées et jugées simultanément puisqu'elles sont connexes, mais elles diffèrent par leur nature et leur objet. Cela est si vrai, que la séparation est un acte essentiellement contentieux, tandis que la liquidation peut être volontaire. Or, si la liquidation se faisait devant notaire, on ne songerait certes pas à appliquer l'article 873 C. proc.; on ne doit pas y songer davantage en l'espèce; la nature de l'acte reste la même.

En un mot, l'article 873 du Code de procédure crée une exception; nous sommes hors de ses termes et de ses motifs; il ne saurait donc s'appliquer[2].

Tels sont les droits des créanciers du mari lorsque les formes légales ont été observées soit dans la demande,

[1] Aubry et Rau, § 516 texte et n. 24; Massol, *De la séparation de corps*, p. 140 à la note. Cf. Cass., 26 mars 1833. D., *Rép.*, v° *Contr. de mar.*, n° 1891. Dans ses arrêts les plus récents, la Cour de cassation s'est rangée à notre solution (Cass., 11 novembre 1835. Dal., v° *Contr. de mar.*, n° 1390).

[2] Bien entendu s'il s'agit d'attaquer l'exécution du jugement comme frauduleuse, il y aura lieu à une action Paulienne ordinaire. C'est là une toute autre hypothèse.

soit dans la poursuite, soit dans l'exécution de la séparation de biens. *Quels seront-ils si elles n'ont point été observées?*

La question est soulevée par le même article 873 du Code de procédure. Il porte que l'action des créanciers est limitée à un an *si les formes ont été observées;* si elles ne l'ont pas été, ils ont donc une action. L'article 869 C. proc. civ. confirme d'ailleurs cette conclusion ; il nous dit, que si les formes n'ont point été observées, il y a nullité opposable par le mari ou ses créanciers. Il ne parle à la vérité que des formes relatives à la publicité de la demande; mais le Code civil parlait déjà de la nullité pour inobservation des formes relatives à la publicité du jugement (Art. 1445 C. civ.), et de cette nullité là, évidemment, les créanciers du mari peuvent se prévaloir; c'est surtout dans leur intérêt que la publicité, qu'elle sanctionne, est prescrite. Dans les deux cas, les créanciers peuvent donc agir en nullité, et leur action dure trente ans.

Ils peuvent aussi se prévaloir de l'inobservation des règles prescrites à peine de nullité pour la validité de l'exécution de la séparation. Art. 1444 C. civ. Mais il faut observer que les nullités édictées en l'espèce sont susceptibles d'être couvertes. C'est ainsi que la Cour de Douai a déclaré non-recevables à se prévaloir de l'exécution tardive du jugement de séparation les créanciers qui ont concouru à cette exécution[1].

82. — Des effets de la séparation de biens, nous n'avons point à parler ici. Elle opère dissolution de la

[1] Douai, 19 août 1840, Sir., 40. 2. 497. — V. aussi Odier, 1. 387. — Troplong, II, 1370. — Req., rej., 13 août 1818, Sir., 1819. 1. 287. — Bordeaux, 22 janvier 1834, Sir., 34. 2. 540. — Cf. Battur, II, 643.

communauté; ses effets se confondent par conséquent avec ceux de cette dissolution, et vont faire l'objet de nos études dans notre deuxième section.

SECTION II.

Droits des créanciers antérieurs au mariage après la dissolution de la communauté.

GÉNÉRALITÉS ET DIVISION.

83. — La communauté se dissout : normalement, par la dissolution du mariage lui-même; exceptionnellement, par la séparation de biens, qu'elle soit principale ou accessoire.

Dès cette dissolution, la situation des époux se trouve profondément modifiée; le mari perd les droits exceptionnels que lui donnait une situation qui ne saurait plus exister; la femme a désormais tous les droits d'un associé, que dis-je, elle a plus et mieux, la qualité d'associé ne lui est point imposée, elle peut à son gré la prendre ou la répudier. Pendant le mariage, la balance penchait en faveur du mari; après sa dissolution, elle penche en faveur de la femme, ainsi l'équilibre se trouve rétabli. Outre cette idée d'égalité, il en est une autre plus directe et plus saisissante encore, au fond de ce droit d'option : soustraire les propres de la femme à la disposition du mari. Que le mari puisse dilapider les biens communs, passe encore; mais il eût été intolérable, qu'il puisse compromettre la fortune personnelle de sa femme. On ne pouvait donc pas ne pas laisser à la femme la liberté de répudier les suites de son administration. On devait même plus, on devait la mettre en garde contre les surprises et lui accorder, les droits des tiers étant d'ailleurs sauvegardés, la faveur de se soustraire aux conséquences d'une décision prise avec trop de générosité ou de légèreté. Ainsi le bénéfice de l'article 1483 n'est que le développement de l'idée-mère du droit d'option. Mais ce bénéfice ne constitue pas pour la femme un troisième parti à prendre; il appartient de plein droit à celle qui accepte et qui a rempli certaines formalités.

Ces idées générales nous dictent *notre division*. Nous aurons à nous placer successivement dans les deux cas d'acceptation et de renonciation à la communauté par la femme, en étudiant les droits qui compètent aux créanciers antérieurs au mariage de leur propre chef. Nous verrons ensuite, ainsi que nous l'avons annoncé, les droits qui leur compètent du chef de leur débiteur; rappelons, qu'à ce point de vue, nous ne nous occuperons que des droits exorbitants accordés à la femme.

Remarquons enfin que les solutions que nous allons donner ne sont point spéciales aux créanciers antérieurs au mariage. Elles peuvent même ne les point toucher; car, si le mariage a duré quelques années, il est probable qu'ils auront poursuivi leur paiement pendant sa durée. Mais il peut en être autrement; les créanciers peuvent être négligents; le mariage peut se dissoudre après peu d'années, peut-être après peu de mois; en pareilles hypothèses, elles présenteront pour eux un réel intérêt[1].

[1] Pour faciliter et dégager notre rédaction, nous continuerons à parler du mari et de la femme, bien que dans le cas normal de dissolution de la communauté, l'un des deux époux soit remplacé par ses héritiers. Il n'y a pas d'inconvénients à le faire, tout ce qui sera dit de la femme ou du mari s'appliquant à leurs héritiers.

§ I. *Droits appartenant aux créanciers de leur propre chef.*

A) *Acceptation de la communauté par la femme.*

84. — La conséquence primordiale de cette acceptation est la nécessité de partager le fonds commun tant au point de vue actif qu'au point de vue passif. Un partage sera donc nécessaire. A ce partage, les créanciers des époux, aussi bien les créanciers antérieurs au mariage, ne seraient-ils même pas devenus créanciers de la communauté, que les créanciers postérieurs, peuvent intervenir à leurs frais. Ils peuvent donc s'opposer à ce qu'il ait lieu hors de leur présence. Au cas où cette opposition aurait été méconnue, ils pourraient attaquer le partage. Argt. art. 1476 et 882 C. civ.[1]. Il ne suffirait donc pas pour qu'ils aient le droit d'attaquer le partage, qu'il ait été fait en fraude de leurs droits. L'article 1167 n'exige à la vérité, que la fraude; mais il faut remarquer avec la Cour de cassation qu'il renvoie aux titres *des Successions* et *du Contrat de Mariage;* or l'article 882 au titre *des Successions* formule la restriction que nous indiquons, et l'article 1476 au titre du *Contrat de Mariage* renvoie au titre *des Successions* pour tout ce qui concerne les formes et effets du partage. Du reste, rien n'est plus conforme à l'esprit de la loi qui veut et doit sauvegarder tous les intérêts; or qu'il s'agisse du partage d'une communauté ou d'une succession, les intérêts en jeu sont les mêmes, et les créanciers sont suffisamment sauvegardé

[1] Req., rej., 9 juill. 1866, D. 66. 1. 369.

par le droit d'intervenir. S'ils n'en ont pas usé ou s'ils ont assisté au partage, pourquoi leur donner une action qui jetterait le trouble dans les relations des familles et des tiers?

Cette remarque générale faite, nous allons nous préoccuper d'abord des droits qui appartiennent aux créanciers du mari, puis de ceux qui compètent aux créanciers de la femme.

1° Droits des créanciers du mari.

85. — Nous venons d'établir leur droit d'intervenir au partage, nous devons, avant de régler leur situation postérieurement à ce partage, dire quelques mots du *conflit qui peut s'élever entre eux et la femme commune qui vient exercer ses reprises.*

L'établissement de la masse nette à partager se forme en distrayant de la masse brute les propres de chaque conjoint et les reprises auxquelles il a droit, soit à raison d'indemnité, soit à titre de récompense, par exemple dans le cas où il n'a pas été fait remploi du prix d'un propre aliéné durant la communauté. C'est là ce qu'on nomme les *prélèvements.*

Le droit de les exercer appartient également aux deux époux, mais la femme est favorisée quant à son exercice. En effet, elle exerce ses reprises, la première, sur les biens de la communauté, et si ces biens sont insuffisants, elle peut les exercer sur les biens du mari.

Les exerce-t-elle *sur les biens de la communauté,* incontestablement, elle jouit d'un droit de préférence à l'encontre du mari, et rien de plus juste. Mais jouit-elle d'un droit semblable à l'encontre des créanciers du mari? Il faut distinguer, suivant que ces créanciers sont restés créanciers personnels du mari ou sont devenus créanciers de la communauté.

S'agit-il des *créanciers purement personnels du mari*, en d'autres termes, de ses créanciers immobiliers antérieurs au mariage, nous n'hésitons pas à répondre affirmativement. En effet, ces créanciers ne peuvent avoir d'autres droits que ceux de leur débiteur, et sont soumis pour leur exercice aux mêmes restrictions que lui. Donc ils ne peuvent avoir de droits sur la communauté, que déduction faite des prélèvements de la femme[1].

S'agit-il des *créanciers personnels du mari qui sont devenus créanciers de la communauté*, la question devient plus délicate, car ils ne prétendent pas venir du chef de leur débiteur, mais exercer leurs droits propres. Ils sont créanciers de la communauté; or, les valeurs qu'on veut prélever font partie de la communauté. Ne peuvent-ils dire à la femme : « Vous êtes créancière comme nous; la communauté est notre gage commun; nous devons concourir! » La difficulté porte, on le voit, sur la nature du droit de la femme. Cette question a passionné autrefois doctrine et jurisprudence, aujourd'hui elle n'offre plus qu'un intérêt scientifique, car la solution en est bien et solidement acquise. Nous allons très brièvement l'examiner, après avoir limité son *champ d'application.*

Et d'abord *le débat* ne s'élèvera pas entre la femme et les créanciers privilégiés ou hypothécaires; les règles de droit commun seront applicables. Il ne s'élèvera pas non

[1] Pothier, *Success.*, ch. V, art. 1, § 2. — Aubry et Rau, V, p. 362, texte et n° 27.

plus entre la femme et les créanciers chirographaires de la communauté sur les immeubles communs, et cela, pour la même raison; la femme jouit en effet d'une hypothèque légale pour sûreté de ses créances. *Il ne s'élèvera que si tout droit de préférence ordinaire est hors de cause, tant du côté des créanciers, que du côté de la femme.* En d'autres termes, la question se posera si la femme, se trouvant en présence de créanciers chirographaires, ne peut invoquer que sa qualité de femme mariée pour justifier le droit de préférence auquel elle prétend. Il en sera souvent ainsi du reste, car la femme doit exercer ses prélèvements, d'abord sur l'argent et le mobilier de la communauté.

Dans ces limites, la question est pleine d'intérêt, et pour les créanciers du mari, antérieurs au mariage, qui ont vu leurs créances tomber au passif de la communauté, et pour les créanciers personnels de la femme, antérieurs au mariage, que leurs créances soient ou non tombées à ce passif.

Par *arrêt du* 16 *janvier* 1858, la Cour de cassation, toutes Chambres réunies, a décidé en thèse générale « que la femme, soit qu'elle accepte la communauté, soit qu'elle y renonce, n'est que *créancière* de ses reprises, et qu'à défaut d'un texte qui attache un privilège à sa créance, elle ne peut venir sur les valeurs mobilières de la communauté, qu'à contribution avec les autres créanciers [1] ».

Cette doctrine repose sur la triple autorité de la tradition, des principes et des textes[2]. Elle est aujourd'hui

[1] Dalloz, 1858. 1. 5.

[2] V. les autorités citées par M. Ancelot, *Revue critique*, V, p. 408 et IX, p. 411.

indiscutée. Ainsi, les prélèvements exercés par la femme ne sont que le règlement d'une créance et ne constituent qu'une espèce de *datio in solutum*, qui, à raison des circonstances où elle est opérée, se distingue à certains points de vue, notamment au point de vue fiscal, de la dation en paiement ordinaire, mais qui n'est nullement privilégiée.

A défaut des biens de la communauté, les biens personnels du mari garantissent la femme de ses reprises. *Sur les biens du mari*, la femme ne peut évidemment agir que comme créancière. Comme telle, elle concourra avec les créanciers du mari quels qu'ils soient.

86. — La *masse nette* formée par l'exercice des prélèvements *est partagée par moitié. Supposons ce partage fait et recherchons quels seront alors les droits des créanciers du mari.* Qui pourront-ils poursuivre et dans quelle mesure?

Deux principes dicteront notre réponse. Le premier, consacré par les articles 1484 et 1486, est que chacun est tenu à l'égard des créanciers de la totalité des dettes qu'il a personnellement contractées; le second, consacré par l'article 1485, est que le débiteur qui est tenu, comme associé, n'est tenu du passif social, que proportionnellement à la part qu'il recueille dans l'actif.

De là les créanciers du mari peuvent le poursuivre et le poursuivre pour le tout. Art. 1484. Au moment où la dette est née, le débiteur s'est engagé personnellement, cela est incontestable; il a créé en le faisant un lien qui devait subsister jusqu'au paiement (les conventions matrimoniales n'ont pu l'altérer, nous l'avons longuement établi), il est donc resté débiteur personnel, et comme tel est tenu de la totalité de la dette.

Ainsi le créancier du mari antérieur au mariage peut, après sa dissolution, poursuivre son débiteur et le poursuivre pour le tout.

Son droit se borne-t-il là? Oui, si sa créance n'est point tombée au passif de la communauté; non, dans le cas contraire. En effet, dans cette hypothèse et par application du principe que nous avons posé, les créanciers du mari qui ont vu tomber leurs créances au passif de la communauté, c'est-à-dire tous ses créanciers antérieurs, sauf ceux dont les créances étaient immobilières, peuvent poursuivre la femme comme commune, comme associée. Dans quelle mesure le peuvent-ils? Proportionnellement à la part d'actif qu'elle recueille, donc jusqu'à concurrence de moitié de leurs créances.

Telle est en principe la mesure de l'obligation de la femme; je dis en principe, car le jeu du *bénéfice d'émolument* peut la modifier.

87. — On sait, en effet, que la femme acceptante n'est tenue des dettes de la communauté, soit à l'égard du mari, soit à l'égard des créanciers, que jusqu'à concurrence de son émolument, pourvu qu'il y ait eu bon et fidèle inventaire. Il n'est donc pas douteux, que l'action des créanciers personnels du mari antérieurs au mariage, qui sont devenus créanciers de la communauté, ne soit limitée contre la femme, et peut-être à une somme fort inférieure à la moitié dont elle est en principe débitrice.

Nous avons indiqué *le motif de ce privilège*[1]; nous

[1] Dumoulin l'exprimait dans cette brève formule : « *Marito non licet onerare propria uxoris.* » — V. au surplus Guy Coquille sur l'article 7, ch. XXIII de la *Cout. du Nivernais.* — Pothier, *Comm.*, n° 734. — Article 228, *Cout. de Paris.*

n'avons pas à insister. Nous ne nous étendrons pas non plus sur la *condition à laquelle il est subordonné;* nous remarquerons simplement qu'elle doit être remplie dans un délai très bref. Il est en effet certain, malgré le silence de l'article **1483**, que l'inventaire doit être dressé dans les trois mois de la dissolution de la communauté. Art. **1456** et **794**[1]. Il n'importe, du reste, qu'il n'ait été fait qu'après acceptation de la communauté[2]; mais il doit être en forme, fidèle et exact; s'il y a eu divertissement ou recel, la femme ne pourra s'en prévaloir[3].

La femme, disons-nous, ne sera tenue que jusqu'à concurrence de son émolument. *Qu'entendons-nous par émolument?* Nous entendons par là tout ce qui est tombé au lot de la femme, fût-ce même par préciput. Les rédacteurs du Code ont exprimé cette idée par cette phrase assez obscure : « En rendant compte tant du contenu de l'inventaire que de ce qui lui est échu par le partage. » Art. **1483**. La femme devra donc tenir compte de la valeur de tous les objets inventoriés, alors même qu'ils ne figureraient point dans le partage et *vice versâ*. Son émolument comprend : la part qu'elle a recueillie dans les biens communs, les fruits et revenus de ces biens, les sommes dont elle était débitrice envers la communauté en tant qu'elles lui ont été précomptées dans le partage sur sa part, le préciput stipulé en cas de survie, la

[1] Pothier, *Com.*, n° 242. — Odier, I, 550. — Rodière et Pont, II, 1118. — Troplong, III, 1743. — Req., rej., 7 févr. 1848, S. 48. 1. 243. — Nancy, 7 avril 1859, S. 59. 2. 475. — Douai, 8 août 1864, S. 64. 2. 298. — Cf. Req., rej., 21 déc. 1830, S. 31. 1. 152.

[2] Bellot des Minières, II, p. 298. — Battur, II, 809. — Aubry et Rau, V, p. 436, n. 8.

[3] Pothier, *Com.*, n° 746. — Locré, XIII, p. 253. — Odier, I, 549. — Rodière et Pont, II, 1118.

moitié de la dot donnée à l'enfant commun par elle et le mari conjointement. Il ne comprend, au contraire, ni les reprises qu'elle a exercées à titre de propriétaire, ni les sommes qu'elle a perçues à titre de créancière.

Pour déterminer la *quotité* de cet émolument, on doit se placer au jour du partage; c'est à ce moment que la position respective des parties se trouve fixée. Il est évident, en effet, d'une part, que les créanciers auraient pu poursuivre la femme dès le partage, et jusqu'à concurrence de son lot; d'autre part, que celle-ci aurait pu se libérer en abandonnant cette même valeur aux créanciers, sur leur poursuite. On ne concevrait pas que des événements postérieurs puissent modifier cette situation. On le concevrait d'autant moins que la femme ayant accepté la communauté, sa part se confond pleinement avec le reste de son patrimoine; or, il est de principe qu'une chose périt ou s'accroît pour le maître. La femme supporterait seule les dépréciations, seule elle doit profiter des augmentations de valeur [1].

Du reste, la femme jouit du bénéfice d'émolument à la seule condition d'avoir fait inventaire, elle n'a à se le réserver ni dans l'inventaire, ni en acceptant la communauté, en un mot elle en jouit *de plein droit*. Elle n'a pas non plus, pour le conserver, à observer pour la vente des objets tombés à son lot, les règles prescrites à l'héritier bénéficiaire [2]. C'est là une conséquence de la

[1] Le plus souvent, estimation sera faite dans l'inventaire ou le partage. Cette estimation, il faut le remarquer, ne lie point les créanciers; elle lie, au contraire, la femme. Celle-ci serait pourtant admise, si l'estimation était contenue dans l'inventaire, à établir que les objets estimés ont éprouvé des détériorations avant le partage, indépendamment de toute faute ou fraude de sa part.

[2] Duranton, XIV, 489. — Marcadé sur l'art. 1483, n° 3. — Ro-

situation toute spéciale qui lui est faite; elle ne succède à personne, elle ne représente personne; les biens qu'elle recueille ne forment qu'un seul et même patrimoine avec ses propres; il ne saurait donc être question de séparation des patrimoines. Par suite, les créanciers du mari peuvent indistinctement poursuivre leur paiement sur les objets tombés dans son lot et sur ses biens propres[1]. De plus, et pour le même motif, elle ne peut se soustraire aux poursuites de ces créanciers en leur abandonnant les objets tombés à son lot[2]; elle ne pourra les repousser, qu'en prouvant par ses comptes, que son émolument est épuisé.

Les créanciers sont payés au fur et à mesure qu'ils se présentent, à moins que l'un ou l'autre d'entre eux n'ait fait opposition entre les mains de la femme, en demandant que son émolument soit réparti au marc le franc entre tous les créanciers. Art. 880 C. civ.

dière et Pont, II, 1123. — Odier, I, 556. — Nancy, 7 avril 1859, S. 59. 2. 475.

[1] Pothier, *Com.*, n° 737. — Toullier, XIII, 247. — Troplong, III, 1759. — Colmar, 5 août 1862, S. 63. 2. 85.

[2] Toullier, XIII, 245. — Mourlon, III, p. 111. — Odier, I, 557. — Aubry et Rau, V, p. 438, — V. pourtant Pothier, *Com.*, n° 747. Il accorde à la femme le droit de délaisser les immeubles, en tenant compte aux créanciers des dégradations qui lui sont imputables. Pour les meubles, il lui refuse cette faculté s'ils sont usés. MM. Bellot des Minières, II, p. 522 et Battur, II, 803 ont suivi cette doctrine.

Si nous refusons à la femme le droit de faire cet abandon, nous refusons aux créanciers celui de l'exiger. Pas plus les créanciers de la communauté que les créanciers de la femme ne peuvent demander la séparation des patrimoines (Aubry et Rau, V, p. 417 et 441. — Bellot, II, 461. — Battur, II, 802. — Odier, I, 524). Ils ne jouissent en leur qualité de créanciers de la communauté d'aucun droit de préférence sur les créanciers personnels de la femme, ils viennent au marc le franc (Civ., rej., 18 avril 1860, Sir. 60. 1. 305. Conclus. contraires du procureur général Paul Fabre).

2° Droits des créanciers de la femme.

88. — Nous devons appliquer les deux principes qui nous ont servi à fixer ceux des créanciers du mari (n° 86.) Du premier nous conclurons que les créanciers antérieurs au mariage, — quelle que soit d'ailleurs la nature de leur dette, que cette dette ait ou non date certaine —, pourront la poursuivre sur tous ses biens, c'est-à-dire, non-seulement sur la pleine propriété de ses propres, mais aussi, sur la pleine propriété des biens qu'elle a recueillis dans le partage de la communauté.

Du second, nous déduirons que ceux de ces créanciers dont les créances ont accrû le passif de la communauté, c'est-à-dire ceux dont les créances mobilières avaient date certaine antérieure au mariage, pourront poursuivre le mari pour moitié. Ainsi la femme commune devait-elle une somme de 1000 par acte authentique antérieur au mariage, le créancier, qui avait antérieurement au mariage action contre elle seule, et pendant la communauté, action contre elle, contre la communauté et contre le mari, et pour le tout contre chacun, conserve après dissolution de la communauté action contre la femme et contre la communauté. En d'autres termes, le mari cesse d'être poursuivable autrement que comme commun. Il n'a jamais été débiteur; ses biens étaient obligés à raison de la situation qu'il avait, et de la confusion entre son patrimoine et celui de la communauté qui en était la suite; cette situation cessant, les conséquences qu'elle entraînait doivent cesser aussi. En appliquant ces principes, nous déciderons, dans l'espèce que je viens de prendre à titre d'exemple, que le créancier pourra demander 500 au mari.

89. — Mais ne pourrait-on pas lui demander plus? *Le droit des créanciers de la femne, devenus créanciers communs, se bornera-t-il toujours à réclamer au mari la moitié de ce qui leur est dû?* Ne pourront-ils, en d'autres termes, lui réclamer ce que la femme ne leur pourra fournir en exerçant, soit directement, soit obliquement, le recours que l'article 1483 donne à la femme contre lui, lorsque son émolument est inférieur à sa part contributoire dans les dettes?

Reprenons notre exemple : Poursuivie après dissolution de la communauté, la femme serait tenue de payer 1000. Mais elle est insolvable, et n'a pour tout bien que son émolument de communauté, soit par hypothèse 400. Elle les abandonne à ses créanciers. Ceux-ci se retournent contre le mari. Certainement ils peuvent lui demander moitié, c'est-à-dire 500. Est-ce là leur seul droit? On peut en douter, car si la femme avait payé sur la poursuite des créanciers la totalité de la dette, elle aurait pu recourir contre le mari pour tout ce qu'elle aurait payé au delà de son émolument, donc pour 600 en l'espèce. Eh bien, ses créanciers n'ont-ils pas le droit de réclamer *directement* au mari, la différence qui existe entre l'émolument qu'ils ont touché et la moitié?

Pothier semble l'admettre : Les dettes dont le mari n'était tenu que comme chef et seigneur de la communauté, dit-il en substance, ne le grèvent plus que pour moitié, alors que par l'acceptation des héritiers de la femme, sa qualité est restreinte à celle de commun pour moitié. « Sauf, ajoute-t-il, que si les biens de communauté échus par partage aux héritiers de la femme n'étaient pas suffisants pour acquitter l'autre moitié, il serait encore tenu envers les créanciers de ce qui s'en manquerait, comme il l'est envers lesdits héritiers. » Et M. Bugnet, annotant ce passage, écrit : « C'est encore la conséquence du principe posé par l'article 1483 [1]. »

Nous ne pouvons approuver une telle solution. La seule action directe que les créanciers puissent avoir contre le mari est celle qui se fonde sur l'article 1482, qui met à sa charge la moitié des dettes de la communauté. Quant au bénéfice créé par l'article 1483, il est propre à la femme ; ses créanciers ne peuvent donc s'en prévaloir que de son chef, si tant est même qu'ils le puissent, ce que nous verrons en étudiant les droits qui leur compètent du chef de leur débitrice.

B) *Renonciation à la communauté par la femme.*

90. — La femme qui renonce à la communauté perd toute espèce de droit sur les biens de la communauté, soit immobiliers, soit mobiliers. Art. 1492 [2]. Mais elle a le droit de faire valoir toutes les reprises qu'elle eût été fondée à exercer, si elle avait accepté la communauté, et de poursuivre contre le mari le remboursement des récompenses ou indemnités qui peuvent lui être dues par la communauté [3]. Si, dans l'exercice de ces reprises ou répétitions, elle se trouve en face des créanciers du mari, nous rappelons qu'elle concourt avec eux, tant sur les

[1] Pothier, *Comm.*, n° 730, VII, p. 369 (Édit. Bugnet).

[2] Il en est ainsi alors même que les biens de la communauté y seraient entrés de son chef.

[3] Les fruits et intérêts de ces biens et sommes sont dus à la femme de plein droit, dès la dissolution de la communauté — Arg. art. 1473. — Cet article se trouve, il est vrai, sous la rubrique « *du Partage de la communauté après l'acceptation* »; mais l'acceptation n'en forme ni le fondement ni la condition d'application. La raison d'être de l'ar-

biens communs, que sur ceux du mari, avec lesquels, du reste, ils sont confondus.

1° Droits des créanciers du mari.

91. — D'un mot nous pouvons les fixer. Les créanciers du mari, sans aucune distinction de nature de créance ou de date, conservent pour gage le patrimoine de leur débiteur, augmenté de celui de la communauté. D'ailleurs, les propres de la femme leur échappent totalement.

2° Droits des créanciers de la femme.

92. — Sans aucune distinction, ni de date, ni de nature de dette, les créanciers de la femme peuvent poursuivre leur paiement sur la pleine propriété de ses biens propres. Ce droit leur appartient à tous également[1]. C'est, du reste, le seul qui compète à ceux qui ne sont point devenus créanciers de la communauté.

ticle 1473 n'est autre que la nature particulière des créances auxquelles il s'applique; or, cette nature persiste au cas de renonciation. — On objecte, il est vrai, que par suite de la renonciation, les reprises de la femme dégénèrent en créances personnelles contre le mari, et rentrent dès lors sous l'application de l'article 1479. La vérité est qu'elles deviennent simplement assimilables à ces créances quant au mode de réalisation. L'assimilation se borne là (Delvincourt, III, p. 75. — Odier, I, 582. — Rodière et Pont, III, 1517. — Troplong, III, 1708. — Aubry et Rau, § 511, n. 14, V, p. 358. — Req., rej., 3 févr. 1835, Sir. 35. 1. 283. Civ., cass., 9 févr. 1870, S. 70. 1. 299. — V. en sens contraire : Duranton, XV, 173. — Marcadé sur l'art. 1493. — Glandaz, *Encyclopédie*, v° *Comm. conj.*, n° 435).

[1] Sauf bien entendu le droit pour la femme de recourir contre le mari, si la dette qu'elle a payée était pleinement tombée en communauté. Mais c'est là un point de vue sur lequel je ne veux et ne dois pas insister, sous peine de sortir du cadre de mon sujet. — V. sur ce point, Aubry et Rau, § 427, n. 21 et § 521, texte et n. 8, V, p. 446.

Ceux qui le sont devenus au contraire, c'est-à-dire les créanciers qui satisfont aux conditions exigées par les articles 1409 et 1410, peuvent agir, pour la totalité de leurs créances, contre le mari qui a absorbé l'actif de la communauté, et qui est, par conséquent, tenu de l'intégralité de son passif, aussi bien à l'égard des créanciers qu'à l'égard de la femme.

§ II. *Droits appartenant aux créanciers du chef de leur débiteur.*

93. — Nous venons d'étudier les droits qui compètent directement soit aux créanciers du mari soit à ceux de la femme après dissolution de la communauté. Ces droits ils les exercent de leur chef. N'en est-il pas qu'ils puissent exercer du chef et au nom de leur débiteur ou de leur débitrice?

A priori nous devons répondre affirmativement. Nous savons, en effet, que les créanciers, peuvent exercer tous les droits et actions de leur débiteur, si ces droits et actions ne sont pas exclusivement attachés à sa personne (art. 1166).

Ainsi que nous l'avons observé, la question n'est pas intéressante au point de vue *des créanciers du mari;* car les droits qui lui compètent, sont sans aucun doute des droits et actions qui ne sont point attachés à la personne, v.g. droit d'exercer des reprises, droit de réclamer une récompense. Il en est tout autrement si nous nous plaçons au point de vue des *créanciers de la femme;* car, à raison même de sa situation durant la communauté, elle aura après sa dissolution certains droits exorbitants du droit commun. La controverse peut s'élever sur leur nature.

94 [a]. — Le plus important de ces droits est le *droit d'option que confère à la femme l'article* 1453. La femme peut accepter la communauté ou y renoncer. Les créanciers peuvent-ils exercer son droit d'option, si elle reste inactive? Peuvent-ils accepter la communauté? Peuvent-ils y renoncer?

L'*intérêt* qu'ils ont à le faire, est patent : leurs droits, nous l'avons vu, dépendent, en très grande partie, du choix qui sera fait; il importe qu'ils soient bientôt fixés. Leur accorder le droit d'option, c'est donc les protéger contre la négligence de leur débitrice. Mais cette négligence n'est point le seul danger qu'ils aient à craindre; il ont aussi à redouter qu'elle n'agisse en fraude de leurs droits. Nous devrons examiner s'ils sont protégés aussi à ce point de vue. Ces deux questions sont intimement liées et à vrai dire n'en font qu'une. En effet, d'un côté il est évident que le débiteur ne saurait renoncer au détriment de ses créanciers, aux droits que ceux-ci peuvent exercer de son chef; de l'autre, il est certain que les créanciers n'ont intérêt à faire révoquer la renonciation, faite par leur débiteur, que s'ils ont le droit d'exercer en son lieu et place le droit auquel il avait frauduleusement renoncé. En d'autres termes, le domaine des articles 1166 et 1167 est le même.

I. — Les créanciers de la femme peuvent-ils *accepter* la communauté de son chef?

On l'a contesté en prétendant que le droit d'option accordé à la femme doit être considéré comme exclusivement attaché à la personne. On remarque que tout droit dont l'exercice exige de la part du débiteur une acceptation précise, ne saurait passer aux créanciers, car il n'est pas encore *in bonis* du débiteur. Les créanciers ne peuvent pas prendre en main l'administration du patrimoine de leur débiteur; ils ne peuvent pas substituer leur initiative et leur volonté, à son initiative et à sa volonté. Décider autrement, serait lui enlever toute liberté civile, toute capacité personnelle.

A ces considérations générales, M. Laurent en ajoute d'autres particulières à notre espèce : permettre aux créanciers de la femme d'accepter la communauté en son lieu et place, dit-il en substance, ne va à rien moins que permettre aux créanciers d'obliger leur débiteur. Accepter la communauté pour la femme, c'est l'obliger à payer la moitié des dettes de la communauté ! De pareilles conséquences doivent nous faire rejeter le système qui les produit !

Nous devons cependant décider que les créanciers ont le droit d'accepter la communauté du chef de leur débitrice. Certes, ils ne peuvent vouloir à la place de leur débiteur, en ce sens qu'ils ne peuvent créer, en substituant leurs volontés à la sienne, des droits qui ne lui appartiennent pas, et qui seraient de nature à ne pouvoir lui être acquis que par un acte de sa volonté propre; mais ils peuvent vouloir en son lieu et place, en tant qu'il s'agit seulement d'exercer les droits qui lui appartiennent, et font actuellement partie de son patrimoine. Décider autrement, serait annuler l'article 1166.

Or, en notre espèce qu'existe-t-il? Un droit acquis; droit pécuniaire, introduit, non par des considérations personnelles à la femme, mais dans l'intérêt unique de son patrimoine; droit dont l'exercice peut être éminemment utile à ses créanciers, si la communauté est bonne. Comment leur en refuser l'exercice?

Du reste, les textes sont formels. L'article 1464 dispose,

en effet, que « les créanciers de la femme peuvent atta- « quer la renonciation qui aurait été faite par elle ou par « ses héritiers en fraude de leurs créances, *et accepter la « communauté de leur chef.* » M. Laurent répond à cet argument de texte, que les créanciers en l'espèce agissent plus en vertu de l'article 1167, qu'en vertu de l'article 1166! Nous ne comprenons pas cette réponse. La vérité est que les créanciers se sont d'abord prévalus de l'article 1167, mais dans quel but? Pour accepter ensuite la communauté.

L'article 1464 dit bien, je le reconnais, que les créanciers accepteront *de leur chef,* et non qu'ils accepteront du chef de la femme. Mais on ne saurait se prévaloir de cette formule pour prétendre que le droit d'accepter qui leur est imparti ne dérive pas de l'article 1166; elle s'explique, par la simple considération : que la femme, ayant renoncé, a perdu, quant à elle, la faculté d'accepter; que cette faculté n'est restituée que dans l'intérêt des créanciers; qu'à leur égard seulement on répute le droit d'option encore intact. C'est tout ce que l'article veut dire, c'est tout ce qu'il dit[1].

Ainsi les créanciers *peuvent accepter* la communauté au nom de leur débitrice.

II. — *Peuvent-ils y renoncer* en son nom?

La question est fort débattue. De savants auteurs tiennent la négative. Si l'article 1166 permet aux créanciers d'exercer les droits de leur débiteur, il ne leur permet pas de le dépouiller d'un droit qui lui appartient. On ne concevrait pas que la femme fût liée par une renonciation qu'elle n'a point faite; d'autant que les plus hautes con-

[1] V. en ce sens Aubry et Rau, § 312, n° 50.

sidérations morales, peuvent lui faire repousser la pensée de prendre un tel parti[1].

Cette argumentation ne saurait nous convaincre. Le droit de renoncer n'a pas seulement une valeur morale; il a ou peut avoir une valeur pécuniaire fort grande; garantir l'intégrité du patrimoine de la femme est son but. Sans doute, le sentiment de la femme qui ne voudrait point infliger par sa renonciation une sorte de blâme à son mari, est respectable; mais son devoir le plus impérieux, est sans contredit de payer ses dettes.

D'ailleurs, et ceci est à mon sens une réponse topique aux considérations qui nous sont opposées, les créanciers devront, avant d'agir, mettre la femme en demeure de le faire[2]. Elle sera donc libre d'accepter et de fermer ainsi à ses créanciers la voie de l'article 1166. Mais il leur restera, comme nous allons le voir, le droit d'invoquer l'article 1167, le droit d'attaquer, de faire rescinder quant à eux l'acceptation si elle est frauduleuse, et d'exercer en-

[1] Odier, I, 430. — Laurent. — Paris, 31 mars 1853. Sir. 53. 2. 337.

[2] Demolombe, XXV, n° 92. — M. Larombière, ne voyant dans l'exercice des droits du débiteur par les créanciers qu'un acte conservatoire, soutient que cette mise en demeure n'est pas nécessaire. Nous pensons que c'est à tort. Il y a là plus qu'un simple acte conservatoire. D'ailleurs, il est de règle certaine que les créanciers ne peuvent agir que si le débiteur refuse ou néglige de le faire; or, comment le constater, sinon par une mise en demeure. Il est de toute nécessité que le débiteur puisse s'opposer à une action qu'il peut juger inopportune, blessant les convenances ou même déshonorante; il doit donc être averti. Enfin, la nouvelle loi municipale (5 avril 1884) appuie notre manière de voir; l'article 123 de cette loi exige, qu'avant d'exercer une action communale, le contribuable appelle le conseil municipal à en délibérer (Dalloz, *Répert.*, v° *Obligations*, n° 940. — Labbé, *Rev. crit.*, 1856, IX, p. 18. — Demolombe, XXV, 102. — Cass., 26 juillet 1854, S. 54. 1. 563). En pratique, on agit directement contre les tiers, et on met le débiteur en cause.

suite le droit de renoncer. Cette remarque, seule, prouve, à notre avis, que les créanciers peuvent se prévaloir directement de ce droit, si la femme ne prend point parti, sur leur mise en demeure[1].

Ainsi les créanciers sont protégés contre les dangers qui pourraient tenir à l'inaction, à la négligence de leur débitrice. Sur leur mise en demeure, elle prendra parti.

94^{b}. — *Pourront-ils critiquer l'exercice qu'elle aura fait de son droit?* — C'est là, nous l'avons vu, la seconde face de notre question.

I. — Supposons donc que la femme a accepté la communauté. Ses créanciers peuvent-ils attaquer cette *acceptation?*

L'intérêt qu'ils auront à le faire n'apparaît pas de prime-abord. En effet, la femme est la première intéressée à n'accepter qu'une communauté solvable, et en admettant qu'elle se soit trompée, et que le passif excède l'actif, grâce au bénéfice de l'article 1483, elle ne supportera ce passif que dans la mesure de l'actif recueilli; ses créanciers personnels seront donc toujours, semble-t-il, dans une situation aussi bonne, que si elle eût renoncé à la communauté.

Pour peu qu'on réfléchisse, on voit néanmoins qu'il y a intérêt et grand intérêt. La femme jouit du bénéfice d'émolument! Oui, mais à la condition qu'elle aura fait dresser un inventaire. Si elle ne l'a fait, elle est tenue *in infinitum* de moitié du passif commun. Ainsi l'intérêt existe, même sous le régime de communauté légale. Que sera-ce, si ce régime a été modifié par l'adjonction d'une clause de reprise d'apport en cas de renonciation!

[1] Pothier, *Communauté*, nos 395 et 559. — Rodière et Pont, II, 1153. — Aubry et Rau, § 312, n° 50; IV, p. 129. — Demolombe, XIV, 93.

Cette dernière hypothèse est celle qu'envisage Pothier lorsqu'il examine la question. Il n'hésite point à décider, que les créanciers pourront faire déclarer frauduleuse et nulle, l'acceptation de la communauté faite par la femme, et exercer, sans y avoir égard, la reprise de l'apport de leur débitrice, en abandonnant aux créanciers du mari sa part dans la communauté.

Nous devons étendre cette solution à notre première hypothèse, et décider, qu'*en tous cas, les créanciers de la femme pourront faire annuler l'acceptation de la communauté, faite par leur débitrice en fraude de leurs droits*[1].

A notre avis, l'article 1167 impose cette décision. On l'a contesté cependant en se fondant sur deux arguments tirés l'un de l'article 1464, l'autre de l'article 1167-2°.

L'article 1464, dit-on, donne formellement aux créanciers de la femme le droit d'attaquer la renonciation qu'elle aurait faite en fraude de leurs droits; aucun texte ne leur donne le même droit contre l'acceptation; ils ne l'ont donc pas. Cet argument *a contrario* est d'autant plus topique, ajoute-t-on, que l'article 1167, qui donne de façon générale aux créanciers le droit d'attaquer les actes faits en fraude de leurs droits, ajoute, que néanmoins ils devront se conformer aux règles spéciales écrites aux titres *des Successions* et *du Contrat de Mariage,* quant à leurs droits énoncés à ces titres.

Je réponds d'abord, que c'est toujours un argument dangereux, que celui qu'on prétend tirer *a contrario,* d'un texte qui se borne à appliquer un principe général. Je ne crains pas d'ajouter, qu'ici l'argument est tout à fait sus-

[1] En pareille occurrence, nous permettrons aux créanciers du mari de prouver par tous moyens, à défaut d'inventaire, la consistance de l'actif commun.

pect et, disons-le, mauvais, car l'article 1464 a une raison d'être. Ce fut longtemps une question controversée, que celle de savoir, si les actes de renonciation tombaient, ou non, sous le coup de l'action Paulienne. Cet article, ainsi que l'article 788, fut écrit pour trancher définitivement cette longue controverse. On peut remarquer en outre, que l'acceptation frauduleuse étant une espèce bien moins pratique que la renonciation, il n'est point étonnant que le législateur n'en ait point parlé[1].

D'ailleurs, les créanciers peuvent attaquer comme frauduleuse, l'acceptation qu'aurait faite leur débiteur d'une succession insolvable[2]; pourquoi ne point donner le même droit aux créanciers de la femme, dont la situation envers la communauté dissoute, est sensiblement la même que celle de l'héritier envers la succession ouverte? — Objectera-t-on que l'acceptation d'une succession crée une situation nouvelle, tandis que l'acceptation de la communauté laisse les choses dans leur état ordinaire et normal? Je répondrai que cela doit rester sans influence sur le droit des créanciers; pour qu'il naisse, il suffit qu'il y ait eu préjudice causé par fraude[3].

Pour M. Laurent, la principale objection à opposer aux créanciers est celle-ci : Que ferez-vous après avoir fait annuler l'acceptation de votre débitrice? Répondrez-vous avec Pothier que vous exercerez les droits de votre débi-

[1] Pothier, *Com.*, n° 559; *Success.*, ch. V, art. 1er *in fine*. — Mourlon, III, n° 214. — Rodière et Pont, II, 1057. — Colmet de Santerre, V, n° 121 *bis*. — Demol., XXV, 93.

[2] Demol., XIV, n° 557.

[3] Marcadé sur les art. 788 et 1464. — Civ., rej., 26 avril 1869, Sir. 69. 1. 269. — V. *en sens contr.* : Toullier, XIII, 203 — Glandaz, *Encycl.*, v° *Comm.*, n° 313. — Odier, I, 476. — Troplong, III, 1529. — Aubry et Rau, § 517, n. 24, V, p. 417.

trice? Mais en acceptant, elle a consommé son option, elle n'a plus de droits!

Cette objection n'est que spécieuse. L'acceptation de la femme subsiste quant à elle; elle est annulée seulement dans l'intérêt des créanciers, et dans la limite de cet intérêt. Si l'argument de M. Laurent portait, il prouverait beaucoup trop, et n'irait à rien moins, qu'à faire refuser aux créanciers le droit d'attaquer une renonciation faite en fraude de leurs droits. Or, ce droit est consacré par un texte formel, ainsi que nous allons le voir.

II. — Supposons, en effet, que la femme, au lieu d'accepter une communauté insolvable, a *renoncé* à une communauté dont l'émolument eût augmenté et peut-être assuré sa solvabilité, et posons-nous la même question.

Ici le doute n'est pas permis. L'article 1464 permet, en termes formels, aux créanciers de la femme, d'attaquer la renonciation qu'elle aurait faite en fraude de leurs droits.

Ce droit est intéressant à constater, soit pour les créanciers antérieurs dont les créances ne sont point tombées au passif de la communauté, soit même pour ceux qui sont devenus créanciers de la communauté, si le mari est perdu de dettes personnelles.

Si le débat ne peut s'élever sur *le fond du droit*, il est par contre très ardent sur ses *conditions d'exercice*.

De très bons auteurs prétendent qu'il ne faut pas prendre à la lettre l'article 1464, et qu'il faut lire au lieu de ces mots : « en fraude de leurs créances », ceux-ci : « au préjudice de leurs créances[1] ».

[1] Battur, II, 670. — Duranton, XIV, 462. — Toullier, XIII, 202. — Odier, I, 473. — Rodière et Pont, II, 1199. — Troplong, III, 1585. — Aubry et Rau, § 313 texte et n. 18; § 517, texte et n. 22. — Cpr. Demante et Colm. de Sant., II, n° 471 *bis*-I et II; V, n° 32 *bis*-IX et X.

Nous pensons, au contraire, que supprimer la nécessité de la fraude est enlever à l'action Paulienne sa seule base juridique. Les créanciers, ayants-cause du débiteur, sont représentés par lui dans tous les actes qu'il peut faire; lors même que ces actes leur causeraient un préjudice. Que faut-il pour qu'ils cessent d'être représentés par lui, donc pour qu'ils puissent attaquer l'acte qu'il a fait? Il faut précisément qu'il ait démérité et se soit rendu indigne de leur confiance. Comment le fera-t-il? En trahissant leurs intérêts, en agissant dans la parfaite connaissance du préjudice qu'il leur cause, en un mot en portant par une fraude atteinte à leurs droits.

Telle était la doctrine romaine[1], telle était celle de notre ancien droit[2], telle est celle de notre Code.

Le texte de l'article 1167, qui est le siège de la matière, et où se trouve déterminé le caractère de l'action Paulienne, est formel et général; « les *actes* faits... en *fraude* », telles sont ses propres expressions. Du reste, il n'est possible aux créanciers d'avoir un droit propre, que lorsque leur débiteur ne peut plus être considéré comme leur représentant; c'est-à-dire lorsqu'il agit en fraude de leurs droits. Décider autrement, serait appliquer aux actes entre-vifs la règle « *nemo liberalis, nisi liberatus* », qui ne concerne que les dispositions testamentaires.

Contre notre opinion, on ne saurait argumenter ni de l'article 1053, ni de l'article 2225. Ces textes s'expliquent à raison même des hypothèses qu'ils régissent[3]; l'argument

[1] L. 1, l. 6 §§ 8 et 12, l. 10 D. *Quæ in fraudem credit.*, XLII, VIII, l. 79 D. *De div. reg. juris*, L, XVII.

[2] Lebrun, *Des succ.*, liv. III, ch. VIII, sect. 2, n° 27. — Pothier, *Des oblig.*, n° 153. — *De la comm.*, n° 553. — *Des success.*, ch. III, sect. III, § 3. — *Introd. à la Cout. d'Orléans*, tit. XV, n° 67.

[3] Demol., XXII, n°s 632-636 et XXV, n° 223-4°.

ne porterait donc pas. Mais pourrait-on nous opposer les articles 622 et 788? Beaucoup d'auteurs le pensent. Dans ces deux articles se trouve en effet le mot *préjudice,* et ce mot, nous le reconnaissons, fut substitué à celui de *fraude,* sur la demande du tribunal de cassation. Mais nous remarquons que le tribunal de cassation ne bornait pas là ses demandes. Il voulait qu'on ajoutât, dans la section même qui traite de l'effet des conventions à l'égard des tiers (section qui forme au Code la section VI du titre III, livre III), un article portant que l'action Paulienne serait toujours admise, contre la renonciation faite par le débiteur à un titre lucratif, tel que succession ou donation. La section de législation du Conseil d'État, déférant à ce vœu, avait ajouté un article en ce sens aux trois articles qui forment cette section[1]. Mais cet article, qui donnait au mot en somme équivoque de *préjudice* le sens qu'on prétend lui attribuer encore, a disparu dans la rédaction définitive.

La suppression de cet article, la rédaction de l'article 1167 qui est, je le répète, le siège de la matière, et qui a été délibéré et décrété postérieurement à la rédaction et à l'adoption des articles 622 et 788, celle de l'article 1464 qui l'a suivie et qui l'a calquée, démontrent de façon évidente, que la fraude est restée aujourd'hui encore la base de l'action Paulienne. Par suite, s'il faut modifier les termes de certaines des dispositions de la loi, pour rétablir l'uniformité, ce n'est point l'article 1464, mais ce sont bien les articles 622 et 788 qui doivent subir la correction[2].

[1] Fenet, II, p. 587 et XIII, p. 12.

[2] Proudhon, V, 2353-2359. — Marcadé sur l'article 1167, nº 11. — Colmet de Santerre, VI, nº 121 *bis*. — Demol., XXV, nºs 191 à

Rappelons que le jugement d'annulation laisse subsister la renonciation quant à la femme. D'ailleurs, de droit commun en matière d'action Paulienne, le débiteur ne peut profiter de l'annulation de l'acte qu'il a fait en fraude des droits de ses créanciers.

95. — Nous venons d'établir que les créanciers de la femme pouvaient exercer le droit d'option que lui confère l'article 1453, et critiquer sous certaines conditions l'exercice qu'elle en a fait. A côté de ce droit, il en est un autre beaucoup moins important, mais sur lequel nous devons néanmoins nous expliquer. Je veux parler du *droit d'option* que l'article 1408 accorde à la femme.

On connaît l'hypothèse. Le mari s'est rendu adjudicataire, soit en son nom personnel, soit pour le compte de la communauté, soit pour le compte de la femme, mais sans mandat de celle-ci et sans son concours à l'acte d'acquisition, de la totalité d'un immeuble dont sa femme était copropriétaire. En pareil cas la femme, aux termes de l'article 1408, a le choix ou d'abandonner l'immeuble à la communauté, qui devient alors débitrice envers elle de la part qui lui devait revenir dans le prix, ou de le retirer en tenant compte à la communauté de la somme qu'elle aura déboursée pour cette acquisition [1].

I. — Les créanciers de la femme *pourront-ils exercer ce droit d'option,* pourront-ils choisir en son nom?

195. — Larombière, I, article 1167, n° 14. — Bordeaux, 13 février 1826, S. 1826. 2. 253.

[1] Le même droit d'option appartient à la femme lorsque le mari a acheté de gré à gré les portions indivises des copropriétaires de la femme. Toutefois, en pareil cas, et par la force même des choses, l'option se trouve restreinte à ces portions.

Nous le croyons. Nous devons pourtant reconnaître que la solution contraire prévaut dans la jurisprudence [1] et se trouve soutenue par de nombreux auteurs [2].

La faculté que confère à la femme l'article 1408, disent-ils, rentre dans l'administration de son patrimoine. Les créanciers ne sauraient s'ingérer dans cette administration. Ils ne peuvent pas plus exercer ce droit d'option, qu'ils ne pourraient vendre au nom de la femme un de ses immeubles pour acquérir des meubles ou *vice versâ*. Ils observent en outre que la doctrine qu'ils proposent a toujours été suivie en matière de *retraits*. Elle l'était dans l'ancien droit pour le *retrait lignager*, elle l'est aujourd'hui encore pour le *retrait successoral*, pourquoi ne le serait-elle pas s'agissant du *retrait d'indivision?*

Ces arguments ne nous paraissent pas décisifs. Vainement on voudrait conclure de ce que le retrait d'indivision est un privilège créé au profit de la femme, que ses créanciers ne sauraient s'en prévaloir [3]. Quant à l'assimilation proposée entre le retrait d'indivision, le retrait successoral et le retrait lignager, elle ne saurait être acceptée. La nature même du retrait lignager, qui avait pour but la conservation des biens dans la famille; celle du retrait successoral qui tend à écarter les étrangers du partage, s'opposait et s'oppose à ce qu'ils soient exercés par tout autre que la personne appelée à en jouir. Garantir la femme contre les suites de l'administration

[1] Civ., cass., 14 juill. 1834, S. 34. 1. 533. — Riom, 10 févr. 1836, S. 36. 2. 186. — Req., rej., 8 mars 1837, S. 37. 1. 331.

[2] Odier, I, 143. — Troplong, I, n°s 677 et 678. — Larombière, I, art. 1166, n° 14. — Glandaz, *Encycl.*, v° *Comm.*, n° 120. — Zachariæ, § 311, texte et n. 17.

[3] Demolombe, XXV, n° 87-1°.

du mari, tel est le but du retrait d'indivision; peu importe dès lors qui l'exercera.

Enfin il n'y a pas, à vrai dire, ingérence dans l'administration de la femme, car les créanciers n'agiront qu'à défaut par elle de le faire. Ils la mettront en demeure, ou tout au moins la lieront à l'instance; la liberté de son choix sera donc respectée. Ils n'agiront, en somme, qu'à défaut par elle de le faire; certainement ils subtitueront alors dans une certaine mesure leur volonté à celle de leur débitrice, mais cela est nécessaire et se rencontre dans tous les cas d'application de l'article 1166.

D'ailleurs, l'article 1446 impose notre doctrine. Ce texte, nous l'avons vu, permet aux créanciers personnels de la femme, si le mari est en faillite ou déconfiture, d'exercer les droits de leur débitrice, jusqu'à concurrence de leurs créances, et par conséquent de liquider ces droits; or, l'option de l'article 1408 est un préliminaire indispensable de cette liquidation; donc, il est certain qu'en l'espèce ils pourront l'exercer. Si les créanciers peuvent avoir ce droit alors que la communauté dure encore, il n'est pas de raison de le leur refuser après sa dissolution.

Ainsi, les créanciers de la femme peuvent exercer le droit d'option que lui donne l'article 1408, si elle ne l'exerce elle-même[1].

II. — *Mais peuvent-ils critiquer l'exercice qu'elle en a fait?* M. Troplong le nie. Nous croyons, avec MM. Au-

[1] Duranton, XIV, 203. — Marcadé, sur l'article 1408, n° 6. — Babinet, *Rev. de dr. franç. et étr.*, 1845, II, p. 700. — Rodière et Pont, I, 494. — Demol., XXV, n°s 90-91. — Aubry et Rau, § 312, texte et n. 49, IV, p. 129. — V. *en sens contr.* : Larombière, I, art. 1166, n° 14.

bry et Rau, et M. Demolombe, qu'il faut décider autrement, et leur reconnaître le droit que l'article 1167 donne, de façon générale, aux créanciers[1]. A quelles conditions le pourront-ils? En prouvant le préjudice et la fraude, selon nous; en établissant simplement le préjudice, d'après MM. Aubry et Rau.

Tels sont, sans contredit, les deux cas les plus intéressants d'application à notre matière des articles 1166 et 1167. Il en est deux autres qui, bien que d'un intérêt moindre, doivent attirer aussi notre attention. Je veux parler du *bénéfice d'émolument*, et de *l'action en nullité qui compète à la femme, qui a contracté sans être dûment autorisée.*

96. — Examinons le premier. On se rappelle l'hypothèse : la femme commune a accepté la communauté, les créanciers antérieurs au mariage, qui sont devenus créanciers de la communauté, peuvent la poursuivre pour le tout, et le mari pour moitié. Mais elle est insolvable et n'a pour tout bien que la part d'actif commun dont elle émolumente, *part insuffisante pour remplir ses créanciers de la moitié de leurs créances. Ceux-ci peuvent-ils demander au mari de parfaire cette moitié,* en se fondant sur ce que la femme aurait eu le droit de répéter contre lui cette différence, grâce au bénéfice d'émolument, si, riche d'autre part, et remplissant les conditions exigées par l'article 1483, elle avait intégralement payé sa moitié?

[1] M. Larombière, qui refuse aux créanciers le droit d'option, n'hésite pas à reconnaître qu'ils pourront attaquer la renonciation frauduleuse de leur débitrice au droit d'exercer le retrait. Cette concession est la réfutation complète de son système touchant le droit d'option, car nous savons la corrélation qui existe entre les articles 1166 et 1167.

Directement ils ne le peuvent. Le peuvent-ils en vertu de l'article 1166? Nous ne le pensons pas, et cela par l'excellente raison que nous ne voyons pas quand il pourra en être question. En effet, le bénéfice d'émolument est un recours que la femme peut exercer contre le mari, quand l'émolument de la communauté est insuffisant à couvrir sa part dans les dettes. Son exercice suppose que la femme a payé au delà de son émolument. Article 1486. En un mot, ce bénéfice se résout en une action en indemnité. Si donc la femme n'a pas payé, elle n'a pas subi de perte et n'a pas d'action. — Ses créanciers perdront! — Que nous importe, ils ont suivi la foi de leur débitrice, ils supportent les suites de son insolvabilité.

On nous objectera : mais si la femme le veut, elle peut, sur la poursuite de ses créanciers, mettre le mari en cause pour le faire condamner à payer sa part contributoire en tant qu'elle excèdera son émolument! — Est-ce bien exact? Je ne le crois pas. A mon sens, à pareille prétention le mari répondra qu'il ne doit rien aux créanciers que comme commun, et qu'il ne doit rien encore à la femme, puisqu'elle n'a rien encore payé au delà de ce qui doit rester définitivement à sa charge[1].

En somme, pour que les créanciers de la femme puissent agir contre le mari, il faut que celle-ci ait payé plus que ce dont elle a émolumenté. Par exemple, sur la poursuite d'un premier créancier, elle paie 100 de plus qu'elle n'a recueilli dans la communauté, et se dépouille ainsi non-seulement de son émolument de communauté, mais aussi d'une partie, peut-être de tous ses propres.

[1] Colmet de Santerre, VI, n° 145 *bis*-IX-XI. — V. *en sens contraire* : Aubry et Rau, § 520, n. 5, V, p. 435. — Rodière et Pont, II, 1135. — Marcadé, sur les articles 1485 et 1486, n° 2.

En pareille hypothèse, il est certain qu'un second créancier pourra de son chef répéter cette somme de 100 au mari. L'action est née en la personne de sa débitrice, dès lors il peut l'exercer. Mais il en est bien différemment dans le cas que nous venons d'examiner plus haut, et qui est, à vrai dire, le seul intéressant.

97. — Passons à notre dernière question. *Les créanciers de la femme peuvent-ils demander la nullité de l'obligation qu'elle a contractée sans être dûment autorisée?*

Nul ne doute que les créanciers de la femme ne puissent intenter l'action en nullité ou rescision qui lui compète lorsqu'elle a contracté une obligation sous l'empire de la violence, de l'erreur ou du dol. Il n'en est plus de même s'agissant de l'action en nullité basée sur le défaut d'autorisation.

Pour certains auteurs, l'exercice doit en être refusé aux créanciers : l'article 225 ne dit-il pas que la nullité ne peut être opposée en pareille hypothèse « que par la femme, par le mari ou par leurs héritiers? » Les articles 1208, 2012 et 2036, n'établissent-ils pas que l'exception résultant de l'incapacité du débiteur constitue une exception purement personnelle au débiteur? Enfin n'est-il pas naturel et moralement nécessaire de laisser la femme, seule, juge du point de savoir, si elle n'est pas tenue en conscience, si elle doit ou non rejeter l'action que lui offre le droit civil[1]?

L'exception basée sur l'incapacité du débiteur consti-

[1] Toullier, VII, 566 et s. — Cubain, *Des droits des femmes*, n° 120. — Chardon, *De la puiss. marit.*, n° 130. — Grenoble, 2 août 1827, S. 28. 2. 186. — Paris, 15 décembre 1830, S. 31. 2. 83. — Paris, 10 janvier 1835, S. 35. 2. 473.

tue, soit dans le sens de l'article 1208, soit dans celui de l'article 2036, une exception personnelle à l'incapable! Oui, en ce sens qu'elle n'est pas inhérente à la dette, qu'elle n'est pas *réelle,* et, par conséquent, ne peut être opposée ni par le débiteur, ni par la caution dont elle explique en fait l'intervention. Mais on ne saurait en déduire que les créanciers de l'incapable ne peuvent l'invoquer en son lieu et place. Elle est *purement* personnelle — Art. 1208, 2012, 2036 —, elle n'est pas *exclusivement personnelle* — Art. 1166.

La rédaction de l'article 225 est limitative, il est vrai; mais à qui s'adresse la limitation? A qui refuse-t-il l'action? Aux personnes capables de s'engager qui ont contracté avec la femme non autorisée. Arg. art. 1125.

En somme, il s'agit là d'un droit pécuniaire et nous sommes en présence de deux sortes de créanciers : les uns dont le droit est indéniable, ils ont traité avant le mariage avec un contractant capable; les autres dont le droit est contestable, ils ont traité pendant le mariage avec un contractant incapable. Refuser aux premiers le droit d'agir en nullité, c'est permettre au débiteur de les sacrifier aux seconds. Le législateur n'a pu vouloir un tel résultat[1].

[1] Delvincourt, II, p. 523. — Proudhon, *De l'usuf.*, V, 2347. — Merlin, *Quest. de droit*, v° *Hypothèques*, § 4, n°s 4 et 5. — Duranton, II, 512; X, 561; XII, 569. — Larombière, I, art. 1166, n° 15. — Colmet de Santerre, V, 81 *bis*-x. — Demolombe, IV, 242; XXV, 86. — Aubry et Rau, IV, § 312 texte et n° 48. — Cassat., 10 mai 1853, S. 53. 1. 572. — Bastia, 30 août 1854, S. 54. 2. 481.

CHAPITRE II.

DU RÉGIME DE COMMUNAUTÉ CONVENTIONNELLE.

DIVISION.

98. — Nous connaissons désormais les droits qui compètent aux créanciers antérieurs au mariage, soit que leurs débiteurs se soient mariés sans contrat, soit qu'ayant fait un contrat, ils aient purement et simplement adopté le régime de communauté. Mais les futurs époux peuvent, tout en acceptant pour base de leur association le régime de communauté, modifier à leur gré les règles qui le régissent et ne touchent ni à l'ordre public ni aux bonnes mœurs. C'est en fait ce qui sera presque toujours, lorsque nous nous trouverons en face d'un contrat de mariage établissant le régime de communauté. Ces modifications influeront-elles sur les droits que nous avons reconnus aux créanciers? Si oui, de quelle façon et en quelle mesure? C'est ce que nous allons étudier en passant en revue les clauses les plus usuelles par lesquelles peut se trouver modifiée la communauté légale.

A priori nous pouvons *diviser en deux classes* ces clauses *modificatrices*. Les unes tendront à modifier *la composition normale* de la communauté, les autres tendront à modifier *les règles de son partage.* Par suite, l'effet des premières se fera sentir dès le commencement de la communauté ; celui des secondes ne se produira qu'à compter de sa dissolution.

SECTION I.

Des clauses tendant à modifier la composition de la communauté.

DIVISION.

99. — La communauté se compose, ainsi que nous l'avons vu, de deux masses, l'une active, l'autre passive. Dès lors nous concevons que les clauses qui tendent à modifier sa composition peuvent : les unes affecter seulement sa composition active, les autres porter exclusivement sur sa composition passive, les dernières, enfin, atteindre du même coup sa composition active et sa composition passive.

Cherchant à déterminer quelle est la situation des créanciers antérieurs au mariage, nous renverserons cet ordre logique. Nous étudierons *d'abord les clauses qui affectent la composition passive de la communauté;* nous verrons *ensuite celles qui affectent à la fois sa composition passive et sa composition active,* ou plus exactement celles qui affectent sa composition passive par contre-coup, en modifiant sa composition active; nous nous occuperons *enfin de celles qui affectent seulement sa composition active* et dont l'effet se borne ainsi à modifier le gage des créanciers devenus créanciers de la communauté. Sous chacun de ces chefs, nous aurons à séparer les clauses *extensives* des clauses *restrictives*.

§ I. *Des clauses qui affectent la composition passive de la communauté légale.*

100. — Nous savons comment s'explique et se justifie, malgré les attaques dont elle est l'objet, la règle que toutes les dettes mobilières des époux, antérieures au mariage, tombent en communauté. Mais ces attaques reposent sur une pensée de justice et d'équité que le législateur ne pouvait méconnaître. Il devait donc permettre de repousser à ce point de vue les effets de la communauté légale. C'est ce qu'il a fait en permettant aux époux de prévenir toutes fraudes, ou de rétablir l'égalité dans leurs apports, par la stipulation d'une *clause de séparation de dettes.*

Cette clause *restrictive* est la seule que nous trouvions prévue dans la loi. *A priori* cependant on concevrait une clause *extensive* du passif de la communauté; clause dont l'effet serait de faire tomber en communauté les dettes immobilières antérieures au mariage, si d'ailleurs les créanciers de la femme possédaient un titre ayant date certaine antérieure au mariage, et je ne doute pas que sa validité ne fût consacrée, si elle se trouvait dans un contrat de mariage. Mais, en fait, elle ne s'y trouvera jamais et cela pour deux raisons : la première et la meilleure est la rareté extrême des dettes immobilières; la seconde est la tendance marquée des futurs conjoints à s'éloigner de tout ce qui touche à la communauté universelle. Nous n'avons donc pas à nous en occuper plus que le législateur ne s'en est lui-même préoccupé.

Nous étudierons au contraire avec soin la clause de séparation de dettes, qui est d'une application fréquente, soit parce qu'elle favorise la tendance que nous signalons plus haut, soit parce qu'elle offre aux époux le moyen le plus facile d'équilibrer leurs apports. Nous l'étudierons avec d'autant plus de soin, qu'elle se trouve au fond de toutes les clauses qui affectent à la fois la composition active et la composition passive de la communauté, clauses que nous étudierons sous notre § II. Toutes, en effet, agissent directement sur l'actif et réagissent sur le passif. Leur action sur l'actif entraîne virtuellement séparation de dettes, de là la réaction constatée.

De la clause de séparation de dettes.

101. — La séparation de dettes a pour objet de modifier la communauté quant au passif, en excluant de ce passif toutes les dettes mobilières dont les deux ou l'un des deux conjoints était débiteur, lors de la célébration du mariage[1].

Nous disons que cette clause n'affecte que les dettes mobilières antérieures au mariage; pourtant à prendre l'article 1510 à la lettre, il semblerait qu'elle s'étend à toutes les dettes des époux. « La clause par laquelle les époux stipulent qu'ils paieront séparément *leurs dettes personnelles* les oblige... », tel est le texte.

Malgré la généralité des termes employés par l'article 1510, on ne saurait hésiter à lire ainsi que nous le faisons. Pothier est formel : « Les dettes comprises dans

[1] Le plus souvent l'exclusion des dettes présentes suit celle du mobilier. Pourtant on conçoit qu'elle puisse être stipulée sans qu'il y ait réalisation du mobilier; par exemple, si l'époux séparé de dettes ne possède que des immeubles.

la convention de séparation de dettes, écrit-il, sont les dettes des conjoints qui sont antérieures au mariage[1] ». C'était la doctrine ancienne; c'est certainement encore celle du Code civil, je n'en veux pour preuve que l'article 1497-4°, qui, prévoyant cette clause, nous dit : Les époux peuvent stipuler « qu'ils paieront séparément leurs dettes antérieures au mariage ». Un argument analogue pourrait être tiré de l'article 1511.

D'ailleurs, hâtons-nous de le dire, c'est là vraiment l'intention des parties; c'est le véritable objet de la clause, je dirai même le seul qu'elle puisse avoir. Les dettes actuelles, seules, offrent un danger, en diminuant les apports sur lesquels l'un des conjoints peut compter. Quant aux dettes futures, on ne concevrait pas une clause de séparation. En effet, l'exclusion ne pourrait s'appliquer ni aux dettes qui constituent les charges du mariage, ni à celles qui constituent les charges de l'usufruit des biens. Il ne reste en dehors de là que deux sortes de dettes, celles qui sont contractées par le mari, ou la femme valablement autorisée, et celles qui grèvent une succession ou donation à titre universel advenant aux époux au cours du mariage. Or, les premières tombent nécessairement en communauté. Le mari comme chef de la communauté confère nécessairement un droit sur elle lorsqu'il s'engage, et la femme lorsqu'il l'autorise, a, en principe, les mêmes droits que lui. Quantaux secondes, de deux choses l'une : ou les biens recueillis par succession ou donation restent propres à l'un des conjoints, ou bien ils tombent pour partie ou totalité en communauté. Au premier cas, de droit commun la communauté ne supportera pas les dettes qui les grèvent;

[1] Pothier, *Com.*, n° 353.

au second, de droit commun, aussi, elle doit les supporter dans la proportion de l'actif recueilli. Nous le voyons, dans toutes ces hypothèses, aucune difficulté, et j'ajoute, aucune place pour une clause de séparation de dettes.

102. — Décidant que la séparation de dettes n'atteint que les dettes antérieures au mariage, nous rencontrons ici les difficultés que nous avons tranchées dès notre introduction relativement à la détermination de *l'antériorité de la date*. Nous nous contentons de renvoyer à ce que nous avons établi, n°s 14 et suivants, en ajoutant toutefois quelques mots sur une espèce qui présente ici seulement tout son intérêt et toute sa gravité. Je veux parler du cas où une *succession mobilière ouverte avant le mariage* n'a été *acceptée* que *depuis le mariage*.

Comment traiterons-nous les dettes qui la grèvent? Sous le régime de communauté légale il ne saurait s'élever de doute. L'époux héritier est saisi de plein droit dès l'ouverture de la succession du patrimoine du défunt, actif et passif. Article 724. La cause de l'obligation qu'il contracte en acceptant se trouve dans la saisine. Son acceptation rétroagit. Article 777. Les dettes doivent être traitées comme dettes antérieures. — Mais en l'espèce c'est bien différent, peut-on dire! Nous avons à interpréter une clause de communauté; le point capital est de trouver l'intention des parties. Or, s'il est vrai, en droit, que l'acceptation ne fait que rendre irrévocables des effets préexistants, et laisse antérieures au mariage, juridiquement parlant, les dettes de la succession; en fait, c'est seulement du jour de l'acceptation, et par l'acceptation, que l'époux, qui a consenti à supporter seul les dettes personnelles, est devenu responsable des dettes héréditaires; jusque-là, il pouvait rester étranger à la succession, à son actif, comme à son passif. En acceptant, il procure à la communauté l'actif mobilier; sa pensée, si rien n'indique le contraire, est évidemment de mettre par réciprocité à la charge de la communauté les dettes qui forment la partie correspondante de cet actif, « *Bona non intelliguntur, nisi deducto ære alieno* ». — Cette intention, cette pensée sont indiscutables s'il s'agit d'une succession qui ne s'est ouverte que dans l'intervalle qui sépare le contrat de mariage de la célébration du mariage; et pourtant, dans cette espèce même, logiquement, on doit les méconnaître, si on veut s'en tenir à la rigueur des principes! En résumé, c'est faussement appliquer les principes de la saisine et de la rétroactivité de l'acceptation d'une succession, que vouloir les faire servir de base à l'interprétation d'une convention[1].

M. Duranton prétend même que « si la succession était « déjà acceptée, mais non encore partagée lors du ma- « riage, il y a tout lieu de penser que l'époux n'a entendu « mettre dans la communauté, avec ses autres meubles, « la portion qui lui écherrait par le partage, dans le mo- « bilier de cette succession, que sous la déduction de sa « part dans les dettes, comme étant, cette portion, vir- « tuellement diminuée du montant de cette même part de « dettes[2]. »

A ces considérations, M. Laurent oppose qu'il est toujours dangereux de créer des présomptions, et que d'ailleurs, ici même, à tout bien peser, l'intention des parties est tout autre que celle qu'on leur prête. Les successibles, en effet, se croient généralement héritiers, et par conséquent tenus des dettes, dès l'ouverture de la succession.

[1] Aubry et Rau, V, p. 485, § 526 texte et n. 4. — Marcadé, sur les art. 1510 à 1512, n° 2.

[2] Duranton, XV, 92.

S'ils ont stipulé la séparation de dettes, ce sera donc, le plus souvent, précisément pour exclure de la communauté les dettes dont ils sont tenus comme héritiers.

Sans insister autrement sur cet ordre d'idées, nous pensons, pour notre part, qu'il faut s'en tenir aux principes; de simples considérations ne sauraient les ébranler. Nous croyons donc que les dettes dont il s'agit seront atteintes par la clause de séparation[1].

103. — Si la séparation de dettes n'atteint que les dettes antérieures, du moins elle les atteint toutes, aussi bien celles dont l'un des futurs conjoints est tenu envers l'autre, que celles dont il est tenu envers les tiers. Sous le régime de communauté légale, pareilles dettes s'éteignent par confusion; il n'en sera pas de même ici, la créance tombe il est vrai dans l'actif commun, mais la dette reste propre. A la dissolution de la communauté, si la femme accepte, la dette sera éteinte jusqu'à concurrence de la part prise dans l'actif commun par le conjoint débiteur ou ses héritiers; si elle renonce, il faut distinguer suivant que le débiteur est le mari ou la femme. Est-ce le mari? Devenu propriétaire de la communauté tout entière, il verra sa dette éteinte, sauf pourtant le cas où la femme se serait réservé la reprise de ses apports[2]. Est-ce la femme? Elle demeurera débitrice pour le tout.

L'exclusion ne frappe pas seulement le capital des dettes antérieures, elle frappe aussi leurs intérêts ou arrérages échus antérieurement au mariage. Pour ceux qui courront pendant le mariage, ils seront à la charge

[1] Rodière et Pont, III, 1457. — Odier, II, 766. — Troplong, III, 2030. — Massé et Vergé, sur Zachar., § 659, n. 2. — Laurent, XXII.

[2] Pothier, *Comm.*, nº 353.

de la communauté (art. 1512 et 1409)[1]. Nous pensons néanmoins qu'une convention formelle pourrait les en exclure. Lebrun enseignait le contraire en se basant sur ce qu'ils sont une charge naturelle des fruits dont la communauté jouira[2]. Nous croyons avec Pothier que c'est aller trop loin; bien que cette convention soit insolite, elle n'excède point la liberté qui est laissée aux conjoints en matière de conventions matrimoniales[3].

104. — *Le champ d'application de notre clause étant désormais limité, nous allons étudier ses effets.* Ces effets peuvent être envisagés *a priori* tant dans les rapports des époux entre eux[4], que dans leurs rapports avec leurs créanciers. C'est à ce dernier point de vue seulement que nous devons nous placer.

Sous ce rapport posons-nous deux questions : *La clause de séparation est-elle opposable aux créanciers? A quelles conditions le sera-t-elle,* si tant est qu'elle le soit en principe?

La réponse à notre première question ne saurait être douteuse. Oui, la clause de séparation est opposable aux créanciers. C'est là une application remarquable de l'opposabilité des conventions matrimoniales. Elle leur est opposable, car c'est contre eux qu'elle a été stipulée, car réduire ses effets à des recours entre conjoints serait la

[1] Pothier, *Comm.*, n° 360.

[2] Lebrun, *Comm.*, liv. II, ch. III, sect. IV, n° 10. — V. aussi : Battur, n° 417. — Delvincourt, III, p. 87.

[3] Pothier, *loc. cit.* — Marcadé, sur l'art. 1512, n° 2. — Massé et Vergé, sur Zachar., § 659, n. 5. — Troplong, III, 2055.

[4] L'effet produit entre les époux par la clause de séparation est une application de la théorie des récompenses. Il n'y a pas à distinguer s'il y a eu ou non inventaire; la communauté doit être rendue indemne des dettes exclues qu'elle aurait supportées.

rendre le plus souvent vaine et illusoire. Les dettes atteintes par la clause ne tomberont donc pas en communauté.

La conséquence rigoureuse à en tirer eût été que les créanciers ne conserveraient le droit d'agir, pendant la communauté, que sur la nue propriété des immeubles restés propres à leur débitrice, et perdraient en fait tout droit si, ne possédant d'ailleurs pas de propres, elle renonçait à la communauté[1]. Le législateur a voulu écarter des conséquences aussi rigoureuses. Pour ce faire, il a décidé dans l'article 1510, que les créanciers de l'époux séparé de dettes, conserveraient leur droit de gage sur les meubles qui entreraient en communauté du chef de leur débiteur.

En principe, les créanciers ne pourront exercer leurs droits que sur ces biens, mais ils conservent, sur eux, les mêmes droits que s'il n'y avait pas eu mise en communauté. Le Code sous-entend cette décision; il la considère comme incontestable, puisqu'il traite seulement du cas où le droit des créanciers va plus loin; et nous pouvons remarquer qu'en ce faisant, il a procédé comme les rédacteurs de la Coutume de Paris (art. 222) et comme nos vieux auteurs. L'art. 1510 dispose, en effet, que faute d'inventaire, établissant la consistance des meubles de leur débiteur, les créanciers peuvent saisir la totalité de l'actif commun. Sans doute il décide ainsi, considérant que ce défaut d'inventaire leur cause un préjudice; or, ce préjudice ne peut exister que s'ils ont intérêt à reconnaître les

[1] Je dis leur débitrice, car pour les créanciers du mari pareille éventualité ne saurait se présenter à la dissolution de la communauté, et leur situation serait d'ailleurs tout autre, durant la communauté, à raison de la situation faite à leur débiteur.

biens qui proviennent de leur débiteur, et cet intérêt n'existe lui-même, que s'ils ont le droit de les saisir.

M. Colmet de Santerre, après avoir constaté que cette solution découle certainement du texte, remarque qu'elle se heurte à une grave objection théorique. Ordinairement les créanciers ne peuvent pas saisir les biens que leur débiteur a aliénés, parce qu'ils n'ont qu'un droit de gage imparfait n'emportant pas droit de suite. Or la mise en communauté est une aliénation : totale, si on considère la communauté comme une personne morale ; partielle, dans l'autre opinion, car l'époux a au moins transmis à son conjoint la propriété de la moitié des objets mis en communauté. Comment expliquer que le législateur ait ici méconnu ces principes? De deux façons, d'après notre savant maître : La mise en communauté n'est pas une aliénation à titre gratuit, donc les créanciers doivent trouver dans le patrimoine de leur débiteur quelque valeur représentant les biens aliénés, et ils y trouvent en effet le droit à une part de communauté. Mais ce droit ne doit être réalisé que dans un avenir très lointain; leurs intérêts seraient donc trop longtemps en souffrance, s'il fallait attendre la dissolution de la communauté pour les faire valoir. De là, on regarde l'aliénation comme n'étant qu'imparfaitement consommée à leur égard, et on déclare la communauté tenue envers eux *de in rem verso*. — Que si on considère la communauté comme ne formant pas une personne morale, ce qui est notre avis, on peut donner une explication encore plus satisfaisante. Chacun des époux a aliéné moitié de son mobilier, mais il a acquis, en retour, moitié de celui de son conjoint. Les créanciers devraient, par suite, avoir le droit de saisir la moitié des meubles qui proviennent de leur débiteur et la moitié de ceux qui proviennent de son conjoint. Il faudrait donc faire à leur égard une sorte de liquidation de la communauté pour déterminer leur gage. Pour éviter toutes les difficultés et inconvénients d'une telle opération, on considère l'aliénation comme non consommée, et les créanciers conservent leur gage[1].

105. — Ayant établi de façon générale que la clause de séparation de dettes influait sur la situation des créanciers antérieurs au mariage, nous allons étudier de plus près les effets qu'elle produit : d'abord, pendant la durée de la communauté ; ensuite, après sa dissolution.

1° *Effets de la clause de séparation de dettes pendant la durée de la communauté.*

106. — De ce qui précède ressort que pour les étudier nous devons nous placer successivement dans deux hypothèses. La consistance des biens mobiliers de l'époux séparé, en d'autres termes, le gage des créanciers a-t-il été régulièrement constaté, ou, au contraire, ne l'a-t-il pas été? Plus brièvement : Y a-t-il eu, ou non, inventaire[2]?

A) Première hypothèse : *Existence d'un inventaire.*

107. — Lorsque le mobilier mis en communauté par l'époux séparé a été régulièrement constaté, la poursuite de ses créanciers antérieurs est limitée à ce gage. Tel est le principe.

[1] Colmet de Santerre, VI, 176 *bis*-II.

[2] L'inventaire est le mode légal et normal de cette constatation. Mais je tiens à remarquer qu'elle pourrait être faite aussi par acte authentique antérieur au mariage, par exemple, dans le contrat de mariage lui-même.

Cette constatation régulière se comprend de deux façons. — Ou bien l'inventaire ou l'acte authentique établit l'apport, le mobilier, de l'époux débiteur; dans ce cas, seul, ce mobilier peut être saisi. Le reste de l'actif commun est soustrait à l'action des créanciers, car, nécessairement, il provient de l'autre époux ou d'acquisitions postérieures au mariage. — Ou bien il a pour objet le mobilier de l'époux qui n'est pas le débiteur des créanciers poursuivants; dans ce cas, ce mobilier, seul, est soustrait à l'action des créanciers. Tout le reste du mobilier peut être saisi, car il contient au moins ce qui provient de l'époux débiteur, et doit, par suite, être leur gage, de même que le serait l'actif total, si aucun des époux n'avait fait constater sa mise en communauté.

Ces deux modes de procéder sont autorisés par l'article 1510. Le premier, directement; le second, implicitement.

En tous cas, le *mode légal* de faire cette constatation est un *inventaire* ou un *état authentique, antérieur au mariage,* pour le mobilier apporté lors du mariage[1]. Si le contrat de mariage contient par détail les biens mobiliers que la femme apporte en ménage, il tient lieu de cet inventaire. Pothier l'admettait. Mais il admettait aussi qu'un compte de tutelle rendu à la femme après le mariage formerait un titre suffisant, lorsque celui qui le rend a administré ces biens jusqu'au mariage[2]. Nous pensons qu'en présence des termes formels de l'article 1510, il vaut mieux décider que ce ne serait point un titre suffisant[3].

[1] Art. 222 de la Cout. de Paris. — Pothier, *Communauté*, 363 — Art. 1510-2° C. civ.

[2] Pothier, *ibid.*

[3] V. pourtant MM. Aubry et Rau, V, p. 488, § 526, n. 12. — Odier, II, 779.

108. — Restreindre au gage que nous avons ainsi fixé le droit des *créanciers de la femme séparée de dettes* ne saurait souffrir aucune difficulté. Ainsi, sans aucun doute, les créanciers de la femme qui auraient vu tomber leurs créances au passif de la communauté, c'est-à-dire, ceux dont les créances, mobilières, ont date certaine antérieure au mariage, pourront poursuivre leur paiement sur les biens de la femme immobiliers et mobiliers; seuls, échappent à leur action, les meubles qui proviennent du mari et dont la provenance est constatée par acte authentique. Ceux qui n'auraient pas vu tomber leurs créances au passif de la communauté, par l'application des règles du droit commun, conservent les mêmes droits qu'ils auraient eus sous le régime de communauté légale.

109. — Si nous sommes en présence des *créanciers du mari,* la scène change. Il reste bien certain que les créanciers conservent leur droit de gage sur les biens présents et à venir qui tombent ou tomberont en communauté; mais ne pourront-ils aussi, tant que la communauté dure, se faire payer, sans distinctions, sur tous les biens de la communauté?

Dans notre ancien droit, on admettait presque unanimement que pendant la durée de la communauté on ne pouvait opposer la séparation de dettes aux créanciers du mari, quoiqu'il y ait eu inventaire[1].

[1] Renusson, *Comm.*, part. I, ch. XI, n° 8. — Lebrun, *Comm.*, L. II, ch. III, sect. IV, n° 2. — Duplessis, *Comm.*, l. I, ch. V, sect. II. — Ferrière, sur l'art. 222, *Cout. de Paris.* — Bourjon, *Droit comm. de la France*, tit. X, part. III, ch. IV, sect. VI, n°s 7 et 8. — Bacquet était d'avis différent. Il soutient que la femme pourra empêcher les créanciers du mari de toucher à ses biens inventoriés, « car encore « que lesdits meubles, nonobstant la convention susdite, soient entrés « en communauté, de laquelle le mary est maistre et seigneur, toute-

Nous devons aujourd'hui donner la même solution ; car, à l'égard des tiers, et par suite à l'égard des créanciers du mari, les biens de la communauté ne se distinguent pas de ses biens propres. L'article **1412** applique ce principe, sous le régime de communauté légale, au cas où le mari recueille une succession purement immobilière. D'ailleurs il peut faire, en somme, l'usage qu'il veut des biens de la communauté, donc les employer à payer ses dettes ; en vertu de l'article **1166** ses créanciers doivent avoir le même droit. Nous objectera-t-on que la clause de séparation a eu pour objet de supprimer ce droit du mari? Ce serait à tort, car elle ne touche en rien aux pouvoirs du mari, envisagé comme chef de la communauté[1].

M. Colmet de Santerre, après avoir rapporté l'opinion de M. Demante à laquelle nous venons de nous ranger, fait remarquer, que s'il doit exister une telle différence entre les créanciers du mari et ceux de la femme, il est étrange que rien dans le texte ne vienne la manifester. Il est en effet certain, que l'article **1510** est conçu de la façon la plus générale ; il parle, sans distinguer, des créanciers en général et du mobilier échu aux époux (art. **1510**-3°). N'est-ce pas là reconnaître que les créanciers du mari n'ont pas plus de droits que ceux de la femme? On comprend, du reste, que les rédacteurs du Code aient abandonné l'ancienne doctrine. Le mari n'est plus propriétaire de la communauté ; partant, on ne pouvait plus accepter les conséquences que l'ancienne juris-

« fois c'est à la charge expresse qu'ils ne seront point tenus saisis « ni vendus pour les dettes contractées par le mary auparavant le « mariage. » *Droits de justice*, XXI, 101.

[1] Demante et Colmet de Santerre, VI, n° 176. — Bufnoir, à son cours.

prudence tirait du droit de propriété qu'elle lui reconnaissait. Sans doute le mari peut encore vendre les biens de la communauté, mais c'est en vertu d'un mandat, et les droits qui résultent d'un mandat ne peuvent être exercés par les créanciers. Oui, si l'aliénation avait eu lieu, le prix serait tombé en communauté, et les créanciers auraient pu être payés avec ce prix par le mari. Ce paiement serait valable, car il émanerait de la pure volonté du mari, et on peut admettre que la femme a consenti à s'en rapporter à lui pour tous actes personnels. Mais elle n'a pas adhéré aux aliénations forcées; elle n'a pas ratifié les actes auxquels la volonté du mari reste étrangère. En un mot, par cette clause, la femme a voulu protéger son apport; il faut l'entendre dans le sens le plus protecteur[1].

L'induction que tirent de l'article 1510 les partisans de l'opinion dont je viens d'exposer l'argumentation, ne nous semble point exacte. Le seul cas que prévoit formellement cet article est l'absence d'un inventaire; or, de ce qu'en l'absence d'un inventaire les créanciers de chacun des époux seront autorisés à poursuivre le paiement de ce qui leur est dû sur le mobilier apporté par chacun des époux au jour du mariage, comme sur le surplus des biens de la communauté, il ne résulte pas nécessairement, que, lorsqu'il y a eu inventaire, les créanciers du mari sont privés du droit de poursuivre leur remboursement, sur le mobilier tombé dans la communauté du chef de la femme. Un argument *a contrario* ne sau-

[1] Battur, II, 412. — Dalloz, *Rép.*, v° *Cont. de mar.*, n° 2819. — Marcadé, sur les art. 1510 à 1512, n° 4. — Troplong, III, 2042. — Rodière et Pont, III, 1469. — Colmet de Santerre, VI, p. 388, n° 176 *bis*-IV.

rait suffire à écarter l'application du principe que les biens communs sont censés, à l'égard des créanciers, faire partie du patrimoine de ce dernier. En se servant de cette expression : « les créanciers de l'un et de l'autre des époux », l'article a simplement voulu dire, qu'à défaut d'inventaire, les créanciers de la femme sont, tout comme ceux du mari, en droit de se venger sur le mobilier tombé du chef de ce dernier dans la communauté.

D'ailleurs, au point de vue pratique, il est évident que le mari ne pourrait s'opposer à la saisie du mobilier apporté par la femme, et que la femme ne le pourrait non plus, puisque son mobilier est tombé de façon absolue dans la communauté[1].

B) DEUXIÈME HYPOTHÈSE : *Absence d'inventaire.*

110. — Si le gage des créanciers de l'époux séparé de dettes n'a point été régulièrement constaté, ils peuvent poursuivre leur paiement non-seulement sur les propres de leur débiteur, mais aussi sur tous les biens de la communauté. Il n'y a pas à rechercher si l'époux séparé est le mari ou la femme; les créanciers de celle-ci sont sur le même pied que les créanciers de celui-là. Le mari ne pourrait prouver contre les créanciers de la femme que l'apport de celle-ci a été épuisé; ils sont fondés à prétendre qu'il avait une valeur suffisante pour les couvrir, et le mari, dont la négligence sert de base à cette présomption, ne saurait être admis à la combattre

[1] Delvincourt, III, p. 87. — Bellot des Minières, III, p. 166. — Duranton, XV, 110. — Odier, II, 773 à 777. — Aubry et Rau, V, § 526, n. 11, p. 487.

par la preuve contraire[1]. Bien plus, il ne pourrait, par le même motif, se dégager, en leur abandonnant tout ce qui fait partie de la communauté; il serait tenu même sur ses biens personnels.

En un mot, *en pareille hypothèse la séparation de dettes ne produit aucun effet à l'égard des tiers;* les dettes antérieures tombent en communauté, comme sous le régime de communauté légale[2].

2° *Effets de la clause de séparation de dettes après la dissolution de la communauté.*

111. — A dater de la dissolution de la communauté, la clause de séparation de dettes devient efficace à l'égard des créanciers des deux conjoints, alors même qu'elle ne l'aurait pas été durant le mariage, en d'autres termes,

[1] V. dans l'article 1416 une solution analogue : Hypothèse d'une succession mixte que la femme a acceptée avec autorisation de justice, et que le mari n'a pas fait inventorier.

M. Laurent fait observer qu'il n'est pas nécessaire de supposer l'existence de cette présomption. A son avis, la loi l'ignore; seulement elle constate que les époux sont dans l'impossibilité légale de prouver la consistance du mobilier de l'époux débiteur, et dès lors elle traite ses créanciers comme créanciers de la communauté; elle doit les traiter ainsi, sous peine de les priver totalement du droit d'agir si la fortune de leur débiteur est uniquement mobilière.

[2] Rodière et Pont, III, 1467. — Aubry et Rau, V, p. 489, § 526, texte et n. 14. — V. *en sens contraire* : Douai, 15 juin 1861, Sir. 62. 2. 65. — Cet arrêt se fonde sur l'article 1484 pour décider que les créanciers de la femme n'ont pas, en pareil cas, action sur les biens personnels du mari. — Il suffira de faire remarquer : 1° que cet article suppose une action dirigée contre le mari après dissolution de la communauté; 2° que toute dette de communauté est traitée comme dette du mari durant la communauté; or, les créanciers sont considérés ici comme créanciers de la communauté, puisque la loi leur permet de poursuivre leur paiement sur tous les biens de la communauté.

alors même que le mobilier de l'époux séparé n'aurait pas été régulièrement constaté. Dès cette dissolution, en effet, les créanciers personnels ne peuvent avoir plus de droits que leur débiteur; ils ne peuvent saisir que ses biens personnels, accrus, s'il y a lieu, de son émolument de communauté.

Pour préciser, reprenons les deux hypothèses que nous avons faites sous le régime de communauté légale.

A) *Acceptation de la communauté par la femme.*

112. — *Les créanciers de la femme séparée de dettes* ne peuvent poursuivre qu'elle seule. Ils n'ont plus action contre le mari, si tant est que durant la communauté ils l'aient eue, à défaut d'inventaire. Ils ne sont plus autorisés à procéder contre lui que par voie de partage ou de saisie-arrêt sur ce qu'il devrait à la femme. Ils peuvent, d'ailleurs, exercer, conformément à l'article 1166, les droits et actions de la femme. Les mêmes droits compètent concurremment à tous les créanciers de la femme[1].

Dans la même hypothèse, *les créanciers du mari séparé de dettes* perdent le droit d'agir sur la totalité de la communauté. Sa dissolution a donné toute son efficacité au droit de copropriété de la femme; dès lors, les biens dépendant de la communauté ne sont plus censés faire

[1] Pothier, *Communauté*, 364. — Rodière et Pont, III, 1470. — Marcadé, sur les art. 1510 à 1512, n° 3. — Aubry et Rau, V, p. 489, § 526, texte et n. 16. — Colmet de Santerre, VI, p. 390, n° 176 *bis*-VI. — Nancy, 2 février 1865, D. 70. 2. 65.

MM. Delvincourt (III, p. 87) et Bellot des Minières (III, p. 180), pensent cependant que le mari resterait tenu de la totalité envers les créanciers de la femme, s'il n'avait pas fait constater la consistance du mobilier de celle-ci. Nous ne saurions nous ranger à une telle doctrine.

partie intégrante du patrimoine du mari, et la femme a le droit de défendre sa part contre les poursuites des créanciers de celui-ci. S'ils agissent sur les biens communs, elle les arrêtera par une demande en partage. En résumé, ils peuvent agir sur les biens de leur débiteur augmentés de sa part dans la communauté.

B) *Renonciation à la communauté par la femme.*

113. — En pareil cas, *les créanciers de la femme séparée de dettes* perdent, avec elle, tout droit sur les biens de la communauté. Ils ne peuvent agir que sur son patrimoine. D'ailleurs, ils ont le droit d'attaquer la renonciation si elle a été faite en fraude de leurs droits. Article 1464. Je remarque, enfin, qu'il n'y a plus à distinguer désormais entre les créanciers antérieurs.

Quant aux *créanciers du mari séparé de dettes*, leur situation reste la même, avec cette amélioration, qu'ils n'ont plus à craindre le concours des créanciers de la femme sur les biens communs. En un mot, le patrimoine du mari et celui de la communauté, désormais confondus, forment leur gage exclusif.

§ II. *Des clauses qui réagissent sur la composition passive de la communauté.*

114. — Les clauses dont nous allons traiter dans ce paragraphe, agissent directement sur l'actif de la communauté, mais elles réagissent sur le passif, en vertu du principe que les dettes sont la charge de l'universalité des biens. En effet, elles affectent soit l'universalité mobilière, soit l'universalité immobilière des biens de l'un des conjoints; dès lors, elles doivent influer sur le sort des dettes qui demeurent attachées à ces universalités. De ces clauses, les unes sont ***restrictives***, ce sont celles qui écartent du passif de la communauté des dettes qui y seraient normalement tombées; les autres sont ***extensives***, ce sont celles qui font tomber en communauté des dettes qui, de droit commun, n'y devraient pas tomber. Les unes et les autres ont pour but d'établir l'égalité des apports, d'équilibrer les fortunes mises en commun.

A) *Clauses restrictives.*

115. — Au fond de toutes les clauses qui restreignent le passif de la communauté légale nous trouvons une stipulation de séparation de dettes. C'est qu'il n'est pas besoin en effet d'une stipulation expresse pour produire séparation de dettes. La volonté des parties est souveraine, soit qu'elle se manifeste formellement, soit qu'elle se révèle implicitement par les diverses clauses du contrat; qu'elle soit certaine, cela suffit (article 1528). Sans doute les créanciers auront besoin de plus de discernement ; mais le législateur a pensé qu'ils n'étaient point sacrifiés. L'immutabilité du contrat, sa publicité, lui ont paru, avec raison, garanties suffisantes; aussi permet-il aux parties de forger un régime de toutes pièces, et sanctionne-t-il leur volonté, si elle est honnête et clairement exprimée. Eh bien ! Ecarter de l'actif de la communauté l'universalité de sa fortune mobilière en termes formels, n'est-ce pas tacitement écarter, de son passif, les dettes qui en sont la charge?

Le législateur l'a pensé, et c'est ainsi que par une disposition formelle écrite à la Section *de la Clause de séparation de dettes*, il a attribué à la clause d'apport les effets de la clause de séparation. Article **1511**. Or, la clause d'apport n'est somme toute qu'une clause de réalisation tacite. Je conclus donc, par une généralisation légitime, que la clause d'emploi, aussi bien que la clause de réduction de la communauté aux acquêts, autres clauses de réalisation tacite, doivent avoir le même effet; et, si cet effet est produit par une clause de réalisation implicite, *a fortiori* le sera-t-il par une clause de réalisation expresse.

En somme, *toutes les fois que nous serons en présence de la réalisation du mobilier présent, nous aurons exclusion des dettes présentes, par conséquent séparation de dettes;* et cela, soit dans le cas d'une réalisation directe, soit dans celui d'une réalisation résultant : de la réduction de la communauté aux acquêts, de la clause d'emploi ou enfin de la clause d'apport. Nous allons examiner ces diverses hypothèses.

I. De la clause de réalisation.

116. — Sous le régime de communauté légale, le mobilier des époux, présent et futur, tombe en communauté. Cela peut placer les époux dans une situation très inégale; il nous suffira, pour le démontrer, de supposer que l'un possède peu ou point de meubles, tandis que l'autre n'a que des biens mobiliers. Il convenait donc de leur donner un moyen de rétablir l'égalité. La clause par laquelle ils excluent leur mobilier de la communauté, en tout ou partie, est une de celles qui répondent à cet objet. Cette clause peut être plus ou moins étendue; elle peut avoir pour objet, soit le mobilier présent et futur, soit le mobilier présent, soit le mobilier futur, soit une quote-part du mobilier présent et futur telle que la moitié, le tiers, le quart, soit une quote-part de leur mobilier présent ou de leur mobilier futur, soit enfin certains meubles corporels ou incorporels spécialement indiqués.

117. — Comment faut-il entendre l'exclusion du mobilier qu'elle produit? Les meubles exclus restent-ils propres en ce sens qu'ils demeurent la propriété du conjoint auquel ils appartiennent, ou ne faut-il pas entendre simplement par ces mots qu'ils deviennent propriété de la communauté, avec charge par celle-ci d'en restituer la valeur à l'époux, lors de sa dissolution? Plus brièvement, et en généralisant : *Les propres mobiliers sont-ils parfaits ou imparfaits?*

I. — Cette question est fort importante, soit au point de vue des risques, soit au point de vue des créanciers du mari qui pourront ou non les saisir pendant la communauté en supposant la réalisation stipulée par la femme, soit au point de vue des créanciers de la femme devenus créanciers de la communauté, dans le cas où la réalisation a été stipulée par le mari, soit enfin au point de vue des reprises à exercer à la dissolution de la communauté. Elle touche par trop de points aux droits des créanciers pour que nous nous dispensions de la résoudre.

II. — Pour ce faire dégageons-la.

Parmi les biens réalisés, il peut se trouver des choses fongibles, qui, dans l'intention des parties, ne doivent pas être restituées *in specie,* ou dont on ne peut user sans les consommer. De ces choses, la communauté devient propriétaire en sa qualité d'usufruitière (art. 587, 1851-

2°, 1893). Un simple droit de créance reste propre au conjoint, de ce chef[1].

Nous déciderons encore, par application de l'article 1851-2°, que les choses qui se détériorent en les gardant ou qui sont destinées à être vendues, entrent également en communauté sauf récompense.

Nous donnerons enfin la même solution pour toutes celles qui ont été estimées, dans un inventaire ou dans le contrat de mariage, lors de leur mise en communauté. L'article 1851-2° nous fournit encore un argument très probant en ce sens, argument que vient corroborer celui qu'on peut tirer par analogie de l'article 1551. Du reste, s'il s'agit de meubles incorporels, de valeurs de bourse ou de créances, il faudra examiner avec soin s'il y a vraiment estimation, ou simplement énoncé de leur valeur nominale tendant à les spécialiser.

Il ne reste donc, à proprement parler, qu'un seul point sur lequel s'élève la question, le cas de meubles envisagés IN SPECIE *et non estimés.*

III. — Un passage de Pothier a fait naître le débat que devraient, ce semble, écarter de façon péremptoire, et le nom même de la clause, convention de *réalisation* ou *stipulation de propres,* et le but poursuivi par le stipulant, qui veut évidemment déroger à la règle qui fait tomber le mobilier en communauté, puisqu'il *l'exclut* aux termes de la loi (art. 1500).

1. Jugé en conséquence que le mari est propriétaire des deniers apportés par la femme, bien qu'ils aient été exclus de la communauté. Celle-ci n'a, à cet égard, qu'un droit de créance : par conséquent, la restitution de ces deniers faite par le mari à la femme après séparation de biens, constitue une véritable libération, passible du droit de quittance. Seine, 25 nov. 1840, Dal., *Rép.*, v° *Enregistr.*, n° 866. V. pourtant Cass., 18 févr. 1833, Dall., *eod.*, n° 1179.

Pothier reconnaît que l'effet de cette clause est de faire réputer les biens mobiliers qu'elle atteint « immeubles et « propres conventionnels à l'effet d'être exclus de la com- « munauté et d'être conservés au conjoint qui les a réa- « lisés ». Mais il ajoute : « Il y a néanmoins une grande « différence entre les véritables immeubles qui sont pro- « pres réels, et ces propres conventionnels ». Des premiers, continue-t-il, la communauté a seulement la jouissance; ils ne se confondent pas avec ses biens; le conjoint à qui ils appartiennent continue d'en être seul propriétaire; « au contraire, les mobiliers réalisés, ou propres « conventionnels, se confondent dans la communauté avec « les autres biens mobiliers de la communauté, qui est « seulement chargée d'en restituer, après sa dissolution, « la valeur à celui des conjoints qui les a réalisés..... La « réalisation de ces meubles et leur exclusion de commu- « nauté ne consistent *que dans une créance de reprise de « leur valeur,* que le conjoint qui a réalisé a droit d'exer- « cer, après la dissolution de la communauté, contre la « communauté, dans laquelle ces meubles réalisés se sont « confondus; et c'est à cette créance de reprise que la « qualité de propre conventionnel est attachée. Le con- « joint n'est pas créancier *in specie* des meubles réalisés, « il ne l'est que de leur valeur ».

La raison sur laquelle Pothier appuie cette différence est que la communauté doit avoir la jouissance de tous les propres de chacun des époux. Or, dit-il, si elle peut avoir la jouissance de leurs immeubles propres sans consommer le fonds, il en est autrement des meubles, car ils se consomment par l'usage, ou tout au moins s'altèrent et deviennent de nulle valeur lorsque cet usage se prolonge. Il en conclut que, seul, le système qu'il propose peut concilier les droits de la communauté et celui du conjoint[1].

Cette doctrine de Pothier était généralement admise par nos anciens auteurs[2]. M. Odier l'a contesté en invoquant l'autorité de Renusson, Duplessis et Bourjon; mais les passages qu'il cite, ne nous paraissent point probants. Ils ne sont pas de nature à infirmer l'autorité de Pothier, dont les paroles n'indiquent pas que sur ce point le moindre doute subsistât[3].

IV. — Mais elle ne saurait être suivie aujourd'hui, car nulle part, dans notre droit, nous ne trouvons cette distinction des propres de communauté en propres réels et propres fictifs et des dispositions même de notre Code, sort la preuve que les meubles peuvent être des propres au sens parfait du mot, aussi bien que les immeubles.

Ainsi, l'article **1428** suppose qu'il peut y avoir des actions mobilières propres à la femme, ce qui ne pourrait être si ses propres mobiliers n'étaient des propres parfaits; ainsi, l'article **1433** dispose qu'il y aura lieu à récompense lorsque le prix d'un immeuble propre vendu par l'un des

[1] Pothier, *Communauté*, n° 325.

[2] V. notamment : Lebrun, *Comm.*, p. 332, n° 18 et p. 420, n° 5.

[3] Odier, I, n° 730. — Renusson, *Traité des propres*, ch. VI, sect. III, n°s 3 et 5. — Bourjon, *Droit comm. de la France*, tit. XV, des propres fictifs, ch. II, sect. I, n°s 1 et 2. — Duplessis, *Communauté*, p. 143 et 144. — M. Odier a même invoqué l'autorité de Lebrun, mais il a mal interprété le passage de cet auteur qu'il invoquait, ainsi que le montre M. Troplong (III, 1936). — Quant aux autres auteurs sur lesquels il s'appuie, il résulte de leur langage, *que le mobilier réalisé ne tombe pas dans la communauté;* mais, comme le fait remarquer Troplong, Pothier l'enseigne aussi fort qu'eux; seulement il faut s'entendre : la réalisation, disent ces auteurs, ne fait pas tomber les meubles dans la communauté, oui, mais en ce sens seulement qu'elle demeure débitrice de leur valeur.

époux, sera versé dans la communauté, ce qui est dire que la créance du prix était restée propre au conjoint vendeur; ainsi, l'article 1470, parlant de la reprise des biens personnels qui précède le partage, emploie l'expression générale — *biens* — : « Chaque époux, dit-il, prélève *ses biens personnels*, non entrés en communauté ». — Plus explicite encore que ces trois textes, l'article 560 du Code de commerce dispose qu'au cas de faillite du mari, « la femme *pourra reprendre en nature les effets mobiliers* qu'elle s'est constitués par contrat de mariage, ou qui lui sont advenus par succession ou donation entre-vifs ou testamentaire, *et qui ne seront pas entrés en communauté,* toutes les fois que l'identité en sera prouvée par inventaire ou tout autre acte authentique. » — Enfin, faire tomber les meubles en propriété dans la communauté, ne saurait se concilier avec les dispositions des alinéas 2 et 3 de l'article 1510 qui statuent implicitement, que quand les meubles réalisés de la femme ont été constatés par un inventaire ou un état authentique, ils échappent aux poursuites des créanciers; ce qui suppose nécessairement, que les meubles dont il s'agit, restent, même au regard des tiers, exclus de la communauté, et demeurent la propriété de la femme.

On nous objecte, il est vrai, l'article 1503. On fait remarquer qu'il parle seulement d'une *reprise de valeur*[1].

Cette objection repose sur une confusion entre les deux clauses que prévoit l'article 1500 : clause de réalisation

[1] Merlin, v° *Réalisation,* § 1, n° 4. — Bellot, III, p. 101. — Delvincourt, III, p. 41. — Battur, II, 153. — Troplong, *loc. cit.*, invoque en outre l'intérêt de la femme qui, créancière de la valeur des meubles, est plus favorisée, dit-il, que si elle avait à reprendre les meubles eux-mêmes dégradés et dépréciés par l'usage qu'en aura fait la communauté. — Il suffit d'observer qu'il pourra en être tout différemment; du reste, cette considération ne saurait avoir la valeur d'un argument.

propriè, et clause ou convention d'apport jusqu'à concurrence d'une certaine somme. La première conserve à celui qui la stipule la propriété de ses meubles; la seconde non, par la force des choses, puisqu'il y a, en principe, mise en communauté. Or, c'est à cette clause de réalisation indirecte que se réfère l'article 1503; il est étranger à la clause d'exclusion pure et simple. Je le prouve :

D'abord, par son texte. Ce texte suppose deux choses : une mise en communauté et un apport excédant cette mise. Or, ni l'une ni l'autre de ces deux choses n'existe certainement au cas de réalisation totale. La réalisation expresse, au lieu d'être totale, n'est-elle que partielle, ne porte-t-elle que sur une part aliquote, v. g. sur la moitié, le surplus constitue bien une mise en communauté, mais ce qui a été exclu ne saurait s'appeler un apport. Il n'y a donc pas à la fois apport et mise en communauté; et, par conséquent, pas d'excédant de valeur possible. Concluons-en que la clause de réalisation expresse est hors de la portée littérale de l'article 1503.

D'ailleurs, l'enchaînement des textes prouve que l'article 1503 ne saurait s'appliquer à la clause d'exclusion expresse, prévue par l'article 1500-1°, mais seulement à celle d'apport, prévue par le second paragraphe du même article. L'article 1501 ne fait en effet qu'expliquer la clause d'apport, lorsqu'il dispose qu'elle rend l'époux débiteur de la somme qu'il a promis de mettre en communauté. Vient ensuite l'article 1502, qui indique comment cet époux justifiera de l'exécution de son obligation. L'article 1503, enfin, termine et couronne l'explication, en donnant à ce même époux le droit de réclamer comme créancier, lors de la dissolution de la communauté, ce qui dans son apport, excèderait la mise promise, en d'autres termes, ce qu'il aurait payé de trop.

Nous opposera-t-on l'intention présumée des parties! Mais elle nous est de tous points favorable. Comment présumer que les époux veulent faire entrer leur mobilier en communauté alors qu'ils déclarent l'en exclure ou se le réserver propre! Le législateur ne s'y est point mépris. Il est facile de l'établir, en rappelant ses décisions dans des espèces analogues.

C'est ainsi qu'il conserve formellement à la femme la propriété de son mobilier, lorsque les époux adoptent le régime sans communauté. « Le mari, dit l'article 1531, conserve l'administration des biens meubles de la femme... *sauf la restitution qu'il doit en faire* après la dissolution du mariage. » Et, ce qui prouve bien que ce sont les meubles eux-mêmes qu'il doit restituer, c'est que l'article 1532 ne le dispense de la remise en nature, que pour les choses dont on ne peut faire usage sans les consommer. Or, nous sommes dans cette espèce en face d'une réalisation totale.

Rappelons, dans le même ordre d'idées, l'article 1498. Après avoir établi que « lorsque les époux stipulent qu'il n'y aura entre eux qu'une communauté d'acquêts, ils sont censés exclure de la communauté... leur mobilier respectif présent et futur », il dispose que chacun des époux *prélèvera ses apports* dûment justifiés et non pas simplement leur valeur. Une réalisation indirecte saurait-elle avoir plus d'énergie qu'une réalisation directe?

Il ne faudrait point s'étonner d'ailleurs que la doctrine ancienne n'ait point été suivie. Nous avons vu comment Pothier la justifiait. Les raisons qu'il en donne s'appliquent exclusivement aux meubles corporels qui composaient alors presque à eux seuls la totalité du mobilier, les principaux d'entre les meubles incorporels étant assimilés aux immeubles. Sous l'empire de notre Code il en est tout autrement. Les offices, les rentes, les parts d'intérêt dans les sociétés, ont été rangés parmi les meubles; à ces meubles incorporels les raisons de décider de Pothier sont inapplicables : ils ne se consomment pas par l'usage, et pas n'est besoin de les aliéner pour en jouir. Du reste, ces raisons sont-elles bien fondées? Nous ne le croyons pas. Nous ne croyons pas qu'il soit nécessaire, pour que la communauté puisse jouir, qu'elle devienne propriétaire des meubles soumis à sa jouissance. Nous argumentons en ce sens des articles 589, 1531 et 1551. Ces articles nous montrent qu'un pareil aperçu est inexact[1], et que la jouissance des biens mobiliers peut être distincte de leur propriété.

[1] Cette inexactitude, qui peut surprendre chez Pothier, s'explique par cette remarque de MM. Aubry et Rau, que Pothier n'examine la question que relativement au pouvoir du mari de disposer des meubles réalisés de la femme. Il est probable qu'il a été amené à décider que ces meubles tombent en communauté, pour justifier ce pouvoir. Mais c'est là une confusion entre deux questions bien distinctes. Autre est le point de savoir si les meubles tombent en communauté, autre celui de savoir si le mari a le droit de les aliéner.

Peut-être même serait-il plus vrai de se demander s'il n'y a pas, dans la doctrine exposée par Pothier, un souvenir, une conséquence de la théorie ancienne d'après laquelle le mari devenait plein propriétaire des meubles apportés par la femme, en tous cas et sans avoir jamais à rendre compte. L'effet de l'introduction des clauses de réalisation aurait été uniquement de restreindre ses droits à ce dernier point de vue. A ce point de vue, que certains passages de Pothier semblent appuyer, nous serions aujourd'hui en présence du développement complet d'une théorie encore imparfaite au temps de Pothier (V. Pothier, *Puissance du mari*, n°s 82 et 83. — Édit. Bugnet, VII, p. 32. — *Introduct. au tit. X de la Cout. d'Orléans*, n° 61. — Édit. Bugnet, I, p. 230).

Tenons-nous en donc fermement à l'application des principes posés en matière d'usufruit (art. 589) pour régler le droit de la communauté sur les meubles réalisés; le législateur les a formellement appliqués dans des espèces analogues, on pourrait même dire semblables, et dans le cas spécial où nous nous trouvons, il n'y a aucune raison de nous en écarter.

Concluons, par suite, conformément aux textes et à l'intention des parties, *que les meubles réalisés demeurent la propriété du conjoint qui les a réalisés, s'ils ne tombent d'ailleurs en communauté, soit par application des règles du quasi-usufruit, soit en vertu des principes posés par l'article* 1851.

118. — Nous venons d'étudier l'*influence de la clause de réalisation du mobilier présent sur l'actif* de la communauté et, par le fait, d'indiquer les modifications qu'elle apporte au gage des créanciers de la communauté. *Son influence se borne-t-elle là?* Ainsi que nous l'avons dit et répété, nous ne le croyons pas. *Nous pensons qu'elle entraîne séparation de dettes*[1].

En décidant ainsi, nous tranchons une grave controverse qui régnait autrefois, et que notre Code n'a pas éteinte.

On a prétendu, en effet, que la clause de réalisation ne modifiait en rien la composition passive de la communauté, et cela, quelle qu'elle fût[2]. D'autres auteurs ac-

[1] Évidemment nous laissons de côté la réalisation qui ne porte que sur certains meubles, car elle n'a, cela va sans dire, aucune influence sur le passif. Nous nous occupons de la réalisation du mobilier présent, la plus intéressante au point de vue spécial de cette étude.

[2] Zachariæ, § 523, texte et n. 10 — Delvincourt, III, p. 42, n. 1. — Battur, II, n° 392.

cordent effet sur le passif, à la clause de réalisation qui porte sur le mobilier présent et futur, car elle n'est autre chose qu'une clause de communauté d'acquêts, mais le refusent à la clause de réalisation du mobilier présent[1].

Voici, en somme, l'argumentation sur laquelle ils se basent : La clause de réalisation produit un effet direct sur l'actif de la communauté, elle soustrait à cet actif le mobilier de l'un des deux, ou des deux conjoints, en totalité ou partie. Mais l'exclusion de l'actif mobilier, ne saurait avoir pour conséquence forcée l'exclusion du passif. Il n'y a pas entre les deux masses active et passive une corrélation nécessaire, et la preuve en est, que si on stipule la clause de séparation de dettes, cette stipulation n'entraîne pas exclusion du mobilier présent. Il faut donc revenir aux principes. La communauté conventionnelle, disent les principes, reste soumise aux règles de la communauté légale, pour tous les points auxquels il n'a pas été dérogé par le contrat. Article 1528. Or, en l'espèce, on n'y a dérogé qu'activement; donc le droit commun subsiste pour le passif. S'il en était autrement, si la clause de réalisation totale, stipulée par les deux parties, devait avoir le même effet que la clause de communauté d'acquêts, pourquoi trouverions-nous dans la loi deux dispositions distinctes et rédigées de façon bien différente, car l'article 1498 stipule, expressément, que la clause de communauté d'acquêts entraîne exclusion *et des dettes et du mobilier,* tandis que l'article 1500 ne parle que de l'exclusion du mobilier!

Cette dernière objection n'est pas sérieuse. L'origine des deux clauses de communauté d'acquêts et de réalisa-

[1] Troplong, III, 1944.

tion, l'une, originaire des pays de droit écrit, l'autre, usitée dans les pays de droit coutumier, suffirait à expliquer que le législateur en ait traité dans deux sections différentes. Puis, l'objet principal de la Section II, où se trouve placée la clause de réalisation, est de traiter non point de la réalisation expresse, mais bien de la réalisation tacite, et non de la réalisation totale, mais d'une réalisation partielle. L'article 1500 n'avait pas à entrer dans des détails au sujet de la clause de réalisation expresse; les principes généraux, dont l'art. 1498 ne fait que l'application, suffisent à le compléter. Nous allons le démontrer, en envisageant successivement les deux hypothèses, de réalisation du mobilier futur, et de réalisation du mobilier présent.

S'il s'agit de la *réalisation du mobilier futur*, la solution ne peut être douteuse. Le mobilier réalisé ne peut être que celui qui advient par succession ou donation; or, la communauté ne sera chargée en aucune façon du passif de ces successions ou donations, car elle ne participe à ce passif que dans la proportion de l'actif qu'elle recueille, et par hypothèse elle ne recueillera rien. Tout se passera donc comme si la succession était purement immobilière. L'influence sur le passif est ici indéniable.

Cette influence sera-t-elle aussi exercée par la *réalisation du mobilier présent?* La question est, je le répète, fort débattue. Reconnaissons, pour la poser sur son vrai terrain, qu'il faudra d'abord voir, si les termes et dispositions du contrat manifestent l'intention des conjoints. Si les termes sont formels, aucune difficulté ne s'élève. S'ils ne le sont pas, il faut les rapprocher des dispositions, car elles peuvent être telles qu'elles ne laissent aucun doute sur l'intention des parties. Par exemple, l'un des deux conjoints n'a que des immeubles, l'autre que des meubles, et, par hypothèse, leur passif est à peu près égal. De droit commun leurs dettes à tous deux tomberaient en communauté. Le contrat contient réalisation au profit de l'époux qui n'a que des meubles, et cela, dit-il, pour établir l'égalité entre les conjoints. Dans cette espèce, ce but seul a été poursuivi, et la clause ne doit pas entraîner séparation de dettes. Mais, si l'intention n'apparaît point des termes et dispositions du contrat, que décider? En d'autres termes, quelle est, d'après la loi, la volonté présumée des parties qui stipulent purement et simplement que leur mobilier sera exclu de la communauté?

Nos anciens auteurs ont discuté cette question dans l'hypothèse de la clause d'apport d'une somme ou d'un meuble déterminé, clause qui entraîne réalisation de l'universalité du mobilier présent.

Lebrun prétendait qu'en pareil cas les dettes tombaient en communauté, car elles entrent en communauté comme attachées à la personne du conjoint, ce qu'exprimait Loisel dans cette formule énergique : « Qui épouse le corps épouse les dettes », et non comme conséquence de la mise en communauté de l'actif. Entrant en communauté *primariò et per se,* elles ne peuvent être exclues que par une clause les touchant directement, que par une séparation de dettes expresse[1].

Pothier suivant, au contraire, l'avis de La Thaumassière[2], réfute la doctrine de Lebrun en remarquant qu'il y a dans son raisonnement une pétition de principes. Pour lui, les dettes mobilières des époux, antérieures

[1] Lebrun, *Communauté,* l. II, ch. III, sect. III, n. 6.

[2] La Thaumassière, *Quest. sur la Cout. de Berri,* VIII, art. 7.

au mariage, ne grèvent la communauté que parce qu'elle reçoit « l'universalité de leurs biens mobiliers dont, suivant les principes de l'ancien droit français, les dettes mobilières sont une charge : mais, lorsque les conjoints ont composé autrement leur communauté conventionnelle, et qu'au lieu d'y apporter l'universalité de leurs biens mobiliers, ils n'y ont apporté chacun qu'une somme certaine ou des corps certains pour la composer, on doit, par une raison contraire, décider que cette communauté ne doit pas être chargée de leurs dettes antérieures au mariage; car les dettes ne sont charges que d'une universalité de biens et non de choses certaines ou de sommes certaines : « *Æs alienum universi patrimonii, non certarum rerum onus est*[1] ».

Cette corrélation entre l'actif et le passif sur laquelle Pothier basait sa solution existe encore, et certainement, en notre espèce, les rédacteurs du Code ont, comme dans la plupart des cas, suivi l'opinion de Pothier. J'en veux pour preuves deux décisions formelles : les articles 1511 et 1514.

L'article 1511, dans l'espèce même où Pothier discutait avec Lebrun, donne la même solution que Pothier. Il décide en effet que l'époux qui promet à la communauté l'apport d'une somme ou d'un meuble, et réalise ainsi l'universalité de sa fortune mobilière présente, conserve à sa charge toutes ses dettes antérieures au mariage.

L'article 1514 supposant que la femme a stipulé la reprise de ses apports au cas où elle renoncerait, décide qu'elle doit, en les reprenant, déduire les dettes qui les grevaient au jour du mariage. C'était ce que décidait

[1] Pothier, *Communauté*, n° 352.

encore Pothier contre Lebrun, en y voyant l'application du principe que les dettes mobilières ne tombent en communauté que comme charge de l'actif mobilier[1].

Ne résulte-t-il pas évidemment de ces deux dispositions, de leur origine et de leur fondement, que l'esprit de la loi est de considérer les dettes mobilières comme une charge de l'actif mobilier!

On nous objecte que les règles de la communauté légale sont applicables pour tout ce en quoi on ne leur a pas dérogé, et que par la clause de réalisation on n'atteint que la composition active de la communauté; que, du reste, la composition active et la composition passive peuvent suivre un sort différent, témoin ce qui se produit au cas de séparation de dettes.

Nous répondons que l'article **1528** n'admet pas seulement les dérogations expresses, il admet aussi les dérogations *implicites;* or, nous soutenons, que le législateur ne suppose l'intention de mettre les dettes en communauté, que lorsque le mobilier y tombe, nous soutenons qu'à ses yeux une corrélation intime unit le passif à l'actif. Articles **1409** et **1410**. Cette pensée de la loi, nous la voyons clairement exprimée dans les articles **1498**, **1511** et **1514**, et nous prétendons qu'il faudrait que les parties s'en soient nettement expliquées, pour qu'elle doive être méconnue.

On peut enfin remarquer à quelles anomalies conduit le systèmeo pposé :

[1] Pothier, *Comm.*, n° 411 : « La femme, en apportant à la communauté l'universalité de ses biens mobiliers, n'y a apporté que ce qui reste, déduction faite de ses dettes mobilières qui en sont une charge, « *quum bona non intelliguntur nisi deducto œre alieno* ». Elle ne doit donc les reprendre que sous la déduction desdites dettes, autrement elle reprendrait plus qu'elle n'a apporté ». V. *contrà :* Lebrun, *Comm.*, liv. III, ch. II, sect. II, dist. 5, n° 58.

Supposons que l'un des deux époux stipule l'apport d'une somme déterminée, tandis que l'autre réalise son mobilier présent et futur. Le premier reste chargé de ses dettes (art. 1511). Le second les voit tomber en communauté! Celui qui n'a rien mis dans l'actif social le grève de ses dettes personnelles! Est-ce admissible!

Ainsi encore, la femme qui aura réalisé son mobilier présent et futur sera dispensée de tenir compte à la communauté de ses dettes personnelles, tandis qu'elle en devra subir la déduction si elle a stipulé la reprise de son apport franc et quitte, en cas de renonciation. Et pourtant, ces deux conventions ne doivent-elles pas, en équité et dans l'intention des parties, produire les mêmes effets?

Comment soutenir que la loi a voulu consacrer des résultats aussi contradictoires!

La vérité est donc que la réalisation du mobilier présent entraîne séparation des dettes présentes, aussi bien que la réalisation du mobilier futur, séparation des dettes futures. De là résulte, que lorsque chacun des époux exclut de la communauté son mobilier présent et futur, leurs dettes présentes et futures en sont exclues aussi. Par suite, pareille clause réciproquement stipulée équivaut à la stipulation de la clause de communauté d'acquêts.

Ce que nous venons de dire du cas d'exclusion totale du mobilier présent, est applicable en principe au cas où la clause de réalisation n'atteint qu'une quote-part de ce mobilier; les dettes des conjoints seront exclues de la communauté en proportion de la réalisation effectuée. Mais cela n'est applicable qu'aux rapports des époux entre eux, car la communauté et les époux n'ont pas, en l'espèce, des droits distincts sur tels ou tels meubles, mais seulement des droits indivis sur l'ensemble des meubles, jusqu'à concurrence de la portion déterminée. Or, les créanciers ne peuvent saisir ni exproprier une part indivise; ils devraient demander le partage pour arriver à exercer leurs droits (article 2205), et la communauté ne peut être partagée qu'après sa dissolution! Seront-ils forcés d'attendre ce terme? Évidemment non, le mobilier propre de leur débiteur est confondu avec celui de la communauté, dont ils sont du reste créanciers pour partie, ils n'ont pas à distinguer, et peuvent agir pour le tout sur le patrimoine commun. Arg., art. 1416[1].

Cette remarque nous amène à observer encore que les dispositions contenues dans les alinéas 2 et 3 de l'article 1510, sont applicables au cas de réalisation de la totalité du mobilier présent. Si la garantie d'un inventaire n'est pas donnée aux créanciers de l'époux qui a réalisé, s'ils ne peuvent légalement reconnaître les meubles qui proviennent de leur débiteur, ils peuvent se venger sur tous les biens avec lesquels ces meubles sont légalement confondus.

De tout ce qui précède déduisons donc ce *principe : Les créanciers du conjoint qui a réalisé son mobilier présent, ne peuvent poursuivre leur paiement que sur ses biens personnels et sur les meubles qui ont été apportés de son chef en communauté, si un inventaire constate leur identité.*

Ce principe posé, voyons son application, soit pendant la communauté, soit après sa dissolution.

[1] Odier, II, 741. — Rodière et Pont, II, 1304. — Aubry et Rau, V, p. 464, § 523, n° 8.

A) *Effest de la clause de réalisation pendant la communauté.*

119. — Pour les déterminer exactement nous devons distinguer suivant que la réalisation a été stipulée par le mari ou par la femme. Dans chacune de ces deux hypothèses, nous étudierons d'abord les droits des créanciers de la femme, puis ceux des créanciers du mari.

1° Clause de réalisation stipulée par le mari.

120. — I. Dans cette hypothèse *les créanciers de la femme,* sans exception, pourront la poursuivre sur la nue propriété de ses biens personnels. De plus, ceux d'entre eux dont les créances sont tombées au passif de la communauté, pourront poursuivre leur paiement : sur la pleine propriété de ses propres, sur les biens tombés de son chef en communauté et même sur les biens personnels du mari, qui devient leur obligé, par ce fait seul qu'il incarne, aux yeux des tiers, la communauté dont il administre les biens.

II. Pour *les créanciers du mari,* ils peuvent, et cela, sans distinction, saisir tant ses biens personnels que ceux de la communauté ; car, bien que leurs créances ne tombent point en principe au passif de celle-ci, ils peuvent agir sur elle en invoquant les droits et pouvoirs de leur débiteur.

En *résumé,* durant la communauté, les créanciers sont en l'espèce dans la même situation, que sous le régime de communauté légale.

2° Clause de réalisation stipulée par la femme.

121. — I. Nous devons, *pour ses propres créanciers,*

distinguer, comme tout à l'heure, suivant qu'ils seraient ou non devenus créanciers de la communauté.

Satisfont-ils aux conditions, exigées, de date et de nature de dette, ils peuvent poursuivre leur débitrice sur la pleine propriété de ses immeubles et de ses meubles personnels. Leur droit se borne là, si la consistance du mobilier mis de fait en communauté, ou mieux entre les mains du mari, est régulièrement constatée. S'il en est autrement, ils peuvent agir sur la communauté, et même sur les biens personnels du mari.

Ne satisfont-ils pas à ces conditions, ils ne peuvent saisir que la nue propriété des biens propres, tant immobiliers que mobiliers[1]. Ces derniers leur échappent même totalement, s'ils ont été confondus sans inventaire avec les biens de la communauté.

II. Quant aux *créanciers du mari,* ils peuvent poursuivre leur paiement, tant sur les biens personnels de leur débiteur, que sur les biens de la communauté; mais les meubles réalisés par la femme échappent à leur action, aussi bien que ses propres immobiliers, si d'ailleurs leur consistance est régulièrement constatée. C'est là une conséquence nécessaire, ce nous semble, du principe que les propres mobiliers sont des propres parfaits. Nous permettrons donc à la femme dont les meubles auraient été saisis par les créanciers du mari d'en exercer la revendication conformément à l'article 608 du Code de procédure civile[2].

[1] Sauf une restriction pour les dettes immobilières ayant date certaine antérieure au mariage.

[2] Paris, 23 févr. 1835, Sir. 35. 2. 62. — Req., rej., 9 juin 1836, Sir. 36. 1. 649. — Req., rej., 16 juillet 1856, Sir. 1856. 1. 865.

On conçoit néanmoins qu'uneo *bjection* soit faite à notre théorie. Fort bien, dira-t-on, les propres mobiliers sont des propres parfaits. Mais, *le mari, en sa qualité d'administrateur des propres de la femme, peut les aliéner à titre onéreux;* donc les employer à payer ses dettes. Ce qu'il peut, ses créanciers doivent le pouvoir, en vertu de l'article 1166. On en conclut qu'ils peuvent les saisir.

Est-il vrai d'abord *qu'il puisse les aliéner?* Je ne le pense pas.

Ceux qui le prétendent, et il en est parmi ceux qui voient dans les propres mobiliers des propres parfaits[1], argumentent *a contrario* de l'article 1428. Cet article, disent-ils, ne prohibe que l'aliénation des immeubles propres de la femme; donc il permet implicitement celle des meubles. On comprend d'ailleurs la différence : l'aliénation des immeubles ne saurait être considérée comme un acte d'administration, tandis que celle des meubles est, à proprement parler, un acte d'administration. En veut-on la preuve? L'article 1449 la fournit. La femme séparée de biens peut, aux termes de cet article, disposer de son mobilier et l'aliéner; l'aliénation de ses immeubles lui est interdite. Or, elle n'a que l'administration de ses biens, et même, cette administration, elle la *reprend* au mari; elle « en reprend la libre administration, » telles sont les propres expressions de la loi. Évidemment, elle la reprend dans les termes mêmes dans lesquels elle l'avait concédée au mari, donc le mari avait le droit d'aliéner le mobilier.

[1] MM. Aubry et Rau notamment. V. p. 458, § 522, texte et n. 33.

Nous croyons cette opinion erronée, car nous ne saurions admettre que le droit d'aliéner rentre dans les pouvoirs d'un mandataire général; le pouvoir d'aliéner ne peut être conféré que par mandat spécial. Or, le mari n'a pas reçu pareil mandat. Mais, la femme séparée peut, aux termes de l'article 1449, aliéner son mobilier! Oui, mais elle n'a pas l'administration pure et simple de ses biens; elle en a, aux termes mêmes de cet article, la *libre* administration. D'ailleurs, il faut remarquer qu'elle administre sa propre fortune, on ne saurait donc faire intervenir ici l'idée de mandat, et on conçoit fort bien que le législateur *lui ait donné une capacité plus large*. Quant à l'argument *a contrario* tiré de l'article 1428, il ne saurait nous toucher. Cet article ne fait qu'appliquer une règle générale et d'ailleurs est purement énonciatif. Il ne parle pas des meubles, cela est vrai, mais cela s'explique par ce fait qu'il y avait pour ceux-ci des distinctions à faire; les uns, en effet, tombent toujours en communauté, les autres n'y tombent pas nécessairement. Le législateur n'a pas voulu, par conséquent, poser pour eux de règle trop générale. Du reste, une autre raison explique son silence à leur égard : l'extrême rareté des propres mobiliers sous le régime de communauté légale; or, c'est parmi les dispositions relatives à ce régime que se trouve placé l'article 1428; le législateur, en l'écrivant, a statué sur le *id quod plerùmque fit*.

Tenterait-on d'objecter que le mari jouit de l'exercice des actions mobilières propres à la femme. Mais bien différent est ce droit de celui d'aliéner. De l'existence du premier, on ne saurait conclure à celle du second (Argt anal. art. 452, 457et 464, C. civ.).

En *résumé,* le mari n'est autre chose que le mandataire

général de la femme, nous devons donc nous en tenir aux règles du mandat, et par conséquent lui refuser le droit d'aliéner les propres mobiliers de la femme[1].

La règle que nous avons établie subsiste donc entière; il demeure acquis que *les créanciers du mari ne peuvent pas plus agir sur les meubles réalisés par la femme, qu'ils ne le peuvent sur ses propres immobiliers.*

B) *Effets de la clause de réalisation après la dissolution de la communauté.*

122. — Dès la dissolution de la communauté, la clause de réalisation doit produire des effets pleins et entiers. Aucun autre principe n'en contrarie l'application. Nous pouvons donc établir, en règle générale, que *les créanciers antérieurs au mariage, de l'époux qui a réalisé la totalité de son mobilier présent, ne peuvent poursuivre leur paiement que sur ses propres, augmentés des biens que lui attribue le partage de la communauté.*

Les propres mobiliers, comme les propres immobiliers, restent donc le gage exclusif des créanciers personnels de l'époux qui les a réalisés. Sur eux ne peuvent rien pré-

[1] Toullier, XIII, 326. — Odier, I, 278, et II, 728. — Cubain, *Droits des femmes*, 206. — Marcadé, sur 1428, n° 2, et sur 1429, n° 4. — Rodière et Pont, II, 1279. — Bufnoir, à son cours. — La jurisprudence s'était d'abord montrée hésitante. La Cour de Paris notamment, par trois arrêts rendus en 1837, avait rejeté notre doctrine (21 janvier, 15 avril et 11 mai. Dall. 37. 2. 163). Mais elle y est revenue le 15 février 1839 par un arrêt qui a été vainement déféré à la censure de la Cour de cassation (Req., 2 juill. 1840, D. 40. 1 887). — Cette jurisprudence a été depuis invariablement maintenue. V. Req., 16 juillet 1849, D. 49. 1. 174; 16 juillet 1856, D. 56. 1. 281; 5 nov. 1860, Sir. 61. 1. 49; 4 août 1862; Sir. 62. 1. 935.

tendre les créanciers de l'autre époux, à moins que, devenus créanciers de la communauté, ils n'aient action contre leur propriétaire, comme commun[1].

123. — Mais comment les distinguer des biens qui appartiennent à la communauté? Comment prouver qu'ils sont propres? La question est intéressante, car cette preuve sera nécessaire à la femme qui renonce, pour les reprendre sans avoir à craindre le concours des créanciers.

I. — *A l'égard des créanciers,* la loi a strictement limité les modes de preuve opposables. Elle devait les protéger contre la fraude, aussi exige-t-elle des actes que leur authenticité mette à l'abri de tout soupçon d'exagération ou d'antidate. Art. 1499, 1510 C. civ., 560 C. de com. Ces actes seront un inventaire ou un état en bonne forme[2]. Ces règles ne pourraient, à notre avis, être modifiées par les parties, au moins au point de les rendre

[1] Il en sera toujours ainsi lorsque la clause de réalisation aura été stipulée par le mari, car il ne peut renoncer à la communauté.

[2] Cet état sera, par exemple, un compte de tutelle, ou bien l'état affirmatif accompagnant une donation, ou encore l'état inséré par le testateur lui-même dans son testament. L'inventaire serait valable quoique fait sous-seing privé, pourvu qu'il ait été enregistré ou déposé chez un notaire antérieurement au mariage.

Quand nous exigeons que l'inventaire ou l'état soient antérieurs au mariage, nous supposons qu'il s'agit du mobilier apporté lors du mariage, seule hypothèse qui se présente au cas où la réalisation porte sur le mobilier présent seulement. Si la réalisation portait aussi sur le mobilier futur, nous donnerions une solution analogue pour les meubles acquis postérieurement au mariage, et frappés par la clause de réalisation. Nous exigerions un inventaire ou un état antérieur àla naissance du droit de la communauté, et, par conséquent, à celle du droit de ses créanciers sur les biens ainsi recueillis.

opposables aux créanciers. Vainement on invoquerait ici la liberté des conventions matrimoniales, car cette liberté est limitée par l'ordre public et les bonnes mœurs. Et, nous croyons que la théorie des preuves doit être mise, au moins pour ceux qui ne sont pas partie à l'acte, hors de la portée des conventions; parce que, dans cette mesure au moins, elle doit être considérée comme d'ordre public[1].

II. — A défaut d'inventaire ou d'état authentique, les créanciers de la communauté peuvent saisir les meubles réalisés. S'il en a été ainsi, quel sera le droit de l'époux qui avait opéré la réalisation? — Il est intéressant de le déterminer, car le même droit appartiendra à ses propres créanciers. — Ce droit, à n'en pas douter, consistera à réclamer une indemnité au conjoint dont les créanciers ont saisi les propres. Il faudra donc prouver contre lui que les meubles saisis étaient propres. Comment fera-t-on la preuve *entre époux?* Nous devons distinguer deux hypothèses pour résoudre cette question.

Les meubles saisis sont-ils advenus au cours du mariage, nous devons nous demander : Est-ce au mari ou à la femme? La femme est sous la dépendance du mari, on ne saurait lui imputer le défaut d'inventaire. Le mari au contraire doit y pourvoir : en son nom, s'il s'agit de meubles à lui échus; au nom de la femme, si c'est à elle qu'ils sont advenus (Art. 1414). De sa négligence ou de sa fraude, la femme ne doit point souffrir; aussi lui permettrons-nous, si le mari n'a point fait inventorier le mobilier qui lui est échu au cours du mariage, d'établir son droit

[1] Poitiers, 6 mai 1836, S., 36. 2. 472. — Dijon, 14 août 1872. — V. *en sens contr.* : Poitiers, 16 décembre 1868, S., 70. 2. 43.

contre lui, tant par titres que par témoins et même commune renommée. Art. 1504[1]. Le mari, au contraire, ne pourrait prouver ni par témoins[2], ni *a fortiori* par commune renommée. Il pourrait cependant suppléer au défaut d'inventaire, par d'autres titres propres à justifier, tant de la consistance du mobilier à lui échu, que du montant des dettes dont il était grevé, par exemple, par un acte de partage non suspect (Art. 1504)[3].

Pour le mobilier que le mari ou la femme prétendraient avoir possédé au jour de la célébration du mariage, ils ne seraient admis à en établir la consistance, que par un inventaire ou état en bonne forme, antérieur au mariage (Art. 1499)[4]. L'article 1504 ne saurait être invoqué, nous

[1] Cassat., 14 juillet 1864, D. 65. 1. 66. — Mais il faudrait que l'existence de la succession ou donation dont ces meubles faisaient partie, fût prouvée au moins par témoins. Laurent, XXIII, n° 184. — *Contrà :* Req., rej., 28 nov. 1866, D. 67. 1. 209. — Remarquons aussi que s'il existait un inventaire, la femme ne pourrait prouver contre lui qu'en employant les moyens de droit commun.

[2] Limoges, 3 août 1860, S. 61. 2. 241.

[3] Orléans, 24 févr. 1860, S. 60. 2. 120. — Aubry et Rau, § 522. — Troplong, III, 1886. — Pourtant certains auteurs enseignent que même à l'égard de la femme, le mari ne peut suppléer au défaut d'inventaire, et qu'il y a pour celle-ci droit acquis à considérer le mobilier comme acquêt, dès omission de cette formalité. *Sic* Marcadé, sur l'article 1499, n° 3. — Massé et Vergé, sur Zachariæ, IV, p. 176, n. 12. — Cpr. sur le droit des héritiers du mari, Rodière et Pont, II, 1268. — Marcadé, *loc. cit.* — Aubry et Rau, § 522, texte et n. 19.

Notez enfin que les règles posées au texte, sont étrangères à l'hypothèse où l'un des époux serait le débiteur d'une succession échue à son conjoint au cours du mariage. Le droit commun est alors applicable à la preuve de l'existence de la créance. Cpr. Req., rej., 29 nov. 1853, Sir. 54. 1. 641.

[4] On admet pourtant généralement que l'article 1502 est ici applicable (Aubry et Rau, V, p. 450, § 522, texte et n. 15. — Rodière et Pont, II, 1272. — Orléans, 29 mars 1855, S. 55. 2. 401), donc la con-

sommes ici hors de ses termes et de ses motifs; aussi ne l'appliquerons-nous, ni en faveur des deux conjoints[1], ni en faveur de la femme[2]. Certains auteurs admettent au principe que nous posons de timides dérogations fondées sur des circonstances de fait[3]. Nous croyons pour notre part, que l'article **1499** est trop clair, trop formel, pour les permettre et nous nous en tenons à la règle qu'il pose, à savoir, qu'à défaut d'un inventaire ou état authentique antérieur au mariage, le mobilier est présumé acquêt[4].

sistance du mobilier sera établie quant au mari par la déclaration portée au contrat que son mobilier est de telle valeur, si d'ailleurs cette déclaration est précise et non démentie par les faits (Cass., 8 mars 1852, S. 52. 1. 497) et quant à la femme par la quittance du mari (Req., rej., 22 févr. 1860, S. 60. 1. 433. — Dijon, 7 mai 1862, Sir. 63. 2. 34), mais elle ne pourrait se baser sur cette déclaration pour exercer la reprise en nature de ses propres mobiliers (Req., rej., 21 mars 1859, D. 59. 1. 225. — Paul Pont, *Revue critique*, II, p. 528).

Certains auteurs admettent aussi comme valable entre époux l'inventaire dressé peu après le mariage, ils le considèrent alors comme une mise à exécution des conventions matrimoniales. — V. Aubry et Rau, V, p. 450, § 522, texte et n. 13. — Rodière et Pont, II, 1266. — Agen, 2 juillet 1869, S. 70. 2. 43. — Cf. Pothier, *Communauté*, n° 268. — A son témoignage sous l'ancienne jurisprudence, l'état fait après le mariage, signé et contenant la prisée, est valable, sauf preuve d'inadvertance ou d'oubli. — Ne vaudrait-il pas mieux décider avec Odier (II, 694), Massé et Vergé (sur Zach., IV, p. 176, n. 12) et Bugnet (sur Pothier) que l'inventaire dressé postérieurement au mariage doit être considéré comme une modification aux conventions matrimoniales et par conséquent ne saurait avoir d'effets?

[1] Cf. Pothier, n° 300. — Malleville, III, 351. — Battur, II, 367. — Rodière et Pont, II, 1273.

[2] Toullier, XIII, 305 et 306. — Glandaz, *Encyclopédie*, v° *Communauté conjugale*, n° 388. — Bellot des Min., II, p. 27 et suiv. — Duranton, XV, 18. — Cassat., 14 avril 1849, Sir. 49. 1. 309.

[3] Aubry et Rau, V, p. 450. — Rodière et Pont, II, 1266.

[4] Observons que si l'un des époux prétend qu'un meuble lui est

II. — De la clause de réduction de la communauté aux acquêts.

124. — Ainsi que le nom de cette clause l'indique, sous son empire, chaque époux conserve la propriété de ses biens présents, même mobiliers, et celle des biens immobiliers et mobiliers qui peuvent lui advenir par succession, donation ou don de fortune. L'actif de la communauté se bornant alors aux acquisitions réalisées, pendant le mariage, avec les revenus ou grâce à l'industrie des époux, il est naturel que le passif se borne également aux dettes contractées pendant le mariage, et aux arrérages ou autres charges des fruits. Art. 1498.

On arrive, en somme, au même résultat que si chacun des deux conjoints avait stipulé une clause de réalisation totale. C'est ce que constate et consacre l'article 1498. Ce point de vue est si vrai, que notre clause était pratiquée sous cette forme dans les pays de droit coutumier. Elle n'existait sous le nom de *Société d'acquêts,* et ne se rencontrait ainsi comme clause spéciale, que dans certains pays de droit écrit, notamment dans le ressort du Parlement de Bordeaux[1].

propre à titre de remploi, il doit prouver l'exécution rigoureuse des formalités exigées par les articles 1434 et 1435, tant à l'égard de son conjoint, qu'à l'égard des créanciers.

[1] Aujourd'hui encore dans la pratique parisienne on trouve peu de contrats établissant directement la communauté d'acquêts. L'usage est de stipuler la communauté légale sous réserve des deux modifications suivantes : 1° Exclusion de la communauté du mobilier présent et futur; 2° Séparation des dettes antérieures au mariage. — La seconde n'est même qu'une redondance, la séparation de dettes étant forcément entraînée par la clause de réalisation.

Ainsi, par cette clause, sont exclues de la communauté, les dettes qui grevaient les époux lors de la célébration du mariage. Mais ne nous bornons pas à cette indication générale, et voyons de plus près, soit durant la communauté, soit après sa dissolution, la situation faite aux créanciers antérieurs tant du mari que de la femme.

A) *Effets de la clause de communauté d'acquêts à l'égard des créanciers antérieurs pendant la durée de la communauté.*

125. — *Les créanciers de la femme,* s'ils ont date certaine antérieure au mariage, peuvent saisir et faire vendre la pleine propriété des biens de leur débitrice. Je dis la pleine propriété, car la communauté doit supporter les intérêts et arrérages des dettes propres qui lui seraient en principe opposables. De plus, si le mobilier exclu de la communauté, par la clause de réduction de la communauté aux acquêts, et mis de fait entre les mains du mari pour qu'il en jouisse au nom de la communauté, n'a pas été constaté par un inventaire ou état authentique antérieur au mariage, ces créanciers peuvent poursuivre leur paiement sur les biens communs et même sur les propres mobiliers du mari non inventoriés. Ils auraient le même droit, si le mobilier échu à leur débitrice au cours du mariage, par succession ou donation, n'avait pas été constaté dans un inventaire dressé par les soins du mari.

Si ces créanciers ne remplissent pas la condition exigée par l'article 1410, s'ils n'ont pas date certaine, ils ne peuvent saisir que la nue propriété des propres de leur débitrice. Leur action se trouvera donc paralysée sur les propres mobiliers, s'ils ont été confondus avec les biens communs.

126. — *Les créanciers du mari* peuvent toujours, durant la communauté, poursuivre le paiement de ce qui leur est dû sur les biens communs, comme sur les biens personnels de leur débiteur; car le principe d'après lequel les biens communs sont censés former, au regard des tiers, partie intégrante du patrimoine du mari, tant que la communauté dure, ne souffre aucune modification par l'effet de la réduction de la communauté aux acquêts.

Ils ne peuvent agir sur les propres de la femme, même mobiliers, bien qu'ils soient, en fait, entre les mains de leur débiteur. Nous l'avons établi en traitant de la clause de réalisation et en montrant que non-seulement les propres mobiliers étaient des propres parfaits, mais aussi qu'il n'était pas vrai de dire que le mari les puisse aliéner (V. nos **117** et **121**-II). Bien entendu, nous ne donnons cette solution qu'autant que ces propres mobiliers ne sont pas légalement confondus avec les biens de leur débiteur ou les biens communs. — Que si, au mépris de ses droits, la femme voit son mobilier propre frappé de saisie par les créanciers du mari, nous l'autoriserons à le revendiquer, conformément à l'article 608 du Code de procédure civile; pourvu, du reste, nous tenons à le répéter, qu'elle puisse justifier de sa propriété par un inventaire ou un acte authentique, suivant les dispositions de l'article 1510[1].

[1] Toullier, XIII, 326. — Bellot des Minières, III, p. 40 à 42. — Duranton, XV, 20. — Odier, II, 703. — Aubry et Rau, V, p. 457, § 522 texte et n. 28 et 29. — Civ., rej., 19 juin 1855, S. 55. 1. 506. — Angers, 26 mai 1869, Sir. 70. 2. 85. — Cpr. Paris, 23 févr. 1835, S. 35. 2. 68.

Un inventaire ou état en bonne forme suffirait, quoique non authentique, dans les rapports des époux entre eux. Il ne saurait suffire au regard des créanciers; lorsqu'ils sont en jeu, on doit se référer

B) *Effets de la clause de communauté d'acquêts après la dissolution de la communauté.*

127. — La communauté réduite aux acquêts se dissout par les mêmes causes que la communauté légale, et la femme jouit des mêmes avantages, notamment du droit d'option. Voyons donc successivement les deux hypothèses d'acceptation et de renonciation à la communauté.

128. — *Au cas d'acceptation, les créanciers* antérieurs *de la femme* auront pour gage ses biens personnels augmentés de sa part dans la communauté d'acquêts. Ils perdent tout droit contre le mari, si tant est qu'ils en aient eu contre lui, durant la communauté, à raison de la confusion des biens de leur débitrice avec ses propres biens ou les biens communs. Désormais, tous les créanciers antérieurs de la femme sont sur le même pied. *Ceux du mari* sont dans une situation analogue à l'égard de leur débiteur.

129. — *Au cas de renonciation* l'action des *créanciers de la femme* est restreinte aux propres tant mobiliers qu'immobiliers de leur débitrice. Si ces propres ont été confondus dans l'actif commun, les créanciers ne peuvent que demander leur prélèvement en nature, et à défaut exiger une indemnité sur laquelle ils exerceront leurs droits. Nous n'avons pas du reste à entrer dans des détails sur la liquidation qui interviendra; bornons-nous à constater que l'action des créanciers de la femme est limitée au patrimoine

à l'article 1510 qui détermine les conséquences de la séparation de dettes aussi bien virtuelle qu'expresse.

Rappelons aussi que la clause par laquelle la femme se serait réservé le droit d'établir par témoins la consistance de ses apports resterait inefficace à l'égard des créanciers (Poitiers, 6 mai 1836, S. 36. 2. 472. — *Contrà* : Poitiers, 16 déc. 1868, S. 70. 2. 43).

de leur débitrice. Il en sera de même, d'ailleurs, de celle des *créanciers du mari;* ils ne pourront agir que sur son patrimoine, augmenté du patrimoine commun.

130. — Mais, ici se présente avec tout son intérêt un conflit qu'il importe de trancher, je veux parler de celui qui s'élèvera entre les créanciers antérieurs du mari, créanciers personnels, et les créanciers de la communauté d'acquêts, que la dette soit entrée en communauté du chef du mari ou du chef de la femme contractant avec autorisation du mari. Je formule ainsi la question en la généralisant : *Les créanciers de la société d'acquêts ont-ils sur les biens dépendants de cette société un droit de préférence contre les créanciers personnels des deux époux?*

Le conflit ne saurait s'élever tant que la communauté dure : car, d'une part, les créanciers de la femme ne peuvent agir sur les biens de la communauté, s'ils ne sont créanciers de la communauté[1]; et, d'autre part, les créanciers personnels du mari sont, à raison de la situation de leur débiteur, traités comme créanciers communs. Mais à la dissolution il s'élève nécessairement, il faut donc le trancher.

Les auteurs qui soutiennent que sous le régime de communauté légale les créanciers de la communauté ont un droit de préférence sur les biens communs, l'admettent par *a fortiori* sous le régime de communauté d'acquêts[2].

Pour nous qui croyons avec la jurisprudence et la ma-

[1] Ils peuvent bien agir sur eux s'il y a eu confusion opérée entre leur gage et les biens de la communauté, article 1510; mais, c'est là une conséquence nécessaire de la situation qui leur est faite. Le conflit ne pourrait donc s'élever.

[2] Troplong, III, 1765. — Rodière et Pont, II, 1139. — Dalloz, *Rép.*, v° *Contr. de mar.*, n° 2511. — Rodière, *Journal du Palais*, 1860, p. 785, note sur l'arrêt de rejet du 18 avril 1860. — Ces auteurs partent du principe que la communauté constitue au fond une per-

jorité de la doctrine que sous le régime de la communauté légale on ne saurait accorder pareil droit aux créanciers de la communauté[1], nous devons examiner s'il existe quelque raison de l'accorder exceptionnellement aux créanciers de la communauté d'acquêts.

On l'a prétendu, en alléguant que les sociétés d'acquêts, sauf les exceptions qui dérivent de leur nature, sont encore régies, comme elles l'étaient dans l'ancien ressort du Parlement de Bordeaux où elles ont en quelque sorte pris naissance, par les mêmes règles que les sociétés ordinaires. Or, en matière de société, il est de principe que les créanciers sociaux sont préférés sur l'actif social aux créanciers personnels de l'un des associés. Tel doit être le droit des créanciers de la société d'acquêts. Ils n'ont pas même besoin d'invoquer la séparation des patrimoines comme les créanciers d'une succession, car il n'y a pas de confusion possible entre les biens de la communauté et ceux de l'époux survivant, ce dernier ne représentant pas la société. D'ailleurs, on reconnaît que ce droit de préférence cesse dès le partage des biens de la communauté[2].

sonne morale dont l'existence se manifeste lorsque cessent les pouvoirs exorbitants du mari. Leur point de départ est inacceptable.

[1] V. *suprà*, p. 70, n. 2 *in fine*. — Besançon, 24 juin 1858, D. 59. 2. 54, et sur pourvoi, Req., rej., 18 avril 1860, D. 60. 1. 185 (note de Massé en sens conforme). — Aubry et Rau, V, p. 441, § 520, texte et n. 29. — On est du reste généralement d'accord pour refuser aux créanciers de la communauté légale le droit de provoquer la séparation des biens qui en dépendent d'avec le surplus du patrimoine des époux. — Toullier, XIII, 211. — Bellot des Minières, II, p. 461. — Battur, II, 802. — Odier, I, 524. — Troplong, III, 1681. — Aubry et Rau, V, p. 441, § 520, texte et n. 28.

[2] Rodière et Pont, II, 1286. — Tessier, *De la soc. d'acq.*, n° 239. — Troplong, III, 1765 à 1768. — Bordeaux, 23 janvier 1826, 28 mai 1832 et 13 juillet 1832, D., *Rép.*, v° *Contr. de mar.*, n° 2511.

Cette argumentation ne saurait nous convaincre, car la communauté d'acquêts est soumise aux mêmes règles que la *communauté légale*, en l'absence de dérogations résultant de la loi ou du contrat. L'article **1538** nous indique ainsi, de la façon la plus formelle, que c'est au chapitre de la *communauté légale* et non au titre des *Sociétés* qu'il faut chercher les règles applicables à la société d'acquêts. D'ailleurs, il n'y a au fond aucune raison de distinguer entre elles.

A défaut d'un droit de préférence accordé directement par la loi, les créanciers de la société d'acquêts ne pourront-ils s'en procurer un? En précisant, ne pourront-ils demander contre les créanciers personnels la *séparation des patrimoines?* Nous ne le pensons pas, car la situation de l'époux commun diffère totalement de celle d'un héritier. Nous ne sommes pas en face de deux patrimoines distincts, il ne saurait donc s'agir de les séparer. D'ailleurs l'origine même du bénéfice de séparation des patrimoines répugne à son extension à notre hypothèse. Enfin on peut observer que la séparation des patrimoines est relative au paiement des dettes et non aux opérations du partage et, par suite, n'est pas visée par les différents chefs de renvoi de l'article **1476**[1].

III. — De la clause d'emploi.

131. — La clause d'emploi est celle par laquelle un des futurs époux stipule qu'une certaine somme, à prendre sur le mobilier qui lui appartient, sera employée à son

[1] En ce sens toute la doctrine et la jurisprudence, seul un considérant d'un arrêt de Caen décide le contraire (Caen, 13 nov. 1844, D. 45. 2. 34).

profit en acquisitions d'immeubles ou de meubles, qui lui demeureront propres.

Elle emporte réalisation tacite de la somme qui en forme l'objet; et, par conséquent, séparation de dettes, si elle porte sur la valeur totale ou sur une quote-part de la valeur totale du mobilier présent.

Elle produit cet effet alors même que l'emploi n'aurait point été effectué[1]. Mais il n'est point indifférent cependant de distinguer les deux hypothèses.

Emploi a-t-il été fait conformément aux articles 1434 et 1435, les immeubles acquis deviennent propres au conjoint et seront repris par lui à la dissolution de l'association conjugale sans qu'il ait à souffrir des dettes de son conjoint ou de la communauté.

N'a-t-il point été fait suivant ces règles, l'époux est bien autorisé à prélever lors de la dissolution la somme réalisée à son profit; mais, simple créancier de la communauté, il viendra en concours avec les autres créanciers[2].

132. — Quant aux droits des créanciers antérieurs tant du mari que de la femme, nous les déterminerons comme nous l'avons fait en traitant de la clause de séparation de dettes et de la clause de réalisation, lorsque la clause d'emploi sera telle qu'elle entraînera séparation

[1] Art. 93, Cout. de Paris. — Pothier, *Communauté,* n°s 316 et 317. — Bourjon, *Droit commun de la France*, tit. XV, ch. III, sect. I, n° 1. — Merlin, *Rép.,* v° *Réalisation,* § 1, n° 5.— Duranton, XV, 36. — Rodière et Pont, II, 1294. — Odier, II, 744. — Aubry et Rau, § 523, texte et n. 10. — Req., rej., 26 mai 1835, S. 35. 1. 833. — Cpr. Lebrun, *Communauté,* liv. III, ch. II, sect. I, dist. 3, n° 9. — Battur, II, 393.

[2] Duranton, XV, 36. — Troplong, III, 1950. — Req., rej., 26 mai 1835 (V. les autorités citées à la note précédente).

de dettes. Dans toute autre hypothèse, leur situation demeurera la même que sous le régime de communauté légale, le gage commun ou mieux la consistance du patrimoine commun, seule, sera modifiée. Nous n'avons pas à insister davantage.

IV. — De la clause d'apport.

133. — Il est deux manières d'établir cette clause. Ou bien les époux conviennent d'apporter à la communauté tels objets mobiliers, corporels ou incorporels, *spécialement désignés;* ou bien ils conviennent, soit de lui apporter une certaine somme, soit de mettre leur mobilier dans son actif jusqu'à concurrence d'une valeur déterminée.

Il importe de bien distinguer ces deux hypothèses, car dans la première seule nous trouvons séparation des dettes antérieures.

134. — Qu'il y ait séparation de dettes, lorsque les époux déclarent apporter à la communauté certains objets mobiliers spécialement désignés, rien de plus normal. Cette déclaration, même, témoigne qu'ils veulent exclure de la communauté, d'une manière complète, leur mobilier présent, ces objets exceptés; par suite, cette convention doit être régie par les mêmes principes que la clause de réalisation expresse du mobilier présent, et entraîner les mêmes conséquences, donc produire séparation de dettes.

On pourrait le vouloir contester en argumentant des termes de l'article 1511, ainsi conçu : « Lorsque les époux « apportent dans la communauté une somme certaine ou « un corps certain, un tel apport entraîne la convention

« tacite qu'il n'est point grevé de dettes antérieures au « mariage; et il doit être fait raison, par l'époux débiteur « à l'autre, de toutes celles qui diminueraient l'apport « promis. » Cet article, dirait-on en décidant que l'époux qui a fait l'apport d'un corps certain, doit faire raison à l'autre de toutes les dettes qui diminueraient son apport, réduit en somme l'effet de la clause d'apport, quant aux dettes, à un simple décompte à faire entre époux. Elle n'entraîne donc pas séparation de dettes à l'égard des tiers, et ne peut être opposée aux créanciers.

Cet argument *a contrario* ne saurait ébranler une solution qui repose sur le principe, fermement établi (V. n° 118), de la corrélation intime du passif et de l'actif. L'universalité du mobilier présent étant exclue de la communauté, les dettes présentes en sont exclues du même coup. D'ailleurs, la rédaction de l'article 1511 est incomplète. Cet article statue sur deux hypothèses : l'apport d'une somme et l'apport d'un corps certain; or, la fin du texte, le décompte qu'il prévoit, s'applique à notre avis à la première hypothèse, mais non à la seconde, dans laquelle, seulement, nous trouvons séparation de dettes.

135. — Nous pensons, en effet, que la convention par laquelle les futurs époux déclarent apporter une certaine somme, aussi bien que celle par laquelle ils conviennent de mettre leur mobilier en communauté jusqu'à concurrence d'une valeur déterminée, n'emporte pas réalisation de leur mobilier et, par conséquent, n'entraîne pas séparation de dettes.

C'est ce que nous devons maintenant établir.

Tout d'abord, lorsque la clause d'apport a eu pour objet la mise en communauté du mobilier jusqu'à concurrence d'une valeur déterminée, il nous semble incontestable que la réalisation du mobilier excédant l'apport promis, ne saurait être considérée comme une réalisation au sens propre du mot, et par conséquent ne saurait en conserver la propriété même au conjoint qui a stipulé. C'est en effet l'hypothèse prévue par l'article 1500-2°; et l'article 1503 qui statue sur elle, ainsi que nous l'avons vu (n° 117-IV), décide qu'à la dissolution de la communauté le conjoint aura le droit de reprendre la valeur de ce dont le mobilier qu'il a apporté excédait la mise en communauté. Rien de plus naturel; le contrat n'ayant pas déterminé les meubles qui étaient l'objet de la réalisation, le mobilier tout entier tombe en communauté, par application des règles de la communauté légale.

Pour le cas où les futurs époux déclarent apporter à la communauté une certaine somme, la solution est au contraire très contestable; car l'article 1511 semble mettre cette clause d'apport sur le même pied que la clause d'apport d'un corps certain. Néanmoins, nous croyons qu'il ne faut pas hésiter à les séparer, et que convenir l'apport d'une somme déterminée revient au fond à stipuler la mise en communauté de son mobilier, jusqu'à concurrence d'une somme ou valeur déterminée; nous en trouvons une preuve dans ce fait que les articles 1501 à 1504 appliquent précisément à cette dernière les règles même que Pothier établit pour la clause d'apport d'une certaine somme[1]. Puis l'article 1511 lui-même semble lui attribuer le seul effet d'ouvrir à l'un des époux un recours contre l'autre, si, par suite de dettes antérieures, l'apport promis se trouve diminué. Enfin on peut faire remarquer que

[1] Pothier, *Communauté*, n°s 287 et suiv.

le mobilier est versé dans la communauté, qui le reçoit comme cessionnaire, à titre de dation en paiement, et que c'est seulement lors du compte ou à la dissolution de la communauté qu'on saura s'il y a ou non excédant.

D'ailleurs, il ne faut point oublier que la volonté des parties est souveraine en matière de conventions matrimoniales, et que, s'il est impossible d'établir une distinction entre les meubles, lorsqu'on déclare les mettre en communauté jusqu'à concurrence d'une certaine somme, il pourra être possible d'établir cette distinction, lorsqu'on a déclaré ne mettre en communauté qu'une somme déterminée. Aussi, nous n'hésitons pas à le décider : si la distinction a été faite, si la somme apportée l'a été par exemple en espèces ou en valeurs énumérées au contrat, le mobilier, autre que ces espèces et valeurs, pourra être considéré comme réalisé et demeuré propre à l'époux qui a fait l'apport. En pareil cas, cela va sans dire, séparation de dettes s'ensuivra.

136. — Notons en terminant que la clause d'apport rend l'époux débiteur, envers la communauté, de la somme ou des objets qu'il a promis d'apporter, et l'oblige par suite à justifier de cet apport. A cette obligation, la femme ne pourrait se soustraire en renonçant (art. 1501).

137. — Si nous nous plaçons maintenant en face de la *clause d'apport de meubles déterminés* et si nous nous demandons *quels seront en l'espèce les droits des créanciers des époux antérieurs au mariage,* nous devons constater que ces droits sont exactement ceux que nous leur avons reconnus en étudiant les clauses de séparation de dettes et de réalisation. Et cela, soit que nous les envisagions pendant la communauté, soit que nous les examinions après sa dissolution.

Si nous sommes, au contraire, en face de la clause d'apport du mobilier jusqu'à concurrence d'une valeur déterminée, il n'y a ni réalisation, ni, par conséquent, séparation de dettes; la situation des créanciers reste donc la même que sous le régime de communauté légale. Les biens qui forment leur gage, seuls, peuvent être diminués ou augmentés.

B) *Clauses extensives.*

138. — Si nous nous rappelons ce que nous avons dit de la corrélation intime du passif et de l'actif aux yeux du législateur, si nous nous souvenons que sous le régime de communauté légale toutes les dettes mobilières tombent en communauté, le mobilier y tombant en totalité, nous conclurons facilement, que nous ne pouvons trouver, sous cette rubrique, que des clauses affectant les immeubles, et les faisant tomber en communauté. Ces clauses sont, si je puis m'exprimer ainsi, la contre-partie des clauses de réalisation.

Ainsi à la réalisation partielle portant sur un corps certain, correspond l'ameublissement d'un immeuble déterminé; à la réalisation d'une quote-part du mobilier, l'ameublissement d'une quote-part des immeubles; à la réalisation du mobilier présent ou futur, l'ameublissement de la fortune immobilière présente et future; enfin, à la réalisation du mobilier présent et futur, l'ameublissement de la fortune immobilière présente et future.

L'harmonie entre elles ne se borne pas là. Il est remarquable, que, si différentes qu'elles soient dans leurs conséquences immédiates, elles tendent cependant au même but. L'*immobilisation* ou *réalisation* est un moyen donné à l'époux qui n'a que des meubles, ou qui a du moins beaucoup plus de meubles que son conjoint, pour rétablir l'égalité qui serait blessée, si l'actif social, sur lequel le seul fait du mariage donnera aux deux conjoints des droits égaux, était formé en suivant les règles de droit commun. La *mobilisation* ou *ameublissement* tend au même but, le conjoint qui a peu ou point de meubles, alors que son conjoint en a beaucoup, met en communauté un ou plusieurs de ses immeubles pour compléter son apport mobilier. En somme, ce sont deux voies qui mènent au même terme.

139. — Ainsi que nous l'avons remarqué en comparant les clauses d'ameublissement aux clauses de réalisation, celles-ci comme celles-là peuvent être plus ou moins étendues, atteindre certains immeubles déterminés seulement, comme aussi la totalité de la fortune immobilière.

De l'ameublissement de certains immeubles déterminés, nous n'avons pas à nous occuper ici, car il est sans influence sur le passif, aussi bien que la clause de réalisation de meubles déterminés; les dettes sont en effet la charge de l'universalité. Seul doit, par suite, nous occuper l'ameublissement qui atteint l'universalité ou une quote-part de l'universalité de la fortune immobilère. On conçoit à ce point de vue que l'ameublissement porte sur la fortune immobilière présente, sur la fortune immobilière future, ou tout à la fois sur la fortune immobilière présente et future. Le seul intéressant, au point de vue auquel nous nous trouvons placés, est celui qui porte sur les immeubles présents; les autres, en tant du moins qu'ils portent sur les immeubles à venir, n'ayant influence que sur le gage des créanciers antérieurs.

Remarquons enfin qu'en traitant de l'ameublissement

général nous traiterons de la clause de communauté universelle. La *communauté universelle* n'est, au fond, que la stipulation réciproque par les deux conjoints d'un ameublissement général. L'ameublissement stipulé des deux parts porte-t-il sur les immeubles présents, nous avons la communauté de tous biens présents ; porte-t-il sur les immeubles à venir, nous sommes en présence de la communauté de tous biens à venir ; porte-t-il enfin sur tous les immeubles présents et à venir, le régime n'est autre que celui de communauté de tous biens présents et à venir.

De la clause d'ameublissement.

140. — L'ameublissement, ou mise en communauté de tout ou partie des immeubles des époux, est, ainsi que nous venons de le voir, *général* ou *particulier*. Général lorsqu'il a pour objet la totalité des immeubles présents et futurs des époux, ou leurs immeubles présents, ou leurs immeubles futurs, ou enfin une quote-part, soit de tous leurs immeubles indistinctement, soit de leurs immeubles présents ou futurs. Particulier, lorsqu'il n'a pour objet que des immeubles spécialement indiqués ou une quote-part de certains immeubles. Notons en passant qu'une désignation peut être spéciale, sans être nominative, ou individuelle ; ainsi, nous déciderons que l'époux qui ameublit tous les immeubles qu'il possède dans telle commune, tel arrondissement, tel département, fait un ameublissement déterminé [1].

Ceci dit, rappelons-nous que nous avons établi, en nous basant sur le principe que les dettes sont la charge de

[1] Duranton, XV, 62. — Marcadé, sur l'article 1505, n° 2. — Rodière et Pont, III, 1389.

l'universalité des biens, que l'ameublissement particulier ne saurait influer sur la composition passive de la communauté, que seul, par conséquent, doit appeler notre attention l'ameublissement général, et, parmi les ameublissements généraux, l'ameublissement qui porte sur l'universalité des immeubles présents.

L'ameublissement *général* peut être déterminé ou indéterminé. « Il est indéterminé, aux termes de l'article 1506-3°, quand l'époux a simplement déclaré apporter en communauté ses immeubles, jusqu'à concurrence d'une certaine somme. » J'en conclus, dans le silence de la loi, qu'il est déterminé lorsque l'époux a déclaré ameublir et mettre en communauté ses immeubles, pour la totalité de leur valeur. L'ameublissement indéterminé ne rendant pas la communauté propriétaire des immeubles qui en sont frappés, son effet se réduisant à obliger l'époux qui l'a consenti à procurer à la communauté, au besoin en nature, la somme qu'il a promise (art. 1508), ne saurait influer sur le passif de la communauté. Reste donc, en face de nous, l'ameublissement de tous les biens présents, sans distinction à une valeur donnée, c'est-à-dire un *ameublissement général déterminé.*

L'effet de cet ameublissement est de rendre les immeubles qui en sont frappés biens de la communauté. L'universalité immobilière tombant en communauté, les dettes qui la chargent doivent aussi y tomber.

Mais, ne nous bornons pas à cette indication générale, étudions la situation faite aux créanciers, tant du mari que de la femme, soit durant la communauté, soit après sa dissolution.

A) *Effets de la clause d'ameublissement de tous les biens présents sur les droits des créanciers antérieurs au mariage, pendant la durée de la communauté.*

141. — Nous devons distinguer suivant que l'ameublissement est ou non réciproque.

I. — L'ameublissement a-t-il été consenti, par les deux conjoints? En d'autres termes : *Sommes-nous en présence d'une clause de communauté universelle,* la communauté de tous les biens présents? Si oui :

Les *créanciers de la femme,* quelle que soit la nature de leur créance, s'ils satisfont d'ailleurs aux conditions de date exigées, peuvent poursuivre leur paiement tant sur les biens qui peuvent au cours de la communauté advenir à leur débitrice, que sur les biens communs et sur la fortune personnelle du mari. S'ils n'ont pas date certaine antérieure au mariage, leur action sera paralysée tant que durera la communauté, à moins que la femme n'acquière, par donation ou par succession, quelque bien propre dont ils puissent saisir la nue propriété. En résumé, les créanciers immobiliers deviennent tout comme les créanciers mobiliers, créanciers de la communauté; seuls restent créanciers purement personnels de la femme, ceux dont le titre n'est point opposable à la communauté, ou mieux, au mari, à raison de l'incertitude de sa date.

Il en est de même pour *les créanciers du mari.* Ses créanciers immobiliers, comme ses créanciers mobiliers, deviennent créanciers de la communauté; et, comme pour les créanciers du mari il ne saurait être question d'exiger une date certaine, il est facile de conclure qu'aucun de ses créanciers antérieurs ne demeure son créancier purement personnel. Remarquons d'ailleurs que la situation des créanciers immobilliers du mari n'est pas améliorée, en fait, pendant la durée de la communauté; le changement juridique qu'elle a subi ne manifestera ses effets qu'après la dissolution de celle-ci.

II. — *Sommes-nous,* au contraire, *en présence d'une clause d'ameublissement proprement dite,* unilatérale?

Si *l'ameublissement a été consenti par la femme* : la situation de ses créanciers est de tous points la même que sous la clause de communauté de tous biens; celle des créanciers du mari est la même que sous le régime de communauté légale.

S'*il a été consenti par le mari :* la situation de ses propres créanciers reste en fait la même que sous le régime de communauté légale; mais, en droit, celle de ses créanciers immobiliers se trouve modifiée, ils deviennent créanciers de la communauté, et cette modification pourra produire des effets intéressants postérieurement à la dissolution de la communauté. Quant aux créanciers de la femme, ils gardent la situation juridique qui leur est faite sous le régime de communauté légale; en fait, ceux d'entre eux qui sont devenus créanciers de la communauté peuvent agir sur un gage plus considérable.

B) *Effets après la dissolution de la communauté.*

142. — Nous les résumerons en une brève formule : Les créanciers qui sont devenus créanciers de la communauté, soit par application des règles de la communauté légale, soit par application des principes que nous venons d'exposer, peuvent agir non-seulement contre leur débiteur pour le tout, mais aussi contre son conjoint comme commun. Les créanciers qui sont demeurés créanciers purement personnels de leur débiteur, soit à raison de l'incertitude de la date de leur créance, soit à raison de la nature de leur dette, lorsque l'ameublissement a été unilatéral, ne peuvent agir que contre ce débiteur.

Nous nous bornons à l'énoncé de cette règle générale, ne voulant pas revenir sur tout ce que nous avons dit à propos de la communauté légale et qui est ici applicable, car il n'y a entre les deux situations que le nombre des créanciers communs de changé.

143. — Nous tenons cependant à faire remarquer l'effet radical que peut avoir le contrat de mariage sur les droits des créanciers antérieurs au mariage, lorsque la débitrice ameublit la totalité de ses immeubles présents et futurs ou seulement la totalité de ses immeubles présents, si d'ailleurs elle n'a à attendre ni succession ni donation. Si ces créanciers n'ont pas date certaine antérieure au mariage, leur action est paralysée pendant la durée de la communauté. Après la dissolution, ils pourront agir, et leurs droits seront les mêmes que ceux de ses autres créanciers sur les biens que recueillera leur débitrice, cela est vrai; mais si la communauté a été dilapidée, si elle est mauvaise, si la femme renonce, en un mot, et s'ils ne peuvent attaquer sa renonciation comme frauduleuse, ils perdent en fait le droit d'agir. En cette espèce, les conventions matrimoniales, en annihilant le gage des créanciers, semblent atteindre jusqu'à leurs droits, jusqu'au lien d'obligation. Il n'en est rien pourtant; ce lien subsiste intact en droit, et produira tous ses effets si la femme acquiert un jour quelque avoir [1].

[1] Nous rencontrerons sous le régime dotal une situation analogue

§ III. *Des clauses qui affectent la composition active de la communauté.*

144. — Les clauses que nous allons passer en revue dans ce paragraphe n'affectent pas la situation juridique des créanciers antérieurs au mariage, cette situation reste la même que sous le régime de communauté légale; elles affectent seulement, ou peuvent affecter leur gage, en augmentant ou diminuant le patrimoine commun, tel qu'il se comporte sous le régime de communauté légale, au préjudice ou à l'avantage du patrimoine particulier de l'un des deux ou des deux conjoints.

Suivant le même ordre que précédemment, nous diviserons ces clauses, en clauses restrictives et clauses extensives.

A) *Clauses restrictives.*

I. — Clause d'apport.

145. — Évidemment il ne saurait être question ici que de la *clause d'apport du mobilier jusqu'à concurrence d'une somme ou valeur déterminée, ou de la clause d'apport d'une somme certaine,* lorsqu'on ne pourra, d'ailleurs, induire de sa spécialisation, que les parties ont voulu réaliser leurs autres meubles ou valeurs.

et plus pratique au cas de constitution dotale portant sur tous les biens présents et à venir. — Nous examinerons alors si les creanciers auraient contre la situation que leur fait une telle convention la ressource de l'action Paulienne, la solution affirmative que nous donnerons alors doit être évidemment donnée aussi au cas d'ameublissement général.

Cette clause ne produira aucun effet à l'encontre des créanciers *pendant la durée de la communauté.* Elle n'entraîne point, en effet, réalisation du mobilier; par suite, ce mobilier tombe en communauté et se trouve soumis ainsi à l'action des créanciers de la communauté.

A la dissolution de la communauté, au contraire, son existence se manifestera à l'encontre des créanciers; car, l'époux qui a fait l'apport, est créancier de l'excédant de valeur de cet apport sur la mise en communauté à laquelle il s'est engagé en le faisant, et, comme tel, pourra agir contre son conjoint, soit pour moitié, soit pour le tout, si nous supposons l'apport fait par la femme qui renonce. Notons, d'ailleurs, que le conjoint agit en l'espèce à titre de créancier, et viendra par conséquent au marc le franc avec les autres créanciers de son conjoint.

II. — Clause de réalisation.

146. — La seule dont nous ayons à traiter ici est celle qui porte sur des *meubles déterminés.* A la différence de la clause d'apport du mobilier jusqu'à concurrence d'une certaine somme, la clause de réalisation de meubles certains produit des effets *pendant la durée de la communauté.* En effet, l'époux qui réalise certains de ses meubles, en conserve la propriété, pourvu, du reste, qu'ils soient spécialisés par un inventaire ou état authentique. Dès lors, ils échappent aux créanciers de l'autre conjoint qui sont devenus créanciers de la communauté, et forment quant à leur nue propriété le gage exclusif des créanciers personnels de leur propriétaire. *A la dissolution de la communauté,* l'époux qui a fait la réalisation reprend, à titre de propriétaire, les meubles réalisés; les créanciers communs qui ne sont pas en même temps ses créanciers personnels n'ont aucun droit sur eux.

147. — La clause de réalisation du *mobilier futur* n'influe pas plus sur la situation des créanciers antérieurs au mariage, que la clause de réalisation de tels ou tels meubles déterminés. Elle modifie seulement leur gage, en empêchant de tomber en communauté, des meubles qui, de droit commun, devraient grossir son actif; mais, en revanche, elle empêche de tomber à son passif les dettes attachées aux successions ou donations qu'elle frappe.

B) *Clauses extensives.*

I. — Clause d'ameublissement.

148. — L'ameublissement *particulier* et l'ameublissement *général indéterminé* n'influent pas sur la composition passive de la communauté, nous l'avons établi. Mais il en est tout autrement sur sa composition active. Il importe de préciser la modification qu'ils apporteront au gage des créanciers antérieurs, soit en augmentant ce gage, si ces créanciers sont devenus créanciers communs, et si l'époux qui a consenti l'ameublissement n'est pas leur débiteur personnel, soit en le diminuant, s'ils sont demeurés créanciers purement personnels de l'époux qui a ameubli, à raison de la nature ou de la date de leur créance.

Nous devons séparer, pour ce faire, l'ameublissement particulier de l'ameublissement *général indéterminé*.

Pour ce dernier, en effet, la solution est indiscutable : il ne rend pas la communauté propriétaire des immeubles qui en sont frappés, il ne lui donne qu'un droit de créance à exercer, lors de la dissolution de la communauté, contre l'époux qui a consenti l'ameublissement.

Pour l'ameublissement *particulier,* il faut distinguer. La loi prévoit deux sortes d'ameublissements particuliers; ou l'immeuble est ameubli en totalité, ou il n'est ameubli que jusqu'à concurrence d'une certaine somme. Du reste, l'ameublissement est, aux yeux du législateur, un ameublissement déterminé, que l'immeuble soit ameubli en totalité, ou qu'il le soit jusqu'à concurrence d'une certaine somme[1].

249. — Il y a donc *deux espèces d'ameublissements déterminés.* Auront-elles les mêmes effets? Nous ne le croyons pas.

Il est hors de doute que l'ameublissement déterminé de la première espèce fait tomber en communauté l'immeuble ou les immeubles ameublis en totalité. Art. 1507-1° et 2°.

L'ameublissement déterminé de la seconde espèce, au contraire, ne rend pas la communauté propriétaire des immeubles qui en sont l'objet; il n'a d'autre effet que de lui donner un droit de créance, en vertu duquel, l'époux qui a consenti l'ameublissement est tenu, lors de la dissolution, de comprendre dans la masse commune l'im-

[1] On a vivement critiqué la terminologie adoptée par le législateur, et montré que l'un de ses ameublissements dits déterminés, ne se distinguait pas rationnellement de l'ameublissement dit indéterminé. Quelque raison que l'on ait de faire ces critiques, nous croyons devoir nous en tenir aux termes mêmes de la loi, en faisant remarquer que la classification qu'elle donne est basée sur l'étendue de l'ameublissement quant aux biens qu'il comprend, plutôt que sur l'effet même de la convention. Le législateur donnant aux deux mots déterminé et indéterminé leur sens naturel, et je dirai presque de tous les jours (art. 1245), appelle ameublissement *déterminé* celui qui a pour objet des immeubles spécialement désignés, et ameublissement indéterminé celui qui porte sur les immeubles considérés en masse.

meuble ou les immeubles ameublis, jusqu'à concurrence de la somme pour laquelle l'ameublissement a eu lieu. Art. 1507-3° et 1508.

Cette solution est fort contestée. Voici la raison de douter. L'ameublissement dont il s'agit est, aux termes de l'article 1506-2°, un ameublissement déterminé; or, l'article 1507 dispose que « l'effet de l'ameublissement déterminé est de rendre l'immeuble ou les immeubles qui en sont frappés, biens de la communauté comme les meubles mêmes. » Ne faudrait-il donc pas conclure que l'immeuble ou les immeubles ameublis jusqu'à concurrence d'une certaine somme, deviennent la propriété de la communauté?

Il est très vrai que l'article 1507-1° statue *generaliter* sur l'effet de l'ameublissement déterminé; bien vrai aussi que l'ameublissement dont nous traitons est appelé par le législateur ameublissement déterminé. Mais le premier paragraphe de l'article 1507 se trouve singulièrement corrigé par le troisième paragraphe du même article où nous lisons : « Si l'immeuble n'est ameubli que pour une « certaine somme, le mari ne peut l'aliéner qu'avec le « consentement de la femme; mais il peut l'hypothéquer « sans son consentement, jusqu'à concurrence seulement « de la portion ameublie. » Ce texte consacre manifestement notre doctrine. Si la femme ne restait pas propriétaire de l'immeuble ameubli jusqu'à concurrence d'une somme de..., le mari pourrait l'aliéner sans son consentement, en vertu de ses pouvoirs de chef de la communauté.

Nous le savons, les auteurs qui pensent qu'on ne saurait échapper à l'article 1507-1°, croient échapper à notre argument en soutenant qu'il y a transmission de propriété, mais que cette transmission ne saurait, en l'espèce, comporter des pouvoirs aussi complets qu'au cas d'ameublissement déterminé de la première espèce. Ces restrictions, disent-ils, ont pour but de protéger les droits que la femme conserve sur l'immeuble, et de lui faciliter l'exercice du droit de le reprendre en nature lors du partage de la communauté[1]. Mais, franchement, cette explication ne nous satisfait pas, et nous en revenons toujours à dire : Si la communauté est copropriétaire par indivis, son chef doit avoir le droit d'aliéner sa part indivise; c'est le droit commun, et nulle raison n'existe de ne point l'appliquer ici.

D'ailleurs, de quoi la communauté deviendrait-elle propriétaire? Évidemment ce ne peut être de tout l'immeuble. Sera-ce d'une partie indivise? On le prétend. Mais cela est inadmissible pour qui considère les conséquences de cet ameublissement. Pour qui seront les risques de l'immeuble ameubli? Pour le conjoint seul; tout au moins, tant que la valeur de cet immeuble n'est point inférieure à la somme jusqu'à concurrence de laquelle il a été ameubli. Pour qui seront les chances favorables d'un accroissement de valeur? Encore pour le conjoint et pour le conjoint seul. Ces conséquences sont-elles conciliables avec la doctrine de la copropriété de la communauté? Évidemment non. Aussi ne nous étonnons-nous pas que le mari, lorsqu'il use de la faculté d'hypothéquer l'immeuble ameubli — Art. 1507-3°, — hypothèque, non point une partie indivise de l'immeuble, mais la totalité de cet immeuble, jusqu'à concurrence de la dette dont il garantit le paiement.

Enfin, si nous allons au fond des choses, est-il possible,

[1] Rodière et Pont, III, 1408.

nous le demandons, de distinguer entre ces deux cas : ameublissement d'un immeuble jusqu'à concurrence d'une certaine somme, et ameublissement de tous les immeubles jusqu'à concurrence d'une certaine somme? Nous ne voyons, pour notre part, aucune différence de droit entre les deux espèces [1], et nous ne craignons pas d'avancer que le législateur n'en a pas vu davantage, car il est remarquable qu'aux deux espèces il applique exactement les mêmes règles. Cpr. art. 1507-3° et art. 1508-2°. Or, dans cette dernière espèce, il est certain que la communauté ne devient pas propriétaire des immeubles ameublis — Art. 1508-1° —; donc, elle ne doit pas le devenir davantage dans la première espèce.

150. — Ceci posé, si nous nous demandons quels seront, *durant la communauté,* les droits des créanciers antérieurs au mariage, il nous sera facile de répondre. Si l'ameublissement consenti est un ameublissement déterminé de la première espèce, ceux de ces créanciers qui sont devenus créanciers de la communauté, peuvent saisir les immeubles ameublis comme ils pourraient saisir des conquêts de communauté; si, au contraire, c'est un ameublissement déterminé de la deuxième espèce ou un ameublissement indéterminé, ils n'ont pas le droit de les saisir, à moins que le mari, usant des droits que lui donnent les articles 1507-3° et 1508-2°, ne leur ait conféré, jusqu'à due concurrence, un droit d'hypothèque sur ces biens.

Après la dissolution de la communauté, si la femme a *accepté*, il y a lieu à partage. La masse commune com-

[1] Nous disons aucune différence de droit. Il en est une cependant, mais qui tient au fait : dans le dernier cas, il ne saurait être question d'obligation de garantie pour le conjoint qui a consenti l'ameublissement, il en serait tout autrement dans le premier.

prendra, outre les biens qui la formeraient sous le régime de communauté, les immeubles ameublis. Elle les comprendra : en totalité, si l'ameublissement les a fait tomber en communauté; jusqu'à concurrence de la valeur qu'on a voulu mettre par surcroît en communauté, si l'ameublissement n'a été fait que jusqu'à concurrence d'une somme de..., qu'il porte du reste sur tous les immeubles ou seulement sur tel ou tels immeubles. Le partage de cette masse se fera conformément aux règles posées sous le régime de communauté, sauf le droit accordé par l'article 1509 au conjoint qui a fait un ameublissement de reprendre l'imble ameubli. Quant aux créanciers, leurs droits dans cette hypothèse seront les mêmes, en principe, que sous le régime de communauté légale. Il en sera de même si la femme *renonce* à la communauté.

En résumé, si l'ameublissement a été consenti par le mari, la situation des créanciers de la femme qui deviennent créanciers de la communauté est améliorée, et, par suite, celle de ses propres créanciers est empirée. S'il a été consenti par la femme, nous relevons les mêmes effets, mais en sens inverse.

151. — Constatons, du reste, que l'accroissement apporté au patrimoine commun par un ameublissement particulier ne saurait être détruit par une éviction. L'époux qui a fait l'ameublissement doit en garantir la communauté, car le contrat de mariage a un caractère commutatif, et l'ameublissement ne constitue pas en soi une libéralité[1] (art. 1440 et 1547).

[1] Toullier, XIII, 344. — Delvincourt, III, p. 83. — Odier, II, 815. — Battur, II, 401. — Rodière et Pont, III, 1405. — Aubry et Rau, § 524, texte et n. 15. — Marcadé, sur les articles 1504 à 1509, n° 5. — Sous notre ancien droit, trois opinions étaient en présence. L'une

Répétons, en terminant, que les clauses d'ameublissement que nous venons d'étudier laissent les époux, en ce qui concerne leurs dettes, sous l'empire des règles qui régissent la communauté légale. Leurs dettes immobilières restent à leur charge, quelle que soit, du reste, la valeur des immeubles ameublis, et cela, alors même que, par le fait, tous les immeubles auraient été particulièrement ameublis. Quant à leurs dettes mobilières, elles peuvent être poursuivies contre la communauté, si, du reste, elles remplissent les conditions exigées. Il est à remarquer que si ces dettes sont relatives aux immeubles ameublis, la communauté qui les aura payées n'en pourra réclamer récompense, si lesdits immeubles sont devenus sa propriété. Elle le pourra, au contraire, lorsqu'ils sont demeurés propres au conjoint qui a consenti l'ameublissement[1]. Cette remarque est intéressante soit pour les créanciers personnels de l'époux qui a ameubli, soit pour les créanciers de la communauté.

Disons enfin qu'il est une clause d'ameublissement général, qui sera sans influence sur la situation juridique des créanciers antérieurs au mariage, bien qu'elle affecte

absolue : jamais lieu à garantie. L'autre non moins absolue et toute contraire. Une troisième, enfin, distinguait suivant que l'ameublissement avait lieu à titre *commutatif*, pour rétablir l'égalité des apports, ou à titre *lucratif*, et n'obligeait à garantie que dans le premier cas. Pothier qui avait admis cette dernière opinion dans l'*Introd. au titre X de la Cout. d'Orléans*, n° 53, s'est rangé dans son *Traité de la communauté* (*Commun.*, n° 311), à la seconde que nous soutenons avec la majorité de la doctrine.

[1] En d'autres termes lorsque l'immeuble ou les immeubles n'ont été ameublis que jusqu'à concurrence d'une certaine somme. V. Colmet de Santerre, VI, 171 *bis*-XII. — Aubry et Rau, V, § 524, n. 17. — V. *en sens contraire :* Odier, II, 815. — Rodière et Pont, III, 1422. — Troplong, III, 1999.

en principe le passif de la communauté. Je veux parler de l'*ameublissement des immeubles à venir*. Cette clause modifiera évidemment le gage tant des créanciers communs, que des créanciers personnels du conjoint qui l'a consentie. D'ailleurs, si elle augmente l'actif commun, il est à noter qu'elle peut augmenter aussi son passif; mais c'est là un résultat qu'elle ne produira presque jamais, vu l'extrême rareté des dettes immobilières.

II. — De la clause de franc et quitte.

152. — Elle consiste dans la déclaration, contenue au contrat de mariage, que tel ou tel des époux est franc et quitte de toutes dettes antérieures au mariage, autres que celles déclarées au contrat. Cette déclaration peut être faite par le futur conjoint lui-même, ou par un tiers pour lui. Elle a pour effet direct de donner au conjoint de l'époux déclaré franc et quitte le droit de réclamer une indemnité, soit à son conjoint, soit au tiers qui l'a déclaré franc et quitte, si la communauté s'est vue obligée de payer une dette non déclarée. Le montant de cette indemnité sera égal au préjudice qu'il éprouve de ce chef.

Hâtons-nous de dire que cette clause n'affecte aucunement le droit des créanciers antérieurs; elle ne peut avoir qu'un effet : agrandir, augmenter leur gage.

Ainsi, si nous nous plaçons *durant la communauté :* Le mari est-il déclaré à tort franc et quitte; ses créanciers antérieurs n'en ont pas moins le droit de poursuivre et ses biens personnels et les biens de la communauté. La déclaration a-t-elle été faite par la femme, ou pour la femme; ses créanciers, s'ils remplissent d'ailleurs les conditions exigées, voient leurs dettes tomber en communauté, et rien ne paralyse leur action. Seulement, si la déclaration a été faite pour elle, le mari peut dès la révélation de ces dettes, agir en indemnité contre le tiers déclarant; ses créanciers ont le même droit (art. 1166), ils trouvent ainsi une garantie de plus dans cette déclaration.

Après la dissolution les créanciers des deux conjoints ont en principe la même situation que sous le régime de communauté légale. Mais, si la déclaration faite par le mari ou par un tiers pour lui est inexacte, et si, par conséquent, des dettes antérieures sont venues grever de son chef la communauté, au mépris de cette déclaration, indemnité pourra être réclamée par la femme ou ses créanciers, soit au mari lui-même, soit au tiers déclarant. La même action devrait être donnée au mari et à ses créanciers contre la femme ou le tiers déclarant, dans l'hypothèse inverse [1].

SECTION II.

Des clauses qui tendent à modifier les règles d'attribution ou de partage de la communauté.

153. — En matière de société, le partage s'opère proportionnellement à la mise de chacun des associés, si d'ailleurs les conventions sont muettes de ce chef (art. 1853). En matière de communauté, il en est différemment.

[1] Si l'action avait été intentée contre le tiers déclarant pendant la communauté, il devrait attendre sa dissolution pour agir contre la femme. Il ne pourrait même se prévaloir de l'art. 1410 pour agir avant cette époque sur la nue propriété des biens de celle-ci. V. Colmet de Santerre, VI, nº 179 *bis*-IX.

La nature de la société conjugale, sa composition, rendaient telle règle inapplicable. Dans l'impossibilité d'apprécier et d'évaluer exactement *a priori* l'apport des époux, considérant d'ailleurs l'égalité qui doit en principe régner entre eux, le législateur a décidé qu'actif et passif se partageraient par égales parts, si la femme ne répudiait pas la communauté. Du reste, il n'a point imposé aux parties le règlement type qu'il organisait; il leur laisse toute liberté de le modifier, même de le transformer totalement. Une seule condition est imposée à la validité de leurs conventions : Le passif doit toujours être proportionné à l'actif recueilli. De cette liberté laissée aux futurs conjoints, nous trouvons non-seulement une preuve indirecte dans le principe de la liberté des conventions matrimoniales, mais nous avons une preuve formelle dans les textes qui composent les sections V, VI et VII du chapitre II de notre titre. Le législateur, en effet, a prévu dans ces textes (art. 1514 à 1526), les plus usuelles des clauses auxquelles nous faisons allusion.

Nous bornerons nos études aux clauses prévues par la loi. Pour plus de clarté nous les grouperons en *deux classes*.

Les unes, en effet, sont *exclusives de l'idée de partage*, ce sont les clauses : de reprise d'apport, d'attribution éventuelle de la communauté tout entière à l'un des conjoints, de forfait de communauté.

Les autres, *n'excluent pas le partage, mais en modifient les règles*, ce sont les clauses : d'attribution de parts inégales et de préciput.

Est-il nécessaire, avant d'aborder leur étude, de remarquer qu'elles n'auront aucun effet sur le droit et la situation des créanciers antérieurs au mariage, pendant la durée de la communauté? Leur existence ne saurait évidemment leur nuire ou leur profiter qu'à compter de sa dissolution.

§ I. *Clauses excluant le partage.*

I. — Clause de reprise d'apport franc et quitte.

154. — Sous le régime de communauté légale, la femme qui renonce perd tout droit sur la communauté, et par conséquent sur les apports qui sont venus l'accroître de son chef (art. 1492). C'est là une disposition assez dure en somme, car le mari gère en maître la communauté. Aussi la loi permet-elle à la femme de stipuler qu'en cas de renonciation à la communauté, elle reprendra tout ou partie de ce qu'elle y aura apporté, soit lors du mariage, soit depuis sa célébration (art. 1514).

155. — Pour se prévaloir de cette clause, la femme doit renoncer. Or, nous savons que la femme commune qui renonce à la communauté, est déchargée à l'égard des créanciers de toutes les dettes communes, sauf de celles auxquelles elle est personnellement obligée. Nous conclurons donc : en premier lieu, que *les créanciers du mari*, qu'ils soient devenus ou non créanciers de la communauté par suite du mariage de leur débiteur, n'auront aucune action contre la femme; en second lieu, que *les créanciers personnels de la femme* ont, sans distinction, le droit d'agir contre elle.

Leur droit se borne-t-il là? Oui, sans doute, si ces créanciers ne sont pas devenus créanciers de la communauté. Mais s'ils le sont devenus, conservent-ils le droit d'agir contre le mari? Le plus souvent la question ne se posera pas, car les créanciers auront presque toujours agi avant la dissolution de la communauté, et, postérieurement à cette dissolution, poursuivront de préférence leur débitrice, sa renonciation devant faire présumer dans la plupart des cas peu de solvabilité chez le mari. Mais elle peut se poser, et voici la raison de douter.

La femme ne peut reprendre son apport, que déduction faite des dettes qui le grevaient et que la communauté a payées; c'est ce que décide l'article **1514** *in fine* qui consacre ainsi l'opinion que Pothier présentait comme la seule acceptable[1]. En effet, la femme ne saurait reprendre que ce qu'elle a effectivement apporté. Or, en apportant l'universalité de ses biens mobiliers, elle a apporté les dettes qui en sont la charge; son apport effectif se borne par suite à la différence de valeur entre les biens et les dettes, « *Quum non sint bona nisi deducto ære alieno.* »[2]

Ceci posé, le mari ne peut-il repousser l'action que les créanciers de la femme voudraient diriger contre lui, après que leur débitrice a repris ses apports, en invoquant les termes mêmes de l'article **1514-4°**, et en remarquant que cette clause équivaut en quelque sorte à une réalisation conditionnelle du mobilier présent?

Quelque sérieux que soient de tels arguments, je pense

[1] Pothier, *Communauté*, n° 411. Il déclare « *évidemment injuste* » l'opinion contraire de Lebrun.

[2] Cette déduction de dettes ne saurait donc avoir lieu si la reprise n'était pas de l'universalité des biens apportés par la femme, mais bien d'une certaine somme ou de certaines choses; s'il est dit, par exemple, que la future épouse, en cas de renonciation, reprendra la somme de 6,000 fr., pour lui tenir lieu de ce qu'elle a apporté, ou encore l'argenterie qui est entrée de son chef en communauté. Les dettes, en effet, ne sont pas la charge de certains biens, mais celle de l'universalité des biens (Pothier, 411. — Duranton, XV, 162. — Odier, II, 365. — Rodière et Pont, III, 1520. — Troplong, III, 2012). Cette remarque restreint encore le champ de la question que nous discutons.

qu'ils ne sont pas décisifs; les créanciers sont devenus créanciers de la communauté, ils doivent le demeurer, et comme tels ont le droit de poursuivre le mari. S'ils le font, celui-ci pourra recourir contre la femme et se faire indemniser. Nous l'admettrions même à réclamer à la femme, lorsqu'il lui restitue ses apports, des garanties à raison de celles de ses dettes personnelles qui, devenues communes, n'auraient point encore été acquittées.

156. — Il est intéressant d'examiner maintenant soit au point de vue des créanciers du mari, soit au point de vue des créanciers de la femme, comment s'opérera la reprise d'apport.

Cette clause n'a pas pour effet de réserver à la femme la propriété de son apport. Les meubles ou immeubles apportés tombent en communauté[1]; de là, nous pouvons conclure qu'elle exercera leur reprise *à titre de créancière*. C'est la doctrine qu'enseignait Pothier : « La reprise « des effets mobiliers que la femme a apportés ou fait « entrer en communauté ne se fait pas en nature; le mari « ou ses héritiers sont pour cette reprise, lorsqu'il y a « ouverture, débiteurs de la somme que lesdits effets va- « laient lorsque la femme les a apportés ou fait entrer en « communauté. »[2] Elle n'exclura donc ni les créanciers purement personnels du mari, ni ceux de la communauté; elle concourra avec eux lorqu'elle viendra reprendre son apport.

Cette solution, incontestée jusqu'en 1852, fut gravement controversée, lorsque la Cour de cassation admit que

[1] C'est ce qui nous permet de conclure que la clause de reprise d'apport est sans influence sur le droit des créanciers des époux pendant la durée de la communauté.

[2] Pothier, *Communauté*, 407.

la femme, même renonçante, agissait à titre de propriétaire lorsqu'elle exerçait ses reprises. On était amené logiquement, en effet, à accorder le même droit à la femme qui reprend ses apports en vertu de notre clause[1]. La controverse a cessé depuis l'arrêt du 16 janvier 1858 qui a restitué aux reprises de la femme et au droit en vertu duquel elles sont exercées leur véritable caractère (n° 85). Notre doctrine est donc définitivement acquise.

157. — Mais, *la créance qui lui est accordée, ne sera-t-elle pas au moins privilégiée?* On s'est appuyé sur Pothier pour le soutenir. Pothier, après avoir constaté que la reprise ne s'opère pas en nature, ajoute : « La femme, « ou les héritiers au profit de qui la reprise est ouverte, « ont seulement sur lesdits effets qui se trouveront en « nature, lors de la dissolution de la communauté, un « privilège sur tous les autres créanciers du mari, pour le « paiement de la somme due pour la reprise. »[2] A l'appui de cet argument, on fait observer : que rien n'est plus conforme à l'intention des parties ; que c'est l'unique moyen de donner quelque effet à une clause qui ne s'exercera qu'au cas où l'on renonce, c'est-à-dire au cas où la communauté est mauvaise; enfin que les créanciers ne sauraient se plaindre, car ils sont avertis par le contrat[3].

Ces motifs ne nous semblent point convaincants. Rien dans la loi ne nous montre subsistant encore la distinction faite par Pothier, suivant que les biens existent ou

[1] Metz, 11 et 14 juin 1855, Sir. 55. 2. 321. — Cpr. Req., rej., 7 fév. 1855 et 16 avril 1856, D. 55. 1. 115; 56. 1. 298.

[2] Pothier, *Communauté*, 407.

[3] Paris, 23 août 1855 (Follet c. de Vitry). Par arrêt du même jour, la même Cour refusait ce droit à la femme pour ses reprises en cas de communauté légale (Moinet c. hérit. Moinet).

non en nature dans la communauté; et les privilèges ne peuvent exister qu'autant qu'ils s'appuient sur un texte. Puis, l'opinion de Pothier n'était pas générale, Duplessis entre autres, la repousse formellement : « Cette clause (de reprise d'apports), écrit-il, se conçoit en cette forme : Sera permis à la future de renoncer à la communauté et ce faisant reprendre franchement et quittement tout ce qu'elle aura apporté. Ces mots *franchement* et *quittement* veulent dire que pour cette reprise, la femme ne doit rien des dettes de la communauté, ni à l'égard des créanciers, si ce n'est que la femme y eût parlé; pour telle reprise elle a son hypothèque du jour du contrat de mariage, *mais sur les meubles elle n'a que contribution.* »[1] Enfin, il est erroné de prétendre que dans ces limites la clause n'offre pas d'intérêt pour la femme. Sans parler de l'hypothèque légale qui lui permettra de primer les créanciers chirographaires du mari sur sa fortune immobilière, c'est bien un profit et une faveur pour elle, que ce droit de créance qui lui permet de concourir avec les créanciers de la communauté. Peut-elle vraiment se plaindre d'être traitée sur le même pied qu'eux[2] !

Maintenant ne serait-ce pas rester dans l'esprit de la clause que permettre à la femme de reprendre les meubles mêmes qu'elle a apportés, s'ils existent en nature, et si elle n'est point en concours avec les créanciers du mari? Je le déciderais volontiers en m'appuyant sur l'article 1509, qui lui accorde certainement ce droit, si l'apport consiste en un ou plusieurs immeubles ameublis en totalité.

[1] Duplessis, *Communauté*, liv. II, ch. I, sect. 2.

[2] Laurent, XXII, 340 à 342.

158. — Notons encore que la femme ne saurait valablement stipuler qu'elle exercera la reprise de ses apports par préférence et privilège à tous autres créanciers; les conventions sont impuissantes à créer des privilèges ou des droits de préférence. Il pourra être, il est vrai, question de savoir si une clause similaire ne peut être considérée comme suffisante à établir le régime dotal, et par conséquent à frapper l'apport d'inaliénabilité[1]; mais c'est là question de fait, et nous n'avons point à rechercher quel régime est, en fait, établi par le contrat, nous le supposons connu, et ne voulons qu'indiquer ses conséquences.

159. — Constituant une dérogation aux règles de la communauté légale et à celles des sociétés (art. 1492 et 1855)[2], la clause de reprise d'apports doit être entendue très étroitement, soit au point de vue des choses qu'elle atteint, soit à celui des personnes au profit de qui elle est stipulée (art. 1514-1°, 2° et 3°). Néanmoins le droit qui en résulte peut être exercé par toutes les personnes qui sont reçues à exercer les droits de la femme, notamment par ses créanciers. Il est même remarquable qu'ils peuvent agir, contrairement à ce que décidait Lebrun[3], soit du vivant de la femme, soit après son décès; il suffit que le droit se soit ouvert en sa faveur. Pothier rejetait toute distinction à cet égard[4], et les termes généraux de l'article 1166 ne la permettraient pas aujourd'hui. Bien plus, si la femme avait accepté une communauté obérée, en

[1] Cass., 13 août 1860 et 29 janvier 1866, S. 61. 1. 154; 66. 1. 141.

[2] Ce dernier point de vue est contesté avec assez de vraisemblance par MM. Rodière et Pont, III, 1490.

[3] Lebrun, *Comm.*, liv. III, ch. II, sect. II, dist. 5, n° 17.

[4] Pothier, *Comm.*, n 394.

fraude des droits de ses créanciers, nous les admettrions à faire rescinder quant à eux cette acceptation, à renoncer ensuite, et à exercer la reprise d'apport du chef de leur débitrice (arg. art. 788, 1167, 1464).

II. — Clause de forfait de communauté.

160. — On nomme ainsi la stipulation aux termes de laquelle un des époux gardera les biens de la communauté en payant à l'autre, qui la recevra pour tous droits dans la communauté, une somme convenue.

Cette somme devra être comptée quel que soit l'état de la communauté à la dissolution, excèderait-elle même l'actif net de cette communauté[1]; de là le nom de *clause de forfait* donné à cette convention par les commentateurs et par le législateur lui-même, dans l'article 1522.

Pour étudier les effets de cette stipulation sur le passif de la communauté, posons d'abord en principe, que *l'époux qui retient la communauté devient propriétaire exclusif du fonds social,* actif et passif sont concentrés sur sa tête. Voyons les conséquences qui en découlent dans les deux hypothèses que nous devons distinguer avec l'article 1524.

A) *Le forfait est établi à l'égard de la femme.*

161. — Dans cette hypothèse, la situation des créanciers est exactement la même que sous le régime de communauté légale, lorsque la femme renonce. Le mari est

[1] Rien n'empêcherait d'ailleurs une stipulation contraire, mais nous ne serions plus alors en face de la clause de forfait proprement dite. — Pothier, *Communauté*, 451 et 452.

tenu de toutes les dettes de la communauté (art. 1524-1°), car il retient l'universalité de ses biens; la femme, au contraire, en est totalement déchargée (art. 1524-2°).

Il ne faudrait point voir de contradiction entre l'article 1524-2°, qui soustrait à toute action des créanciers de la communauté la femme qui reçoit le forfait ou ses héritiers, et l'article 780 qui voit dans la renonciation à succession, moyennant un prix déterminé, acceptation de cette succession, et par conséquent de ses charges. Les situations ne sont pas les mêmes. On ne saurait en notre espèce parler de renonciation *proprio sensu;* les parties ont établi un régime *sui generis* autorisé, non-seulement par la liberté des conventions matrimoniales, mais aussi par décision expresse du législateur, régime en vertu duquel la femme qui reçoit le forfait est réputée ne rien distraire de la communauté, régime qui comme toutes conventions matrimoniales est opposable aux tiers[1].

[1] Ces considérations montrent que notre décision serait tout autre si la femme commune renonçait à la communauté moyennant une somme qui lui serait versée suivant un accord intervenu postérieurement à la dissolution de la communauté. Nous n'hésiterions pas à appliquer à cette espèce, totalement distincte de l'espèce que nous traitons, la décision innovatrice de l'article 780 (Cass., 14 avril 1807, D. *Rép.*, v° *Contr. de mar.*, n°s 2967 et 2980). Nous disons innovatrice, car les lois Romaines ne voyaient point une acceptation dans la renonciation faite moyennant un prix (l. 24 D. *De acquir. vel omitt. hered.*, XXIX, II. — L. 2 D. *Si quis omissâ causâ testam.*, XXIX, IV), mais le préteur pouvait intervenir et réputer la renonciation frauduleuse. Dans notre ancien droit, Lebrun et Pothier n'y voyaient pas non plus d'acceptation, Domat, seul, se fondant sur des textes romains qu'il interprétait inexactement, soutenait la doctrine que l'article 780 a consacré.

B) *Le forfait est établi à l'égard du mari.*

162. — Dans ce cas, la femme qui a le droit de retenir la communauté en payant au mari ou à ses héritiers une certaine somme, peut néanmoins renoncer et se soustraire ainsi aux conséquences de la clause qu'elle a stipulée. L'article 1524-3° lui reconnaît ce droit en termes formels. D'ailleurs les principes posés en matière de communauté auraient suffi à le lui faire accorder sans hésitation (article 1453).

Si elle renonce à la communauté, la clause de forfait est non avenue; en pareille occurrence la situation et les droits des créanciers sont les mêmes que sous le régime de communauté légale.

Si elle accepte, au contraire, elle est tenue tant à l'égard du mari, qu'à l'égard des créanciers, de toutes les dettes communes (art. 1524-3°). Ainsi, les créanciers du mari qui sont devenus créanciers de la communauté par suite de son mariage, peuvent poursuivre leur paiement tant contre le mari que contre la femme, et contre chacun pour la totalité.

163. — A cette règle, M. Bellot des Minières et MM. Aubry et Rau admettent un tempérament. D'après leur doctrine, *la femme acceptante ne pourrait être poursuivie que jusqu'à concurrence de son émolument, quand elle a rempli les formalités prescrites par l'article 1483,* à moins qu'elle ne se trouve personnellement engagée.

Ils posent en principe que le bénéfice accordé par l'article 1483 à la femme qui a fait inventaire, n'est pas incompatible avec le forfait de communauté; ils ne pensent pas qu'on puisse le refuser à la femme qui, stipulant une clause de forfait, se le serait formellement réservé par le contrat de mariage. Cela étant, toute la question est de savoir si l'article 1524 dénie à la femme qui retient la communauté en vertu de la clause de forfait, le droit de faire usage de ce bénéfice. Cet article nous dit bien que la femme est dans cette alternative : accepter en payant toutes les dettes, ou renoncer; mais, il ne faut pas perdre de vue que le bénéfice de l'article 1483, à la différence du bénéfice d'inventaire, ne constitue pas un parti distinct à prendre par la femme. Il se trouve virtuellement attaché à l'acceptation même; d'où l'on peut conclure qu'il faudrait une disposition législative formelle pour en priver la femme.

Et pourquoi l'en eût-on privée ici? Ce bénéfice ne fait pas double emploi avec le droit de renoncer; son utilité véritable ne se manifestera que si la communauté qui paraissait avantageuse, se montre obérée de dettes inconnues jusqu'au jour de l'acceptation. Eh bien! En refusant alors à la femme qui avait fait inventaire, le secours de l'article 1483, on se met en opposition directe avec l'esprit de la loi dont le but précis est de garantir la femme qui n'a point de négligence à se reprocher, contre les pertes auxquelles elle pourrait se trouver exposée par suite de son acceptation.

Ils observent enfin, que les créanciers de la communauté, pas plus que les héritiers du mari, ne peuvent se plaindre. La femme leur devra compte de toutes les valeurs portées à l'inventaire, leur situation ne sera donc pas plus mauvaise qu'elle ne l'aurait été, si, usant d'un droit incontesté, la femme avait renoncé[1].

[1] Bellot des Minières, III, p. 297 et 298. — Zachariæ, § 530, texte et n. 11. — Aubry et Rau, V, p. 507, § 530, texte et n. 9.

Malgré la valeur de cette argumentation, *nous pensons que la femme ne saurait invoquer en l'espèce le bénéfice de l'article 1483*. Elle nous paraît avoir renoncé de façon absolue à ce bénéfice, en stipulant la clause de forfait de communauté. En un mot, *la clause de forfait et le bénéfice de l'article 1483,* nous semblent *incompatibles,* et cela, car l'idée de *forfait* éveille nécessairement celle de risques à courir. Le *forfait* est par essence un contrat aléatoire. Or, si on admet la femme qui se prévaut de la clause de forfait à se prévaloir également du bénéfice d'émolument, il n'y a plus d'*alea* possible; toutes chances mauvaises sont mises à la charge du mari ou de ses héritiers; nous n'avons plus que l'étiquette et non la chose.

Est-ce à dire que nous laissions la femme sans protection? Non, car la clause qui autorise la femme ou ses héritiers à garder la communauté en payant le forfait, ne les prive point du droit de renoncer. Ce droit que la femme ne peut abdiquer (art. 1453), constitue à nos yeux une protection suffisante, car, enfin, c'est une hypothèse toute exceptionnelle que celle de dettes qu'un inventaire soigneux ne vient pas révéler, et que la femme n'a pas soupçonnées. Puis, n'a-t-elle pas à s'imputer d'avoir trop légèrement accepté?

Nous venons de parler du droit de renoncer et de rappeler qu'on ne peut l'abdiquer, ceci nous amène à nos *arguments de texte.* Nous remarquons, en effet, que l'article 1524 réserve, en propres termes, le droit de renoncer, à la femme qui peut se prévaloir de la clause de forfait. Pourquoi cette réserve? Sans doute, le législateur a craint qu'on ne fût amené, par la nature même de la clause de forfait, à contester ce droit malgré les termes formels et généraux de l'article 1453. Or, pour le bénéfice d'émolument, il n'existe point de texte analogue à cet article; nulle part nous ne trouvons de disposition qui interdise à la femme le droit d'y renoncer, si donc le législateur ne l'a pas rappelé, ne faut-il pas conclure qu'il n'a pas voulu le conserver.

Cette intention ne résulte point seulement de cette présomption, elle ressort aussi des textes. Voyez leur économie : l'article 1522 pose en principe que le forfait est obligatoire pour les deux époux, parties au contrat; l'article 1524 applique le principe au mari purement et simplement, à la femme sous réserve de son droit de renoncer. Cette réserve fait échec à la fois à l'idée-mère de la clause de forfait, et au principe que les conventions sont la loi des parties (art. 1134). Comme toute exception, elle doit donc s'entendre très étroitement; seul un texte de loi justifierait son extension. Ce texte existe-t-il? Non, le seul qui statue sur la matière est l'article 1524, et sa lettre mène à une solution manifestement contraire. Il dispose que la femme a le choix ou de payer le forfait « *en demeurant obligée à toutes les dettes,* » ou de renoncer; n'est-ce pas dire que la femme qui se prévaut de la clause de forfait, ne peut s'exonérer en ne payant qu'*une partie des dettes*[1] ?

III. — De la clause d'attribution exclusive et intégrale de la communauté à l'un des époux.

164. — La clause par laquelle les futurs époux conviennent que la totalité de la communauté appartien-

[1] Odier, II, 904. — Marcadé, sur l'art. 1524, nº 2. — Dalloz, *Rép.*, vº *Contr. de mar.*, nº 2982. — Troplong, III, 2166. — Rodière et Pont, III, 1598. — Colmet de Santerre, VI, nº 192 *bis*-III, p. 430.

dra au survivant ou à l'un d'eux en cas de survie (art. 1520 et 1525-1°) n'est pas exclusive de communauté, car chaque conjoint conserve un intérêt dans la société conjugale.

Elle emporte virtuellement le droit, pour les héritiers du conjoint qui se trouve privé de toute part dans la communauté, de reprendre les apports et capitaux tombés en communauté du chef de leur auteur (art. 1525-1°)[1]. Ils n'exerceront cette reprise, cela va sans dire, qu'à titre de créanciers[2].

165. — Quant aux effets de cette clause sur le passif, ils sont sensiblement les mêmes que ceux de la clause de forfait de communauté. La situation est la même. Dans les deux cas, l'universalité de la communauté tombe entre les mains de l'un des deux conjoints, et, avec elle, la charge de toutes les dettes communes.

Le mari prend-il donc la communauté en vertu de notre clause, ses créanciers, et avec eux ceux de la femme qui sont devenus communs, peuvent agir tant sur ses propres que sur les biens de la communauté, désormais confondus. *L'attribution est-elle faite à la femme,* elle conserve le droit de la repousser en renonçant; si elle ne le fait, elle sera tenue de la même façon que le mari. C'est dire que nous lui refusons, comme nous l'avons fait en traitant de la clause de forfait, le droit de se prévaloir du bénéfice que lui accorde l'article 1483 sous l'empire de la communauté légale. L'argument de texte que nous

[1] Sauf stipulation contraire, Odier, II, 913. — Dalloz, *Rép.*, v° *Contrat de mariage*, n° 2996. — Rodière et Pont, III, 1609. — Aubry et Rau, § 530, n. 11. — Cass., 29 avril 1863, D. 63. 1. 198. — V., *en sens contraire*, Battur, II, 489. — Bellot des Minières, III, p. 306.

[2] Req , rej., 7 avril 1862, D. 62. 1. 329.

tirions de l'article **1524** nous manque, il est vrai; mais la situation est la même, et il y aurait vraiment contradiction à accorder le bénéfice d'émolument à la femme qui reçoit la totalité de la communauté, sans être obligée de payer quoi que ce soit aux héritiers du mari, tout en le lui refusant au cas de forfait de communauté[1].

§ II. *Clauses modifiant les règles du partage.*

I. — Clause d'attribution de parts inégales.

166. — Les époux peuvent stipuler qu'ils prendront des parts inégales dans la communauté. Ils peuvent faire cette stipulation purement et simplement ou sous condition (art. 1520). Mais la dérogation active doit entraîner, à peine de nullité, une dérogation égale dans l'attribution du passif (art. 1521-1°). Cette règle est impérative; y déroger serait vouer la convention à la nullité, et à la nullité complète, car elle constitue un tout qui doit être considéré comme indivisible dans la volonté des parties (1521-2°)[2]. Le motif qui l'a inspirée est moins l'équité que la volonté d'empêcher les époux et le mari en particulier, de modifier les conventions matrimoniales au cours du mariage.

167. — Les effets d'une telle clause sur la contribution aux dettes sont évidents. En aura-t-elle aussi sur

[1] Odier, II, 913. — Marcadé, sur l'art. 1525. — Rodière et Pont, III, 1612. — Troplong, III, 2183 et 2185. — *Contrà*, Aubry et Rau, V, p. 509 et 530, texte et n. 15.

[2] Pothier, 449. — Battur, II, 480. — Bellot, III, p. 289. — Dalloz, *Rép.*, v° *Cont. de mar.*, n° 2964. — Odier, II, 893. — Aubry et Rau, V, § 530. — Rodière et Pont, III, 1585. — *Contrà* : Taulier, V, p. 209. — Cf. Duranton, XV, 206.

l'*obligation aux dettes?* En d'autres termes, les créanciers de la communauté pourront-ils et devront-ils en tenir compte dans leurs poursuites contre celui des conjoints qui n'est leur débiteur que comme commun? Pourront-ils le poursuivre jusqu'à concurrence de la part qu'il recueille? Ne devront-ils le poursuivre que jusqu'à concurrence de cette part? Ou bien, au contraire, décidant que la clause ne les touche point, leur donnerons-nous action pour moitié contre lui, quelle que soit d'ailleurs *la part qu'il ait recueillie?*

Nous pensons que les créanciers peuvent poursuivre le conjoint, qui n'est tenu envers eux que comme commun, dans la proportion de la part qu'il prend dans l'actif, et *vice versâ,* qu'ils doivent restreindre leur action dans la proportion de cette part, lorsqu'elle est moindre que moitié. L'article 1521 nous semble s'être servi d'une expression qui embrasse tout à la fois les rapports des époux entre eux et leurs rapports avec leurs créanciers respectifs[1].

D'ailleurs, chacun des époux demeure tenu *in infinitum* envers ses propres créanciers, sauf, bien entendu, son droit de recours contre son conjoint.

Remarquons enfin, que la femme pourra jouir du bénéfice de l'article 1483, et cela, eût-elle stipulé et recueilli une part plus forte que moitié dans l'actif de la communauté[2].

[1] Art. 1521. « ... l'époux... réduit ou ses héritiers *ne supportent* les dettes de la communauté que proportionnellement à la part qu'ils prennent dans l'actif. » — V. Rodière et Pont, III, 1586. — Aubry et Rau, V, p. 505, § 530-1°.

[2] Odier, II, 894. — Rodière et Pont, III, 1587. — Aubry et Rau, V, p. 506, § 530-1°.

II. — Clause de préciput.

168. — On appelle ainsi la clause par laquelle les futurs époux conviennent que le survivant d'entre eux, ou que l'un d'eux, s'il survit, sera autorisé à prélever sur la masse commune, avant tout partage, soit une certaine somme, soit une certaine quantité d'objets mobiliers ou immobiliers, soit enfin certains meubles ou immeubles spécialement désignés[1].

Cette définition nous indique : 1° que l'exercice du préciput suppose l'acceptation de la communauté par la femme ou ses héritiers; 2° que la clause de préciput ne saurait avoir aucun effet sur le droit de poursuite des créanciers.

169. — Le préciput « n'étant *in se* qu'un droit de prélever sur la masse, ne peut avoir lieu qu'autant qu'il y a de quoi prélever[2]; » il ne s'exerce en d'autres termes et pour employer les propres expressions de l'article 1515 que *sur la masse partageable;* les créanciers de la communauté peuvent donc agir durant la communauté, sans se préoccuper de son existence. C'est ce que consacre en termes formels l'article 1519, dans l'espèce où leur droit aurait pu paraître le plus contestable. Que s'ils n'ont point agi durant la communauté et ont laissé exercer le préciput, évidemment ils ne pourront dans la suite actionner que pour moitié l'époux qui en a profité, et qui n'est tenu à leur égard que comme commun. Si cet époux est la femme, et si elle oppose à leur action le bénéfice de l'ar-

[1] Aubry et Rau, V, p. 497, § 530. — Il pourrait être stipulé aussi au profit des héritiers du prémourant.

[2] Pothier, *Communauté*, 449.

ticle 1483, elle doit faire figurer le préciput dans le chiffre de son émolument.

170. — Telles sont les remarques que nous avions à faire sur la clause de préciput proprement dite. Je dis sur la clause de préciput proprement dite, car, si le contrat de mariage permet à la femme d'exercer le prélèvement *alors même qu'elle renonce,* la clause, bien que décorée du nom de préciput, n'est plus, à proprement parler, une clause de préciput. Nous sommes alors en présence d'une stipulation qui donne à la femme une créance contre la communauté, et, par suite, contre le mari.

171. — Pareille clause sera, *durant la communauté,* sans influence sur le droit des créanciers; pas plus que la clause de préciput proprement dite, elle n'empêche les objets sur lesquels elle porte de tomber en communauté, et, par conséquent, d'être soumis à l'action des créanciers de celle-ci (art. 1519).

En sera-t-il différemment *après la dissolution de la communauté?* Il faut distinguer, ce nous semble, suivant que la femme veut exercer ses droits sur les biens de la communauté ou sur les biens personnels du mari.

Sur les biens de la communauté elle serait, à notre avis, primée par les créanciers communs. Le nom même dont on s'est servi pour qualifier son droit, prouve qu'il ne peut s'exercer sur l'actif commun, qu'après le paiement des dettes dont cet actif est chargé. Puis, les créanciers peuvent lui objecter, qu'ils doivent avoir des droits préférables aux siens sur cet actif qu'elle a autorisé le mari à administrer librement en son nom. Enfin, ils lui opposeront l'article 1519, qui consacre le droit de préférence qu'ils prétendent sur les biens communs, et qui ne distingue pas entre le préciput proprement dit et celui que la femme aurait stipulé même au cas de renonciation, puisque, réduisant l'époux à un recours, il renvoit pour les termes de ce recours à l'article **1515**, où se trouve consacré le droit de la femme renonçante d'agir contre le mari personnellement, quand elle a stipulé le préciput même au cas de renonciation.

Exerce-t-elle son recours ***sur les biens du mari,*** soit qu'elle ait stipulé un préciput en argent, soit qu'elle l'ait stipulé en corps certains qui ont été aliénés ou saisis par les créanciers communs, elle ne doit plus être primée par ces créanciers, elle concourt avec eux; elle est comme eux créancière du mari, et ne peut se voir opposer aucun des arguments qu'ils font valoir, lorsqu'elle veut agir sur la communauté.

DEUXIÈME PARTIE.

DU RÉGIME EXCLUSIF DE COMMUNAUTÉ.

172. — Après avoir traité des conventions qui tendent à modifier la communauté légale, le législateur devait prévoir l'hypothèse où les parties voudraient l'exclure, sans pourtant se soumettre au régime dotal. C'est ce qu'il a fait dans une dernière section intitulée : *Des conventions exclusives de la communauté.*

Ces conventions exclusives sont au nombre de deux. Les époux peuvent, aux termes de l'article 1529, déclarer se marier *sans communauté,* ou stipuler qu'ils seront *séparés de biens.*

Ce sont ces deux clauses ou régimes que nous devons maintenant étudier sous la rubrique générale de Régime exclusif de communauté.

173. — Avant d'aborder leur étude, nous remarquerons qu'elles se rattachent intimement au régime de communauté légale. Leur origine est la même. La tradition les a de tout temps présentées comme des modifications du régime de communauté; leur place dans notre Code consacre cette tradition.

Il en est tout autrement du régime dotal.

Comme le régime sans communauté et le régime de séparation de biens, il exclut la communauté; mais là se borne la ressemblance. A la différence de ces deux régimes, en effet, il se sépare absolument du régime de communauté légale, soit par son origine, soit par son histoire, soit par la place toute spéciale qu'il occupe dans la loi.

Concluons de ces prémisses, que ce n'est point dans les dispositions relatives au régime dotal, que nous devons chercher les règles propres à combler les lacunes laissées par la loi dans la réglementation du régime sans communauté, quelle que soit l'analogie qui existe d'ailleurs entre eux. Nous devons, au contraire, nous reporter au régime de communauté légale. Ce sont ses règles qui subsistent et s'appliquent pour tout ce qu'elles ont de compatible avec la séparation d'intérêts créée par le régime sans communauté. Donc, ici encore, nous étudierons les droits des créanciers antérieurs, en nous référant aux principes et aux règles que nous avons établis sous le régime de communauté légale.

CHAPITRE PREMIER.

DU RÉGIME SANS COMMUNAUTÉ.

174. — Ce régime, en excluant la communauté, conserve à chaque époux la propriété de ses biens meubles et immeubles, présents et futurs. Mais comme, dans le régime de communauté auquel il se rattache, tous les revenus de la femme sont censés, à moins de stipulation contraire, apportés au mari pour soutenir les charges du mariage, celui-ci a sur les biens propres de la femme à peu près les mêmes droits que ceux qu'il exercerait comme chef de la communauté; plus exactement il en a la jouissance en son nom personnel et comme moyen de jouir l'administration[1]. Bref, pour caractériser ce régime d'un mot, nous dirons que sous son empire tous les biens de la femme sont dotaux[2], mais quant à la jouissance seulement.

De ces deux principes, à savoir, que *la propriété de ses biens reste à la femme*, mais que *leur jouissance passe au mari*, découleront toutes les solutions que nous allons donner en étudiant les droits des créanciers, soit du mari, soit de la femme, d'abord, pendant la durée du régime sans communauté, puis, après sa dissolution.

[1] Colmet de Santerre et Demante, VI, 200 et 200 *bis*-I.

[2] C'est là la différence essentielle qui sépare le régime sans communauté du régime dotal. Par le fait seul de son adoption, tous les biens sont réputés dotaux (art. 1530 et 1531). *E contrà*, sous le régime dotal, *il faut*, pour que les biens soient dotaux, qu'une constitution expresse soit intervenue.

A) *Droits des créanciers antérieurs pendant la durée du régime sans communauté.*

I. — Droits des créanciers du mari.

175. — La femme demeurant propriétaire de tous les biens meubles et immeubles qu'elle possède au jour du mariage, il nous est aisé de conclure que de la stipulation du régime sans communauté s'ensuit une séparation de dettes virtuelle. De là, et par application des principes que nous avons étudiés plus haut, décidons que *les créanciers du mari* ne sont point autorisés à saisir le mobilier de la femme, si la consistance en est constatée dans un inventaire ou état authentique antérieur au mariage, ou concomitant à son entrée en communauté, s'il s'agit de meubles advenus à la femme au cours du mariage, par succession, donation ou don de fortune (arg. art. 1510)[1].

Telles sont les conséquences à tirer du principe que la femme conserve la propriété de ses biens tant mobiliers qu'immobiliers. Mais, rappelons-nous, sans parler pour l'instant de l'échec que lui font subir, touchant les biens

[1] Duranton, XV, 291. — Bellot, III, p. 252. — Troplong, III, 2261. — Aubry et Rau, § 531, texte et n. 1 (*c*), V, p. 512. — Du reste, si à défaut de constatation régulière à leur égard, les créanciers du mari ont saisi et fait vendre tout ou partie du mobilier de la femme, celle-ci pourra prouver contre le mari ou ses héritiers la consistance de ce mobilier et obtenir indemnité. Elle fera cette preuve tant par titres que par témoins et même commune renommée, et cela, qu'il s'agisse du mobilier échu au cours du mariage, ou même du mobilier apporté lors du mariage. Nous appliquons à cette espèce même, la règle de l'article 1504, et négligeons celle de l'article 1499, car, à la différence de ce qui se produit sous le régime de communauté d'acquêts, le mari

consomptibles, les règles du quasi-usufruit, rappelons-nous que ce principe ne s'applique : ni aux objets livrés au mari sur estimation, sans qu'il ait été déclaré que cette estimation ne vaudrait pas vente; ni à ceux qui sont naturellement destinés à être vendus, ou qui se détérioreraient par trop en les gardant (art. 1581). Le mari devient propriétaire de ces objets, à charge d'en restituer l'estimation; ses créanciers peuvent donc les saisir[1].

176. — Si la femme demeure propriétaire de ses biens, le mari en acquiert la jouissance. C'est le second principe dont il nous faut tirer les conséquences.

Le droit de jouissance du mari, sous le régime sans communauté, est sensiblement analogue à celui d'un usufruitier (arg. art. 1532 et 1533). Dès lors, si nous devions poser en principe que ses créanciers ne peuvent, à raison du droit de propriété de la femme, saisir les biens qu'elle a apportés entre ses mains, nous devons ajouter maintenant qu'ils pourront saisir les revenus de ces biens, mais seulement pour la portion qui excède les besoins du ménage : car, suivant la remarque de M. Bufnoir, si la perception des fruits profite exclusivement au mari, c'est à la condition expresse qu'il pourvoira aux

est tenu sous le régime sans communauté de dresser inventaire du mobilier apporté lors du mariage (arg. art. 1533, cbn. art. 600). — Toullier, XIV, nos 24 et suiv. — Rodière et Pont. — *Contrà*, Duranton, XV, 288. — Bellot, III, p. 341 et suiv. — L'intérêt qu'offre cette remarque *pour les créanciers de la femme*, apparaîtra des plus vifs, si nous observons qu'exerçant ses droits, ils pourront agir en indemnité, et faire cette preuve à l'égard du mari, même pendant le mariage. Duranton, XV, 290.

[1] Durant., XV, 287. — Odier, II, 967. — Rod. et Pont, III, 2073. — Aubry et Rau, § 531, texte, n. 1 *in fine*. — V. cep. Bellot, III, p. 339 et 482. — Delvincourt, III, p. 98.

charges du mariage (art. 1530 *in fine*)[1]. Nous devons ajouter aussi, que parmi les objets apportés par la femme, il en est qu'ils peuvent saisir en toute propriété ; ce sont ceux dont on ne peut user sans les consommer, car l'attribution de leur jouissance entraîne forcément celle de leur propriété. Cette solution à laquelle nous conduisent les principes, est corroborée par l'article 1532[2].

Sous ces réserves, et si du reste ils n'ont pas été confondus avec ceux du mari, les biens de la femme échappent complètement aux poursuites des créanciers du mari[3].

II. — Droit des créanciers de la femme.

177. — Leur débitrice demeurant propriétaire, ils conservent le droit de poursuivre et de saisir ses biens tant mobiliers qu'immobiliers. Évidemment leur droit subira les mêmes réserves que celui de leur débitrice; en d'autres termes, les biens dont la propriété a été transférée au mari, soit par suite des règles posées par l'article 1851, soit par application des principes du quasi-usufruit, échappent à leur action.

178. — Ce n'est pas tout; il nous faut tenir compte, dans le règlement de leur droit, du droit de jouissance accordé au mari. Pour eux, le mari est un tiers; concluons que si leur titre ne lui est pas opposable, ils devront respecter son droit. Nous ne les autoriserons donc à se ven-

[1] Cf. Aubry et Rau, § 531, n. 6.

[2] Il est à noter que d'après cet article la restitution de ces objets doit toujours avoir lieu en valeur. Cf. art 587 C. civ.

[3] Ils ne peuvent se venger sur eux, ni directement, ni indirectement. Les auteurs mêmes, qui admettent que le mari peut aliéner les propres mobiliers de la femme sous le régime de la communauté légale, lui refusent ce droit sous le régime sans communauté.

ger sur la *pleine* propriété des biens de leur débitrice, que si l'existence de leurs créances antérieurement au mariage est *légalement établie à l'égard du mari.* Si elle ne l'est pas, ils ne peuvent agir que sur la nue propriété (arg. art. 1410, Cbn. art. 1328)[1].

D'après Marcadé, alors même que les créanciers de la femme justifieraient d'une date certaine antérieure au mariage, ils ne pourraient exercer leurs poursuites que sur la nue propriété des biens de la femme, car l'usufruit qu'elle a conféré au mari constitue un droit réel que ses créanciers simplement chirographaires doivent respecter[2].

Si l'usufruit n'était conféré que sur certains biens déterminés, l'argument porterait; mais il s'agit en l'espèce de l'usufruit de l'universalité des biens du débiteur; or, l'usufruitier universel ou à titre universel doit contribuer avec le propriétaire au paiement des dettes (art. 612), l'argument ne saurait donc valoir. La solution que nous donnons est bien d'ailleurs celle que consacre l'article 1510, dans une situation de tous points semblable à la nôtre, en permettant aux créanciers de la femme d'agir sur la pleine propriété de ses biens malgré la stipulation d'une clause de séparation de dettes.

On ne saurait invoquer contre notre opinion l'arrêt de la Cour de Montpellier du 13 juin 1840[3]. Cet arrêt a annulé une saisie-arrêt pratiquée entre les mains du mari par un créancier de la femme, antérieur au mariage, sur une somme de 3,000 francs que celle-ci lui avait apportée en dot. Il nous suffira de remarquer que

[1] Duranton, XV, 291. — Odier, II, 954. — Troplong, III, 2268. — Aubry et Rau, § 531, texte et n. 21.

[2] Marcadé, sur les art. 1529 à 1532, n° 4.

[3] Dal. *Rép.*, v° *Contr. de mar.*, n° 3104.

sa décision se justifie par cette simple considération, que le mari était devenu propriétaire de ladite somme sous obligation de la restituer seulement à la dissolution du régime; elle ne pouvait dès lors être saisie au détriment de son droit de propriété. Est-ce à dire qu'en pareil cas les créanciers seront totalement frustrés, si la femme n'a pour tout avoir que la somme remise au mari? Non, car ils pourront : d'une part, poursuivre le mari en paiement des intérêts ; d'autre part, saisir la créance dotale qui compètera à la femme contre lui à raison de cet apport, et se prévaloir en l'exerçant de l'hypothèque légale qui la garantit[1].

179. — Ce que nous venons de dire n'est rigoureusement vrai que si le mari a fait un inventaire. Si à défaut d'inventaire le mobilier de la femme se trouvait, *de fait, confondu* avec celui du mari, ses créanciers devraient être admis à saisir la totalité du mobilier qui se trouverait entre les mains de ce dernier; sauf bien entendu, le droit pour lui d'exercer contre la femme une action en indemnité, lors de la dissolution du mariage ou de la séparation de biens (arg. anal. art. 1510).

Nous avons d'ailleurs à dessein parlé de confusion de fait, car nous admettrions le mari à demander la distraction des objets de la propriété desquels il pourrait justifier de façon positive. C'était autrefois l'opinion de Lebrun[2]. Nous pensons avec M. Troplong qu'elle doit être suivie. Nous estimons donc que l'inventaire ou l'état authentique n'est pas de rigueur sous ce régime. Qu'il le soit sous le régime de séparation de dettes, cela ne saurait nous étonner, car le fond du régime est alors la

[1] Troplong, III, 2268. — Dalloz, *Rép.*, v° *Contr. de mar.*, n° 3104.

[2] Lebrun, *Comm.*, liv. II, ch. II, sect. IV, n° 16.

communauté. Au contraire, sous notre régime, la communauté n'existe plus; les biens des époux sont en principe séparés et distincts [1].

180. — Les créanciers de la femme, dont les titres n'ont pas date certaine antérieure au mariage, ne peuvent poursuivre leur paiement que sur la nue propriété des biens de leur débitrice (arg. anal., art. 1410). Leur donner des droits plus étendus, serait permettre à la femme d'annihiler, par des antidates, le droit de jouissance du mari.

B) *Droits des créanciers antérieurs après la dissolution du régime sans communauté.*

181. — Dès cette dissolution, qu'elle ait lieu accessoirement par suite de la dissolution du mariage, ou principalement par suite de la séparation de biens, dès cette dissolution, *les créanciers,* tant du mari que de la femme, et ceux-ci sans distinction, *ne peuvent plus poursuivre que leur propre débiteur,* et sur ses biens personnels.

Notons que le mari devra restituer sans délai les meubles qu'il a reçus de la femme pour en jouir [2], et que les intérêts de la dot qu'il devra restituer ainsi, courront du jour de la dissolution du mariage [3].

[1] Troplong, III, 2269. — Aubry et Rau, V, p. 517, § 531. — Cpr. Odier, II, 954. — Marcadé sur les art. 1529 à 1532. — Duranton, XV, 291. — Dalloz, *Rép.*, v° *Contr. de mar.*, n° 3105.

[2] Pothier, *Com.*, 463. — Duranton, XV, 299. — Troplong, III, 2263. — V. *en sens contr. :* Rodière et Pont qui, conséquents avec leur théorie : compléter le régime sans communauté par les règles du régime dotal, permettent au mari d'invoquer le bénéfice de l'article 1565.

[3] MM. Rodière et Pont le décident aussi par application de l'article 1570. — Pour nous, l'article 1570 ne saurait intervenir; mais nous considérons que la jouissance des biens de la femme est accordée au mari pour soutenir les charges du mariage. Or « *cessante causâ cessat effectus.* » Cf. Duranton, XV, 301, et Troplong, III, 2264.

CHAPITRE II.

DU RÉGIME DE SÉPARATION DE BIENS.

---

182. — Cette clause, irrévocable comme toutes les conventions matrimoniales[1], produit d'ailleurs les mêmes effets que la séparation judiciaire; elle laisse donc à chacun des époux l'entière administration de ses biens meubles et immeubles, et la jouissance libre de ses revenus (art. 1536).

Chacun des époux conservant la propriété de ses biens, demeure chargé de ses propres dettes. Leurs créanciers, sans aucune distinction, peuvent poursuivre leur paiement sur la pleine propriété de leurs biens respectifs.

183. — Rien de plus simple, en théorie. Mais, *en fait, les biens des deux conjoints seront, le plus souvent, réunis entre les mains du mari. Quels seront, alors, les droits des créanciers?* Il faut reconnaître, qu'à défaut d'un état en bonne forme qui permette de distinguer le mobilier respectif des époux, les créanciers de l'un comme de l'autre sont en droit de saisir la totalité du mobilier qu'ils possèdent ensemble; sauf au conjoint non débiteur, le droit de demander la distraction des objets saisis, de la propriété desquels il pourrait suffisamment justifier.

Si nous décidons ainsi, ce n'est point en nous basant sur l'article 1510 qui statue dans une tout autre situation,

[1] C'est là ce qui la différencie essentiellement de la séparation judiciaire (art. 1541).

mais, en considérant, que refuser aux créanciers, tant de l'un que de l'autre époux, le droit de saisir la totalité du mobilier, est les priver injustement du droit de saisir même celui de leur débiteur, qu'ils ne peuvent distinguer, par la faute des deux conjoints.

D'ailleurs, ainsi que nous l'avons remarqué, l'époux qui n'est pas débiteur pourra se prévaloir de l'article 608 du Code de procédure civile.

Quelle preuve devra-t-il faire? *Entre eux,* les deux conjoints peuvent également prouver, par témoins et enquête de commune renommée, la consistance et valeur de leur mobilier existant lors du mariage et de celui qui leur est échu depuis. Le mari doit être ici sur le même pied que la femme, car, il y a égalité de position. Mais, *à l'égard des tiers,* il n'en est plus ainsi : la femme peut prouver par témoins ou commune renommée[1]; le mari ne le pourrait pas, il doit produire un titre[2].

[1] On oppose que la loi du 5 septembre 1807, relative au privilège du trésor sur les biens des comptables, n'admet pas la femme à faire cette preuve vis-à-vis du trésor, et que l'article 560 du Code commerce attribue aux créanciers du mari, tombé en faillite, tous les meubles, sans distinction, trouvés au domicile marital. Mais ces deux dispositions sont exceptionnelles.—V. Dal., *Rép.*, v° *C. de m.*, n° 3133.

[2] Bellot, III, p. 389. — Battur, I, n° 517. — *Contra,* Zachariæ, III, p. 564 et 565.

TROISIÈME PARTIE.

DU RÉGIME DOTAL.

184. — Le régime dotal est caractérisé par les règles particulières qui, sous son empire, régissent la dot. Aussi ne saurions-nous en offrir une définition meilleure que la suivante :

« *Le régime dotal est un régime dans lequel la dot est soumise, soit quant à sa constitution, soit quant à son administration, soit quant à sa conservation et à sa restitution, à des règles particulières, empruntées spécialement à la jurisprudence des pays de droit écrit*[1] ».

Notons, d'ailleurs, que seules sont de l'essence de ce régime les règles relatives à la constitution de dot, règles qu'on peut formuler ainsi : Sont paraphernaux tous les biens qui n'ont pas été expressément constitués en dot. En d'autres termes, sous ce régime : *la paraphernalité est la règle; la dotalité, l'exception.*

185. — Il sera fort rare, en somme, que n'intervienne pas une constitution de dot, dans le contrat qui établit le régime dotal. Cette constitution peut être générale, ou ne porter que sur certains biens spécialement déterminés. Dans cette dernière hypothèse, le patrimoine de la femme se divise en *dotal et paraphernal*.

[1] M. Bufnoir, à son cours.

De ses biens *paraphernaux*, la femme conserve, sauf stipulation contraire, l'administration et la jouissance (art. 1576-1°). La situation des créanciers à leur égard sera donc analogue à celle qui leur est faite sous le régime de séparation de biens, ou sous le régime sans communauté (si la stipulation que nous prévoyons a attribué cette jouissance et cette administration au mari); par conséquent elle ne saurait nous offrir un intérêt nouveau.

Tout au contraire, la condition des biens *dotaux*, condition toute spéciale, est de nature à soulever les questions les plus intéressantes, au point de vue du droit des créanciers antérieurs au mariage.

186. — Suivant le procédé que nous avons employé sous les divers régimes de communauté, nous étudierons les droits de nos créanciers : d'abord, pendant la durée du régime dotal; ensuite, postérieurement à sa dissolution. Nous aurons à distinguer dans cette dernière partie de notre étude si la dissolution du régime tient à celle du mariage, ou si elle est la suite d'une séparation de biens. Cette distinction sans objet sous le régime de communauté peut offrir ici quelque intérêt. Nous verrons enfin, dans un appendice, l'effet produit sur les droits de nos créanciers, par l'adjonction au régime dotal d'une stipulation de société d'acquêts.

CHAPITRE PREMIER.

DROITS DES CRÉANCIERS ANTÉRIEURS AU MARIAGE PENDANT LA DURÉE DU RÉGIME DOTAL.

SECTION PREMIÈRE.

Créanciers du mari.

187. — De l'existence de leur droit d'agir sur les biens personnels de leur débiteur, de l'inexistence, en principe, de ce même droit sur les biens paraphernaux de la femme, on ne saurait douter; aussi n'insistons-nous pas sur ces points déjà connus, et posons-nous immédiatement la question sur le terrain des biens *dotaux*. Ont-ils des droits sur ces biens? Quels sont ces droits?

Le mari n'est plus aujourd'hui *dominus dotis*, mais il a l'administration et la jouissance des biens dotaux. Art. 1549. Les deux principes que contient cette formule nous dictent toutes nos solutions.

188. — Du principe que *la femme reste propriétaire des biens dotaux*, nous concluons que les dettes du mari, qu'elles aient été contractées antérieurement ou postérieurement au mariage, ne peuvent être exécutées sur ces biens. Évidemment cette conséquence n'a pas plus d'énergie que le principe dont elle est la suite; lors donc que la femme cessera d'être propriétaire des biens apportés en dot, par application des règles établies par les articles 1551 et 1552, le droit des créanciers du mari naîtra sur ces biens.

189. — Du principe *le mari acquiert la jouissance des biens dotaux,* découle que si ses créanciers ne peuvent saisir la pleine propriété de ces biens, ils peuvent saisir leurs revenus, lorsqu'ils sont devenus propriété de leur débiteur, en vertu de l'exercice de ce droit.

Nous ne leur permettons de les saisir qu'alors, car la jouissance des biens dotaux est concédée au mari, bien moins dans son intérêt personnel, qu'en sa qualité de chef de l'association conjugale, et pour lui fournir les moyens de subvenir aux besoins de cette association[1]; elle ne peut donc être, à la différence de l'usufruit ordinaire, ni cédée, ni hypothéquée, ni saisie en bloc[2]. Mais les revenus qui sont *perçus* ou *échus,* et qui définitivement sont entrés dans le patrimoine du mari, sont à sa libre disposition, et les créanciers peuvent les saisir, sans même s'arrêter à l'observation qu'ils sont nécessaires à l'entretien du ménage. La seule ressource qui sera laissée à la femme en pareil cas, sera de demander la séparation de biens[3].

Il ne faudrait pas, cependant, entendre de façon trop rigoureuse la règle que nous avons posée au sujet des revenus *à échoir*. Le motif, même, que nous en avons donné, lui apporte une restriction. Les créanciers pourront, en effet, saisir l'excédant éventuel de ces fruits et revenus sur les besoins de la famille, car cet excédant

[1] Son droit ressemble beaucoup à ce point de vue à celui que la loi accorde au père, et à défaut à la mère, sur les biens des enfants mineurs ; il cumule les deux qualités d'administrateur et d'usufruitier.

[2] Toullier, XIV, 137. — Duranton, IV, 486. — Odier, III, 1169. — Rod. et Pont, III, 1714. — Marcadé, sur l'art. 1554, n° 4. — Montpellier, 1er févr. 1828, S. 28. 2. 194.

[3] Rod. et Pont, III, 1765. — V. cep. Tessier, *De la dot*, I, p. 358 et *Quest. sur la dot*, nos 139 et s.

constitue un émolument dont leur débiteur profitera personnellement[1].

MM. Troplong et Tessier semblent ne faire aucune distinction entre les revenus échus et à échoir; ils en accordent au mari la libre disposition, et, par conséquent, doivent en conclure que la femme ne peut paralyser leur saisie, ou leur cession, que par une demande de séparation[2].

Si telle est leur manière de voir, nous ne craignons pas de la déclarer inadmissible, par les motifs que nous avons exposés. Nous pensons même, que s'il y a eu saisie ou cession indûment faite, le mari, sur qui la saisie a été pratiquée ou qui a fait cette cession, peut en demander la nullité, en sa qualité d'administrateur de la dot et, par conséquent, de gardien des intérêts dotaux, et prévenir, en ce faisant, la demande en séparation de biens.

190. — Nous avons établi que les créanciers du mari ne peuvent saisir, ni les immeubles dotaux, ni même les meubles corporels ou incorporels qui sont revêtus de ce caractère. Rien de plus certain quant aux immeubles, et même quant aux meubles, qu'on admette ou non, d'ailleurs, le système de l'inaliénabilité de la dot mobilière[3].

[1] Aubry et Rau, V, p. 553, § 535, texte et n. 32, 33 et 34. — Req., rej., 17 mars 1856, S. 56. 1. 515.— Cpr. Agen, 1er févr. 1870, S. 70. 2. 311.

[2] Troplong, IV, 3287. — Tessier, *loc. cit.*

[3] M. Troplong enseigne, il est vrai, que, par cela même que le mari peut vendre ou céder les meubles dotaux, ses créanciers sont autorisés à les saisir; mais nous savons : qu'il n'en est pas le propriétaire, qu'il ne peut avoir ce droit qu'à titre d'administrateur, que dans les limites mêmes de cette administration son existence est contestable; dès lors, l'argument ne porte plus. Il est, d'ailleurs, évident que si les tiers étaient entrés de bonne foi en possession, ils seraient protégés par la

Eh bien! Supposons qu'au mépris de ces règles, les créanciers du mari ont saisi les biens dotaux. Qui pourra demander la nullité de cette saisie?

Le mari sûrement, car il est, nous le disions il n'y a qu'un instant, le gardien des intérêts dotaux et le détenteur des actions dotales (art. 1549). Le pourra-t-il seul?

Oui, si les poursuites ont été dirigées *contre lui seul.* En l'espèce, la femme serait même sans qualité pour intervenir dans l'instance, et demander la distraction de ses biens dotaux indûment saisis, conformément à l'article 725 du C. de proc. civ.; c'est là une action dotale, et sous notre régime, le mari seul en a l'exercice. Pour agir, la femme devrait donc provoquer la séparation de biens. Il est d'ailleurs certain, en ce qui concerne ses immeubles, que, si elle n'a pu intervenir et empêcher la saisie, elle conservera le droit de les revendiquer, malgré le jugement d'adjudication prononcé contre son mari, tant contre l'adjudicataire, que contre les tiers détenteurs [1].

Que si les poursuites ont été dirigées simultanément *contre le mari et la femme,* nous ne craindrions pas d'autoriser celle-ci à demander la nullité de la saisie. Elle n'a pas sans doute l'exercice des actions dotales, mais elle a été mise en cause, et, par suite, doit avoir le droit de se défendre. Du reste, en pareil cas, elle devrait, ce nous semble, agir avant l'adjudication, et dans les délais fixés

règle de l'article 2179. Il en serait de même s'ils avaient reçu de bonne foi des meubles dotaux en nantissement. — V. Troplong, IV, 3246. — Cpr. Tessier, *Quest. sur la dot,* nos 59, 60, 121 et 129. — Rodière et Pont, III, 1775. — Paris, 2 juin 1831, S. 31. 2. 195. — Civ. cass., 4 août 1856, S. 57. 1. 216.

[1] Bordeaux, 29 juillet 1857, S. 58. 2. 65.

par le Code de procédure; sinon elle verrait son action en revendication repoussée : en ce qui concerne les meubles, par l'application de la règle : « En fait de meubles, possession vaut titre »; en ce qui concerne les immeubles, par la disposition de l'article 728 du Code de procédure et par l'effet du jugement d'adjudication. La déchéance prononcée par l'article 728 du Code de procédure nous paraît applicable, car elle repose sur des motifs d'ordre public, qui repoussent toute distinction tirée de la nature de la nullité dont se trouve entachée la saisie, et doivent, par conséquent, faire fléchir la règle de l'inaliénabilité des immeubles dotaux. C'est, du reste, en ce sens que la jurisprudence tend à se fixer[1].

191. — Pour en finir avec l'étude des droits des créanciers du mari, nous devons examiner une hypothèse fort intéressante qui se rattache à la théorie de la compensation.

Supposons que l'un des créanciers du mari est tenu d'une obligation dotale, *ce créancier pourra-t-il opposer en compensation au mari qui l'actionnera comme administrateur des biens dotaux, la créance personnelle qu'il a contre lui?*

Lui reconnaître ce droit c'est lui permettre, par voie indirecte, de se payer sur la dot. Tel est l'intérêt.

[1] V. *en ce sens :* Req., rej., 30 avril 1850, S. 50. 1. 497. — Civ., rej., 20 août 1861, S. 62. 1. 17. — Req., rej., 13 janv. 1862, S. 62. 1. 179. — Req., rej., 21 janv. 1867, S. 67. 1. 400. — Req., rej., 9 mars 1870, S. 70. 1. 285.—V. *en sens contraire :* Devillen., note sous l'arrêt de rejet du 30 avril 1850. — Pau, 16 juin 1849, S. 50. 2. 129. — Agen, 15 déc. 1851, S. 52. 2. 365. — Poitiers, 20 juillet 1852, S. 52. 2. 619. — Cpr. en ce qui touche les différences à établir entre les moyens de nullité de la saisie et les demandes en distraction : Arrêt de cassat. du 29 août 1855, S. 55. 1. 883.

Cette question se rattache à une autre question plus générale qu'il nous faut d'abord examiner. Je la formule ainsi : *Les sommes dues par les débiteurs de la dot se compensent-elles, de plein droit, avec celles qui leur sont dues par le mari?*

Nous ne le pensons pas, car si les deux dettes réunissent trois des conditions exigées pour que la compensation légale ait lieu, c'est-à-dire si ce sont des dettes d'argent liquides et exigibles, il en est une dernière qui manque : elles n'existent pas entre les mêmes personnes. Il faut, pour que la compensation légale ait lieu, que le créancier de l'une des obligations soit débiteur personnel et principal de l'autre, et *vice versâ* (art. 1289). Or, la femme dotale conserve la propriété de ses biens dotaux tant corporels qu'incorporels; le mari n'est donc pas, à la fois, débiteur et créancier (Arg. art. 1549 et 1567).

Soutenir l'opinion contraire est se mettre en opposition formelle avec ce principe, et reconnaître au mari le *dominium civile* de la dot.

Objectera-t-on que le mari est autorisé à toucher et à céder les créances dotales? Qu'importe? Il n'en est pas titulaire. Il y a en lui deux personnes bien distinctes : celle de propriétaire de son propre patrimoine et celle de représentant des intérêts dotaux; plus brièvement, l'homme et le mari. Cela est si vrai, que tout le monde reconnaît qu'il peut réclamer la nullité de la vente qu'il aurait consentie de l'immeuble dotal, alors même qu'il se serait personnellement soumis à la garantir. Pourquoi ne peut-on lui opposer alors l'adage : « *Quem de evictione tenet actio, eumdem agentem repellit exceptio ?* » Pourquoi, sinon parce que, dans les deux cas, il joue un rôle différent. Il en est de même ici. Il est débiteur en son nom personnel, il n'est pas créancier; il n'a que le pouvoir et le devoir de poursuivre les débiteurs de la femme, en sa qualité d'administrateur et de gardien des intérêts dotaux [1].

La compensation légale ne s'opèrera donc pas. *La compensation facultative pourra-t-elle s'opérer?* Oui et non. Oui, si c'est le mari qui s'en prévaut; non, si c'est le créancier qui l'invoque.

Il est certain, en effet, que si le créancier du mari a pris les devants et poursuivi son débiteur, celui-ci peut lui opposer en compensation la créance dotale qu'il est chargé de recouvrer, et dont ce propre créancier est précisément débiteur; il le peut, car il a le droit de toucher cette créance dotale, et car sa propre dette constitue peut-être le seul actif net de ce débiteur dotal [2].

Mais la solution doit être toute autre dans la situation où nous sommes placés, lorsque c'est à l'action dotale intentée par le mari, que le débiteur dotal prétend se soustraire en invoquant la compensation; car il n'est pas en face de son débiteur [3]. En outre, on peut remarquer, que décider autrement, serait enlever au mari, jusqu'à la possibilité d'employer aux besoins mêmes de la femme, toute

[1] V. Aubry et Rau, § 536, texte et n. 31.

[2] Aubry et Rau, § 536, texte et n. 9. — Rodière et Pont, III, 1861. — Nîmes, 31 déc. 1856, S. 57. 2. 438. — Limoges, 18 févr. 1862, S. 63. 2. 62. — Bien entendu, nous supposons que le mari a, d'après le contrat, le droit d'exiger la dot sans condition d'emploi; s'il en était autrement, il ne serait plus vrai de dire, que qui peut quittancer, peut compenser.

[3] Aubry et Rau, § 536, texte et n. 10.— Rodière et Pont, III, 1861. — Nîmes, 5 déc. 1860, S. 61. 2. 1. — V. *en sens contraire :* Duranton, XII, 415. — Taulier, V, p. 260. — Troplong, IV, 3235. — Caen, 18 juill. 1854, S. 56. 2. 180 — qui rejettent notre distinction.

créance dotale, due par une personne dont il serait lui-même débiteur personnel[1].

Nous donnerions certainement une solution différente, s'il s'agissait seulement des intérêts des sommes dotales. La créance de ces intérêts appartient personnellement au mari; ils se compensent donc légalement, au fur et à mesure de leur échéance, avec les intérêts et le capital des dettes personnelles de celui-ci[2].

SECTION II.

Créanciers de la femme.

192. — Nous devons distinguer suivant qu'ils veulent agir sur les biens paraphernaux ou sur les biens dotaux de leur débitrice.

[1] V. *en ce sens :* Bidard, *Observat. sur l'arrêt de Caen* du 18 juillet 1854, S. 56. 2. 180. — Desjardins, *De la compensation*, n° 108. — Larombière, *Des oblig.*, art. 1291, n° 8. — Demolombe, XXVIII, n° 564. — V. *en sens contr.* : Duranton, Taulier, Troplong, *loc. cit.* — Cass., 6 déc. 1859, D. 1860. 1. 501.

[2] Desjardins, *loc. cit.* — Aubry et Rau, § 537, n. 8. — Demolombe et Larombière, *loc. cit.* — Rodière et Pont, III, 1861. — Bastia, 26 févr. 1855, S. 55. 2. 207. — Remarquons que la question que nous venons de trancher peut se poser sous les autres régimes, bien qu'elle y présente un moindre intérêt. Si le régime adopté, était le régime de communauté, ou celui de séparation de biens, il ne saurait y avoir de difficultés. Au premier cas, les créances et dettes de la femme sont devenues créances et dettes du mari ; la compensation doit avoir lieu. Au second, chaque époux conservant la propriété distincte et séparé de ses biens, la question ne se pose même pas. Que si le régime adopté, était le régime sans communauté, ou le régime de communauté d'acquêts, nous donnerions les mêmes solutions qu'au cas de régime dotal. V. sur tous ces points, Demolombe, XXVIII, *Contrats*, V, n°s 563, 564 et 565.

§ I. *Droit de poursuite des créanciers de la femme sur les paraphernaux.*

193. — De ce droit, nous n'avons que peu de choses à dire. Les paraphernaux restent à la femme pour la pleine propriété; ses créanciers peuvent donc les poursuivre et les saisir. Ils le peuvent, sans distinction, alors même qu'il n'auraient point date certaine antérieure au mariage[1]; ni les motifs qui dictent cette exigence sous le régime de communauté, ni ceux plus impérieux encore qui l'imposent, lorsque l'action est dirigée contre les biens dotaux, ne sont ici applicables.

194. — Comment feront-ils valoir leur droit? Comment procèderont-ils?

S'ils ont un titre paré, et s'ils attaquent les immeubles, ils doivent poursuivre l'expropriation, tant contre le mari que contre la femme (art. 2208). Il en sera de même s'ils pratiquent une saisie-arrêt, car elle doit se poursuivre en justice, et la femme ne peut ester en jugement sans autorisation. Agissent-ils par voie de saisie-exécution ou de saisie-brandon, ils peuvent, ce nous semble, se dispenser de donner copie au mari des divers actes d'exécution; pourtant, il serait plus prudent de le faire[2].

§ II. *Droit de poursuite des créanciers de la femme sur les biens dotaux.*

195. — Pour l'étudier de façon complète, nous établi-

[1] Sauf à la femme à prouver que l'engagement a été antidaté, et par conséquent est nul, comme contracté au cours du mariage, sans autorisation.

[2] Rodière et Pont, III, 2007.

rons d'abord son existence; puis nous déterminerons ses conditions d'exercice; ensuite nous fixerons son étendue; enfin nous nous préoccuperons de sa mise en œuvre.

I. *Existence de ce droit.*

196. — Elle est incontestable, si nous nous plaçons en face d'un créancier hypothécaire antérieur au mariage, et si les biens devenus plus tard dotaux ont été hypothéqués à la sûreté de sa créance. Mais, si son hypothèque ne porte que sur certains de ces biens, et si, ces biens ne suffisant pas à le désintéresser, il prétend agir sur les autres, sa prétention est-elle légitime?

Plus généralement : Le droit de gage que l'article 2092 donne aux créanciers sur les biens de leur débiteur, *persiste-t-il* malgré l'adoption du régime dotal, bien que, par suite de cette adoption, ces biens soient frappés de dotalité?

Des termes mêmes de la question, ressort qu'elle ne se pose, que *si le droit des créanciers préexiste à la dotalité.* De là, pour la résoudre, nous devrons distinguer deux hypothèses : L'une, où elle se pose simplement, franchement; c'est celle où les biens dotaux proviennent du patrimoine de la femme; celle, en d'autres termes, où la femme s'est elle-même constitué sa dot. L'autre, où elle suppose résolue une question préjudicielle, celle de la préexistence du droit des créanciers; c'est celle où la dot est constituée à la femme par un tiers. Nous examinerons cette dernière après avoir étudié la première.

197. — A la question que nous avons formulée, nous n'hésitons pas à répondre *affirmativement,* lorsque la constitution de dot *émane de la femme elle-même;* et cela, par la raison bien simple, que pour être devenus dotaux, les biens n'en sont pas moins restés dans le patrimoine de celle-ci, et n'ont, par suite, cessé de faire partie du gage de ses créanciers.

198. — Oui, mais ils sont désormais inaliénables, et cette inaliénabilité s'oppose aux droits des créanciers! Non point, certes, s'il s'agit d'une constitution de dot universelle, ou à titre universel; car tout ensemble de biens restant tenu de son passif, « *bona non intelliguntur nisi deducto œre alieno* », il n'y a alors de dotal et d'inaliénable que ce qui reste, tous paiements faits. Mais, oui, s'il s'agit de constitution de dot faite à titre particulier et de bonne foi[1].

Telle est l'objection qui nous est faite.

199. — Pour la résoudre il importe de bien nous fixer, dès le seuil de cette étude, sur le *caractère de l'inaliénabilité dotale.* Ce caractère bien connu, une vive clarté se répandra sur les questions que nous avons à résoudre.

L'article 1554 qui édicte l'inaliénabilité dotale, a-t-il pour effet de placer les immeubles dotaux hors du commerce, ou bien a-t-il pour effet d'interdire à la femme de disposer de ces immeubles? En d'autres termes, frappe-t-il les immeubles dotaux d'indisponibilité, ou la femme dotale d'incapacité?

A nos yeux, *l'article 1554 n'a point pour effet de placer les immeubles dotaux hors du commerce, mais bien de créer une incapacité* sui generis, *protectrice de la femme mariée sous le régime dotal; incapacité qui durera pen-*

[1] De bonne foi, car si la constitution de dot avait été faite en fraude des créanciers, on reconnaît que les créanciers pourraient user de l'action Paulienne; mais on fait remarquer que c'est là une toute autre question.

dant le mariage, et frappera tous actes tendant, soit directement, soit indirectement, à compromettre l'existence de la dot.

Et l'on voit, tout de suite, l'intérêt de cette solution au point de vue des créanciers qui nous occupent. S'agissant d'une indisponibilité des biens dotaux, nous devrions leur refuser d'ores et déjà le droit d'agir sur eux pendant le mariage, conformément à l'objection que nous exposions tout à l'heure. Au contraire, l'obstacle à l'exercice de leur droit n'existe pas, puisque nous admettons que tout se borne à la création pour la femme d'une incapacité relative concomitante à l'existence de l'union conjugale.

Établissons notre doctrine. Nous le pouvons facilement en recherchant les *motifs de notre règle*, et en examinant les *effets*, consacrés par les textes, *qu'elle produit.*

Le *but du législateur, en édictant l'inaliénabilité dotale,* a été de protéger la femme et les siens. L'intérêt de la femme, telle est traditionnellement son idée inspiratrice.

C'était là l'idée *romaine;* sinon lors de la loi *Julia* et du sénatus-consulte Velléien (car nous pensons, malgré les textes nombreux qui semblent donner pour base à l'incapacité velléienne l'intérêt bien entendu de la femme, qu'il faut plutôt voir dans ce sénatus-consulte une idée de défiance, et dans la loi *Julia* un but social), du moins à l'époque de Justinien qui étend les prohibitions de la loi *Julia* « *ne uxor fragilitate naturæ suæ in repentinam deducatur inopiam*[1] », et qui défend à la femme, dans une de ses Novelles, en se fondant sur la même idée reproduite en d'autres termes, d'aliéner de quelque façon ou en quelque mesure que ce soit, « *omnino* », les immeubles qui

[1] L. un., § 15 *De rei uxor. act. in ex stip. act. transf.* C. V, XIII.

lui ont été donnés *propter nuptias,* soit par son mari, soit par un tiers[1]. Protéger la femme contre l'influence du mari et contre sa propre faiblesse, telle était la pensée de Justinien.

Dans notre *ancien droit,* le point de vue a-t-il changé? Non, nous pouvons l'affirmer. Sans doute quelques divergences dans la doctrine peuvent être relevées; sans doute le président Favre et Despeisses[2] ne sont pas favorables à l'idée romaine; mais ils sont seuls en face de l'unanimité des autres auteurs. D'Olive, Roussilhe et Henrys[3] proclament, bien haut, qu'il faut voir la base de l'inaliénabilité dotale dans l'intérêt de la femme, « à « laquelle, écrit d'Olive, il importe, par une *heureuse* « *impuissance,* d'être empêchée de disposer de sa consti- « tution dotale, et qu'elle soit mise en un état, dans lequel « la fragilité de son sexe se trouve à couvert des induc- « tions qu'on pourrait exercer sur son esprit imbécile, « pour la porter à se dépouiller de sa dot. »

Sous *l'empire de notre Code,* elle repose sur les mêmes motifs. Nous n'en voulons pour preuve, que les deux citations suivantes, extraites, de l'exposé des motifs fait au Corps législatif par le conseiller d'État Berlier, le 10 pluviôse an XII, et du discours prononcé dans la même enceinte par le tribun Siméon le 20 pluviôse de la même

[1] « *Muliere quippe mariti seductionibus facile deceptâ et propria negligente jura.* » Nov. 61, cap. I, § 2.

[2] Favre, *Code*, VII, 6. — Despeisses, I, p. 485. — Il convient de remarquer que Favre ne s'appuie que sur l'autorité du Sénat de Chambéry, et Despeisses sur celle de Favre seulement.

[3] D'Olive, liv. III, ch. 29. — Roussilhe, I, n° 377. — Henrys, IV, liv. II, ch. II, n° 57 (V. là un arrêt fort intéressant du Parlement de Paris).

année. « Les immeubles dotaux deviennent de leur nature « inaliénables pendant le mariage, disait Berlier. Ainsi ce « n'est point seulement le mari qui ne pourra aliéner les « immeubles dotaux de sa femme, car, dans aucun sys- « tème, cette aliénation ne saurait être l'ouvrage de celui « qui n'est pas propriétaire, mais c'est la femme elle- « même qui ne pourra aliéner ses immeubles dotaux, lors « même que son mari y consentirait, cette disposition du « droit romain, *née du désir de protéger la femme contre* « *sa propre faiblesse et contre l'influence de son mari,* « est l'un des points fondamentaux du système. Notre « projet l'a conservée. » Le tribun Siméon développait la même idée dans les paroles suivantes : « L'inaliénabilité « de la dot modifiée par les causes qui la rendent juste et « nécessaire, et que la loi exprime, a l'avantage d'empê- « cher qu'un mari dissipateur ne consume le patrimoine « maternel de ses enfants; qu'une femme faible ne donne « à des emprunts et à des ventes un consentement que « l'autorité maritale obtient presque toujours, même des « femmes qui ont un caractère et un courage au-dessus du « commun. »

Que conclure *a priori* de telles prémisses, sinon que ce serait méconnaître *l'esprit du législateur,* que faire remonter les effets de l'inaliénabilité antérieurement au mariage, et qu'on ne saurait, par conséquent, déclarer inexécutables sur les biens de la femme, fussent-ils dotaux, les engagements qu'elle a contractés, n'étant point encore en puissance de mari.

Les *textes* trahiraient-ils la pensée du législateur? Bien au contraire, ils la manifestent et la consacrent. La loi du 10 juillet 1850 (art. 1391 *in fine*), en décidant que « si l'acte de célébration porte que les époux se sont mariés sans contrat, *la femme sera réputée, à l'égard des tiers, capable de contracter dans les termes du droit commun...* », ne prouve-t-elle pas que le régime dotal, qu'elle visait uniquement, a pour effet de frapper la femme d'une incapacité spéciale, extraordinaire? L'article 1558, sainement entendu[1], qui confirme précisément la solution qu'à l'aide de la seule logique nous proclamions, en montrant l'intérêt que nous avions à élucider la question, qui la confirme, dis-je, puisqu'il admet implicitement le droit de saisie pour les créanciers antérieurs au mariage, ne proclame-t-il pas qu'il ne s'agit point d'une indisponibilité? Enfin, personne ne doute qu'il n'y ait des obligations, qui, nées pendant le mariage, ne soient exécutoires sur les biens dotaux; nous voulons parler des obligations nées de délits, ou de quasi-délits, commis par la femme : or, pourrait-il en être ainsi, si l'article 1554 frappait ces biens d'indisponibilité réelle?

Tenons donc pour certain que l'*effet de l'article 1554,* l'effet de l'inaliénabilité dotale, *est de créer pour la femme une incapacité protectrice;* moins absolue que celle du S.-C. Velléien, car elle s'applique aux seules femmes qui, sentant le besoin d'être protégées, adoptent le régime dotal, mais plus efficace, car elle frappe tous les actes qui tendent à amoindrir la dot. Et *concluons, que les biens dotaux, malgré l'inaliénabilité qui les frappe par contre-coup, res-*

[1] L'argument ne porterait pas dans la doctrine de certains auteurs qui veulent que cet article ait été fait, précisément, pour donner à la femme le droit de payer, dans un intérêt d'honneur, les créanciers qui ne pourraient poursuivre. On ne saurait y voir dans cette opinion qu'une exception favorable à l'indisponibilité qui serait établie par l'article 1554.

Pour nous, au contraire, la disposition de l'article 1558-4° était commandée par les principes eux-mêmes, et ne constitue pas, à proprement parler, une exception à la règle de l'inaliénabilité dotale.

tent soumis à l'action des créanciers de la femme, antérieurs au mariage (art. 1558-4°).

200. — Marcadé enseigne cependant une doctrine contraire. D'après lui, les créanciers chirographaires ne sauraient agir. Voici son système : La loi divise le patrimoine de la femme dotale en deux parties, l'une reste libre et continue à former le gage de ses créanciers, ce sont les paraphernaux; l'autre est insaisissable et inaliénable, ce sont les biens dotaux. Ces biens sont soustraits à son droit de disposition, aussi énergiquement que le seraient les biens d'un tiers. Donc, quand la femme a fait passer un bien de son patrimoine libre dans son patrimoine inaliénable, par la constitution dotale, ses créanciers ne peuvent pas plus l'exproprier, que s'il était passé dans le patrimoine d'un tiers.

Cette théorie revient en somme à voir une véritable aliénation dans la constitution dotale; point de vue essentiellement faux, quant à la nue propriété des biens dotaux, car, le mari, on ne saurait trop le répéter, en acquiert seulement la jouissance.

Objectera-t-on, qu'un créancier ne peut avoir sur les biens de son débiteur, plus de droits que ce débiteur lui-même, et que la femme ne pouvant aliéner les biens dotaux, il répugnerait de voir ses créanciers poursuivre leur vente! Je remarquerais d'abord que le point de départ est inexact. Il n'est pas vrai, en principe, qu'un créancier n'ait que les droits de son débiteur : ainsi le mineur est certainement incapable d'aliéner ses immeubles, et, certainement aussi, ses créanciers peuvent les saisir et les faire vendre (art. 2206). D'ailleurs, le principe fût-il vrai, ne s'appliquerait point ici; car les créanciers ne prétendent pas exercer d'autres droits que ceux de la femme.

Leur poursuite n'est autre chose, que la simple conséquence du droit incontestable d'aliénation, qu'avait la femme majeure avant de tomber en puissance de mari. L'article 1558-4°, enfin, condamne hautement le système de Marcadé. Vainement cet auteur soutient qu'il n'a pas été fait pour prévenir la saisie de l'immeuble dotal, mais seulement pour permettre à la femme de tenir ses engagements envers des créanciers dépourvus d'action. Lui donner un pareil sens, est une erreur que condamnent, soit l'ensemble des dispositions de l'article 1558, soit les travaux préparatoires[1], soit l'esprit général du régime dotal, qui veut précisément prémunir la femme contre les entraînements de sa faiblesse ou de sa générosité.

Notre conclusion reste donc entière, et c'est avec une certitude absolue, que nous pouvons proclamer l'existence du droit des créanciers de la femme, sur les biens qu'elle s'est constitués en dot, à titre particulier.

201. — Nous disons « *sur les biens qu'elle s'est constitués en dot* », car il peut exister d'autres biens dotaux ; nous faisons allusion à ceux qui ont été donnés à la femme en contrat de mariage, sans stipulation de paraphernalité. Nous savons qu'à leur égard la même question se pose, mais compliquée d'une question préjudicielle.

Dans cette seconde hypothèse, la question de savoir si les créanciers peuvent prétendre des droits *sur les biens constitués à leur débitrice par un tiers*, revient donc à se demander, *s'ils ont acquis quelque droit sur eux, avant qu'ils ne soient frappés de dotalité.*

[1] Où nous trouvons, précisément sur l'ensemble des dispositions de l'article 1558, cette appréciation significative du conseiller d'État Berlier : « *Dans ces divers cas, il est aisé de reconnaître l'empire de la nécessité* ». Berlier, *Exposé des motifs*, Locré, XIII, p. 295.

La Cour de Bordeaux l'a bien compris dans l'arrêt du 29 août 1855, par lequel elle a reconnu leurs droits. Elle pose en principe, dans cet arrêt, que notre espèce est absolument assimilable à celle où la femme se constitue elle-même un immeuble en dot; car la constitution de dot faite par un tiers se décompose en une translation de propriété faite par le constituant à la femme, et en une constitution de dot que la femme se fait elle-même, au moyen de l'immeuble dont donation lui est faite par contrat de mariage. Elle remarque ensuite, que l'article 1558-4°, autorisant de façon générale l'aliénation des biens dotaux pour payer les dettes antérieures de la femme, suppose bien que le droit des créanciers existe sans distinction aucune. Elle fait enfin valoir cette considération, « que le raisonnement proposé à l'égard de l'immeuble donné au contrat de mariage, s'applique tout aussi bien à ceux qui échoient à la femme postérieurement, en sorte qu'il suffirait qu'elle se constituât tous ses biens à venir pour les soustraire à l'action de ses créanciers antérieurs, proposition qui ne soutient pas l'examen[1] ».

Après avoir sérieusement hésité, nous préférons suivre une doctrine contraire et décider contre l'avis de la Cour de Bordeaux, que les biens constitués en dot par un tiers, échappent à l'action des créanciers de la femme dotale. — Nous remarquons d'abord, que l'argument tiré de l'article 1558 ne porte pas, car il repose sur une pétition de principes. Il faut voir en effet, si la faculté de permettre l'aliénation pour payer les dettes de la femme, ne suppose pas le droit de saisir chez les créanciers; et,

[1] Bordeaux, 29 août 1855, D. 1857. 2. 52. — V. *dans le même sens :* Tessier, I, p. 325. — Duranton, XV, 513.

supposant même qu'on pût aliéner alors que le créancier ne peut saisir, il y aurait à examiner encore, si le droit d'aliéner le bien dotal pour payer les créanciers qui, en principe, n'auraient pas d'action, implique pour ces créanciers le droit de le saisir. — Quant à l'argument fourni par l'analyse juridique de la constitution de dot, quoique fort sérieux, il ne nous convainc pas. Il est vrai, qu'on peut décomposer en deux actes cette constitution; mais, il faut observer que ces deux actes se confondent, et que, jamais, pas un seul instant, les immeubles n'ont été aux mains de la femme, autrement que comme immeubles dotaux et inaliénables. — D'ailleurs, et c'est une considération qui répond à celle que fait valoir la Cour de Bordeaux, il est conforme à l'intention du constituant, de soustraire les biens qu'il a donnés à l'action des créanciers de la femme; il a voulu en effet lui donner une ressource assurée, un bien sur lequel ni les créanciers antérieurs, ni les créanciers postérieurs n'eussent de prise (Arg. art. 581-3° C. Proc.)[1].

202. — *Concluons* donc, *que si le droit de poursuite des créanciers antérieurs de la femme existe en principe sur les biens qu'elle-même s'est constitués en dot, il n'existe pas, au contraire, sur ceux qui lui ont été constitués en dot par un tiers.*

Nous disons « existe en principe, » car son exercice est subordonné à certaines conditions qu'il nous faut maintenant examiner.

[1] Bufnoir, à son cours. — Aubry et Rau, V, p. 604, § 538, texte et n. 2. — Toullier, XIV, 209 et 344. — Marcadé, sur l'article 1558, n° 3. — Cpr., quant aux dettes qui seraient contractées par la femme dans le contrat de mariage comme charges de donations qui lui seraient faites par ce contrat, Riom, 7 décembre 1859, S. 61. 2. 129 et Civ., rej., 12 mars 1861, S. 61. 1. 529.

II. *Conditions d'exercice.*

203. — Pour que les créanciers antérieurs au mariage puissent agir sur les biens que leur débitrice s'est constitués en dot, *il faut et il suffit que leurs créances aient date certaine antérieure à la célébration du mariage devant l'officier de l'état civil.* Nous allons établir les deux affirmations que contient notre proposition.

204. — *Il faut*, avons-nous dit, *que la créance ait date certaine antérieure au mariage*[1], pour que son exécution puisse être poursuivie sur les biens dotaux. Nous en trouvons la preuve dans l'article 1558-4°. Cette exigence, qui n'offre aucun intérêt au point de vue des créanciers qui se prévalent d'un acte authentique, intéresse, au plus haut degré, ceux qui ne peuvent invoquer qu'un acte sous seing privé, car, par dérogation à l'article 1322, elle produit ses effets même entre le créancier et le débiteur.

Frappé de ce fait, on pourrait vouloir soutenir, que l'article 1558 n'a pas pour but de déterminer les droits des créanciers, mais uniquement d'énumérer les conditions auxquelles la femme pourra demander à la justice le droit de vendre les immeubles dotaux. On ferait remarquer que l'article 1410 exige, il est vrai, date certaine pour que les créanciers de la femme commune puissent agir sur la pleine propriété des biens de leur débitrice; mais que la situation est toute autre, et que, d'ailleurs, cet article leur reconnaît, en termes exprès, le droit de faire exproprier la nue propriété de ces biens, si leur titre n'a pas

[1] Nous employons cette expression générale pour laisser entière la seconde question que nous aurons à discuter plus loin.

date certaine. On conclurait de là, qu'il faut laisser aux tribunaux le soin d'apprécier si la dette est suffisamment établie ou non.

Que la femme ne soit pas un tiers, nous le reconnaissons volontiers, et c'est bien ce qui nous faisait observer, qu'on dérogeait ici à la règle que les actes sous seing privé font foi de leur date entre les parties. Mais pourquoi déroge-t-on à cette règle? Précisément, parce que l'article 1558 a voulu mettre la femme dans la situation d'un tiers, et cela s'imposait, si on voulait rendre effective la règle de l'inaliénabilité dotale; car rien n'eût été plus facile que l'éluder, à l'aide d'une antidate. Dans l'article 1410 se trouve une exigence analogue à celle de l'article 1558-4°, mais elle repose sur un tout autre motif. Quel est le but de l'exigence d'une date certaine dans l'article 1410? C'est la protection du mari; son droit, voilà le véritable obstacle aux droits des créanciers de la femme. Dès lors on conçoit que ces créanciers puissent saisir la nue propriété des biens de celle-ci. Ici, le but est tout différent, on veut protéger la fortune de la femme; disons plus hardiment, on veut la protéger contre elle-même. Dès lors, on conçoit qu'on n'admette l'exercice, contre elle, que des dettes dont l'existence ou la naissance, à un moment où elle était capable, s'impose par la certitude de la date du titre qui les constate. Telle était bien la pensée des législateurs de notre Code. Il en était même qui se montraient encore plus rigoureux; ainsi, Cambacérès prétendait qu' « il convenait de réduire l'inaliénabilité pour dettes aux seules dettes antérieures au mariage et constatées par acte authentique »; on s'est montré, à juste titre, moins sévère en se contentant d'exiger une date certaine.

La certitude de la date résultera de l'une des trois cir-

constances prévues par l'article 1328, auquel nous devons nous référer, ainsi que nous l'avons fait en étudiant l'article 1410. Rappelons à ce propos, que sous le régime de communauté, la règle subit une série de dérogations, qui se rattachent à cette idée générale : que la date d'une dette peut être fixée d'après les éléments qui permettent d'établir la dette elle-même; les mêmes dérogations trouveront ici leur place. Ainsi, s'agit-il de dette civile inférieure à 150 francs ou de dette commerciale, les tribunaux examineront à l'aide des éléments avec lesquels leur existence peut être établie, si elles peuvent être considérées comme ayant une date antérieure au mariage[1] (V. n°s 14 et suiv.).

205. — Après avoir constaté l'exigence d'une date certaine, nous avons ajouté *qu'il suffisait que cette date fût antérieure à la célébration du mariage.* C'est ce que nous allons essayer de prouver, contre la majorité de la doctrine.

La plupart des auteurs soutiennent en effet, que, seules, les dettes *antérieures à la passation du contrat de mariage* peuvent être poursuivies sur les biens dotaux. Ils en concluent, que les dettes contractées par la femme, dans l'intervalle qui sépare le contrat de la célébration du mariage, sont soumises, pour ce qui concerne le droit de poursuite des créanciers, aux mêmes règles que les dettes contractées pendant le mariage, et ne peuvent par suite être poursuivies sur les biens dotaux, même après la dissolution du mariage.

Voici leurs arguments :

L'article 1558-4° ne permet l'aliénation de l'immeuble

[1] Troplong, IV, 3466. — Rodière et Pont, III, 1800. — Aubry et Rau, § 508, texte et n. 20; § 537, texte et n. 123; § 756, texte *in fine*. — Req., rej., 17 mars 1830, S. 30. 1. 134. — Civ. cass., 1er déc. 1830, D. 31. 1. 9. — Aix, 27 avril 1865, S. 65. 2. 53.

dotal avec autorisation de justice, que « *pour payer les dettes de la femme* ou de ceux qui ont constitué la dot, *lorsque ces dettes ont une date certaine* ANTÉRIEURE AU CONTRAT DE MARIAGE ». Or, étant donné l'esprit de cet article, si le législateur, en laissant aux tribunaux le pouvoir de permettre l'aliénation des biens dotaux pour l'acquittement des dettes de la femme antérieures au mariage, n'a cru devoir le faire que pour les créances ayant une date certaine *antérieure au contrat de mariage*, cela ne s'explique certainement, que parce qu'à ses yeux ces créances sont les seules à raison desquelles les créanciers puissent avoir action sur les biens dotaux.

A cet argument de texte, on ajoute la considération, que se contenter d'une dette ayant date certaine antérieure au mariage, serait permettre aux époux d'éluder, de concert, les garanties dont la clairvoyance des parents a voulu entourer la fortune de la femme, et, en tout cas, laisser à la femme, seule, la possibilité de modifier ou même dénaturer les effets que le contrat de mariage doit produire, et sur lesquels le mari a le droit de compter. Que faudrait-il pour cela? Un simple engagement contracté postérieurement à la passation du contrat de mariage! L'intérêt du mari n'est-il pas aussi respectable que celui des tiers!

On invoque enfin l'esprit du Code, qui s'oppose, dit-on, à ce que les conventions matrimoniales reçoivent des changements du fait des époux; esprit dont on voit la manifestation dans l'article 1404, qui décide que les immeubles acquis entre le contrat de mariage et la célébration du mariage, tombent en communauté[1].

[1] Toullier, XIV, 208. — Tessier, *Quest. sur la dot*, I, n° 638.

Ces arguments, quelque pressants qu'ils soient, ne sauraient nous convaincre. Sans doute, notre doctrine fait subir une correction au texte du 4° alinéa de l'article 1558, car nous lisons au lieu de ces mots : *antérieure au contrat de mariage*, ceux-ci : *antérieure à la célébration du mariage*. Mais cette modification a pour objet de rendre intelligible la disposition qui en est l'objet, et de la mettre en harmonie avec l'ensemble du système de la dotalité. En effet, le principe que la femme ne peut aliéner ses biens dotaux, ni les affecter à l'acquittement de ses obligations, n'est pas établi par l'article 1558, il dérive de l'article 1554, et n'est qu'une suite de l'inaliénabilité dotale. Or, cette inaliénabilité ne commence que du jour du mariage; jusqu'à ce jour, la femme peut donc aliéner et hypothéquer. Jusqu'à ce jour, elle doit pouvoir, aussi, contracter des dettes exécutoires sur les biens qu'elle s'est éventuellement constitués en dot.

Soutiendra-t-on, pour détruire notre raisonnement, que l'article 1558 a voulu étendre la règle et faire remonter l'inaliénabilité au jour du contrat! Mais les termes de l'article 1554 repoussent une pareille prétention. Cet article pose la règle de façon générale et, après l'avoir posée, ajoute : « *sauf les exceptions qui suivent* »; les articles qui viennent à sa suite sont donc destinés à restreindre son application et non à l'étendre; c'est incontestablement l'esprit général de l'article 1558 lui-même. Dès lors, que devient cette prétention qui consiste à se baser sur une expression dont le sens est douteux, pour en induire un

Duranton, XV, 514. — Seriziat, n° 167. — Taulier, V, p. 315. — Troplong, IV, 3468. — Marinier, *Rev. pratique,* 1859, VIII, p. 282 et s. — Aubry et Rau, V, p. 604, § 538, texte et n. 3. — Montpellier, 7 janv. 1830, Sir. 1830. 2. 69. — Pau, 18 mai 1863, S. 64. 2. 139.

manque d'harmonie dans la loi et dans le texte lui-même qui la contient.

Nous disons que l'expression *contrat de mariage* n'a qu'un sens douteux; nous y sommes autorisés, car nous la rencontrons dans un autre texte de notre Code, où elle doit certainement être remplacée et corrigée de la même façon que nous proposons de le faire ici. Ce texte est l'article 2194. A le prendre à la lettre, l'hypothèque légale de la femme prendrait rang dès le contrat de mariage, il est pourtant certain qu'elle ne prend rang que du jour du mariage. Eh bien! nous le demandons, si en vertu des principes généraux on n'hésite point à rectifier ce que la formule de l'article 2194 contient d'inexact, pourquoi se montrerait-on plus difficile, dans l'espèce analogue que nous discutons[1]?

Pourquoi, nous répond-on, parce qu'admettre une telle leçon, c'est permettre à la femme d'annuler la constitution de dot! C'est sacrifier le mari!

Les tiers ne sont-ils pas aussi intéressants, plus intéressants même que lui? Et ne les sacrifie-t-on pas dans l'opinion que nous combattons? Eh quoi! ils sont en face d'une veuve ou d'une fille majeure, rien n'annonce qu'elle vient de faire un contrat de mariage, ils traitent avec elle; est-il admissible qu'ils puissent souffrir de sa production, lors, du reste, qu'ils ont pris toutes précautions pour donner à leur créance authenticité ou certitude? On parle du mari! Mais le futur mari peut s'informer, veiller, ne signer le contrat que la veille ou le matin même de la

[1] Remarquons aussi que Pothier l'employait avec le sens que nous lui donnons. V. son traité du *Contrat de mariage* (n° 2). On peut conjecturer que cela n'a pas été sans influence sur le langage des rédacteurs du Code.

célébration de l'union conjugale. Les tiers, eux, n'ont aucune de ces garanties.

Nos adversaires ne se méprennent pas sur la force de cet argument, qui devient topique, lorsque, par le contrat, la femme s'est constitué tous ses biens en dot; ils reconnaissent qu'il serait par trop dur de sacrifier les tiers, qui, de bonne foi, ont traité avec la femme, mais ils prétendent que pareille situation n'est pas sans remède dans leur doctrine, car, « la femme, qui, après avoir passé un « contrat de mariage par lequel elle s'est soumise au « régime dotal en constituant tous ses biens en dot, trai- « terait avec un tiers à qui elle laisserait ignorer cette « circonstance, pourrait être facilement considérée comme « ayant commis un quasi-délit, et condamnée à des « dommages-intérêts pour le recouvrement desquels son « créancier aurait action sur les biens dotaux[1] ».

Nous trouvons le tempérament insuffisant; et, sans rechercher si l'on pourrait, aussi facilement qu'ils le prétendent, trouver en l'espèce, dans un quasi-délit, le fondement d'une action en dommages-intérêts, nous croyons qu'il est plus juste et plus juridique, de décider que le contrat intervenu entre la femme et le tiers produira plein effet. La loi du 10 juillet 1850 ne nous montre-t-elle pas, d'ailleurs, que tel est l'esprit du législateur? En décidant, dans cette loi, que l'existence du contrat de mariage doit être publiée par l'acte de célébration du mariage, ne nous indique-t-il pas que la dotalité ne saurait avoir de rétroactivité contre les tiers, qu'on ne pourrait, en d'autres termes, leur opposer la qualité de dotale, pour une époque où légalement ils ne pouvaient la connaître.

[1] Aubry et Rau, § 538, n. 3 *in fine*.

On nous oppose l'article 1404! J'observe que sa disposition est une disposition exceptionnelle, et qu'il serait aussi plausible de tirer de son énonciation un argument *a contrario*, que d'en tirer un argument d'analogie. A tous autres points de vue que celui auquel il se place, il est en effet certain, que le contrat de mariage qui a pour base le régime de communauté, ne devient définitif que du jour du mariage.

Aussi la Cour de Rouen, par arrêt du 10 juillet 1867, a-t-elle admis l'opinion que nous défendons. Voici les termes mêmes de cette décision, qui résume et condense tout le débat : « Attendu en droit que le § 4 de l'article 1558, « en permettant l'aliénation des biens dotaux pour le paie-« ment des dettes de la femme ou de ceux qui ont constitué « sa dot, lorsqu'elles ont une date certaine antérieure *au* « *contrat de mariage*, entend par ces mots, non le contrat « réglant les conventions d'une union projetée, incertaine « alors, mais *le mariage lui-même*, c'est-à-dire la célé-« bration devant l'officier de l'état civil, qui seule rend « ces conventions définitives, irrévocables, confère aux « contractants la qualité de mari et de femme, et prévient « par la publicité qui précède cet acte solennel les « graves inconvénients qui résulteraient pour les tiers de « l'interprétation donnée par le premier juge aux mots : « *le contrat de mariage;* qu'aussi une loi du 10 juillet « 1850, voulant lever tout doute à cet égard, a organisé « une publicité plus grande pour empêcher les tiers « d'être victimes des fraudes pratiquées à leur préjudice « par des femmes se présentant à eux comme libres et « maîtresses de contracter, dans un intervalle de temps « plus ou moins long entre le contrat réglant les conven-« tions civiles et l'acte de célébration du mariage; qu'il

« faut donc entendre par *contrat de mariage, le mariage* « *même;* que c'est en effet ce qui semble résulter de l'ob- « servation faite par le consul Cambacérès dans la séance « du Conseil d'État du 4 brumaire an XII sur l'article « 168 qu'a reproduit, en le modifiant, l'article 1558, et « de l'Exposé des motifs de ce dernier article par le con- « seiller d'État Berlier dans la séance du 12 pluviôse de « la même année ; que cette solution paraît aussi résulter « de la combinaison de l'article 1554 avec le § 4 de « l'article 1558 qui énumère les exceptions à l'inaliéna- « bilité pendant le mariage, des immeubles constitués « en dot... »

Cette argumentation nous paraît concluante, et nous semble par suite justifier de tous points notre affirmation qu'*il suffit aux créanciers de la femme de justifier d'une date certaine antérieure à la célébration du mariage, pour avoir le droit de saisir ses biens dotaux*[1].

206. — *Il faut* du reste *sainement entendre ces deux conditions* de certitude de date et d'antériorité, nous voulons dire par là qu'*il suffit que le titre constitutif de la dette les remplisse.*

Ainsi, que la dette soit ou non liquidée au jour du mariage, peu importe ; elle ne laisse pas d'avoir date certaine, bien que son chiffre exact ne soit pas déterminé. Les juges doivent seulement veiller à ce que la liquidation

[1] Bellot des Minières, IV, 409. — Cubain, *Des droits des femmes*, n° 395. — Bufnoir, à son cours. — Rouen, 10 janvier 1867, S. 67. 2. 109. — Remarquons qu'il est un point absolument acquis en jurisprudence et qui, d'ailleurs, ne pouvait faire de doute, à savoir, que l'aliénation de la dot peut être autorisée pour le paiement des dettes qui résultent du contrat de mariage lui-même. — Riom, 7 déc. 1859. S. 61. 2. 129. — Req., rej., 20 août 1861, S. 62. 1. 17. — Cpr. Caen, 13 avril 1866, D. 67. 2. 163.

soit sincère, comme ils doivent veiller à ce que les dettes liquides existent encore[1].

De même, nous rangerons au nombre des dettes antérieures, celles dont l'origine se trouve dans un titre ayant date certaine antérieure, bien qu'elles ne soient devenues exigibles que postérieurement au mariage. C'est ce qu'a décidé, par un arrêt de rejet du 29 août 1860 (Sir., 61. 1. 145), la chambre des requêtes de la Cour de cassation, au sujet du capital d'une rente constituée avant le mariage et devenue exigible au cours de celui-ci, par suite du défaut de paiement des arrérages.

C'est ce que nous déciderons encore relativement à la dette alimentaire qui existe à la charge de la femme envers un enfant reconnu avant le mariage, ou envers les enfants qu'elle aurait eus d'un mariage antérieur. D'après la cour de Pau, les aliments dus par la femme à ses enfants d'un premier lit, ou à un enfant naturel reconnu, ne pourraient être considérés comme dette ayant acquis date certaine avant le mariage, qu'autant que la dette alimentaire aurait été reconnue et réglée avant cette époque, par jugement ou convention[2]. Décider ainsi est considérer l'obligation des père et mère, comme ne dérivant que du fait même du besoin de l'enfant et comme ne prenant date, que du jour où ce besoin est légalement reconnu et constaté; point de vue des plus faux,

[1] Rodière et Pont, III, 1802. — Tessier, I, 426. — Dalloz, *Rép.*, v° *Contr. de mar.*, n° 3664. — Comme exemples, citons les condamnations pécuniaires encourues, *constante matrimonio*, pour réparations civiles ou pour dépens, si le délit a été commis, ou le procès lié, avant le mariage. Citons encore le compte de tutelle rendu par la mère qui s'est remariée. — V. Pothier, 355-357. — Toulouse, 17 mai 1843, D. 45. 2. 22.

[2] Pau, 18 mai 1863, S. 64. 2. 139.

car la dette alimentaire est une obligation éventuelle, et les obligations de cette nature remontent, quant à la capacité des parties et quant à leurs effets sur le patrimoine du débiteur, au jour même où elles ont été contractées. Or, n'est-ce pas dans la paternité ou la maternité, que l'obligation alimentaire trouve son fondement? N'est-il pas évident qu'elle existe virtuellement du jour où le rapport de filiation est établi? Avec la doctrine de la cour de Pau, on en arriverait à priver de toute action utile contre leur mère, les enfants de la femme qui s'est constitué en dot tous ses biens! Est-ce admissible[1]?

C'est ce que nous déciderons, enfin, pour toute dette à terme ou sous condition, dont le terme ou la condition se réalise pendant le mariage.

207. — Nous venons d'étudier les conditions auxquelles les *créanciers antérieurs* peuvent faire valoir sur les biens dotaux de la femme, le droit dont nous leur avons reconnu la jouissance. Avant de passer à l'étude de l'étendue de ce droit, disons quelques mots de la *situation qui est faite à ceux d'entre eux, qui, ne réunissant pas les conditions exigées, sont privés de l'exercice de leur droit.*

En traitant de l'exigence d'une date certaine, nous avons signalé la différence qui existait entre les motifs qui

[1] Toullier, XII, 298. — Duranton, XIV, 262. — Aubry et Rau, § 508, n. 40. — Rodière et Pont, II, 853 et 854. — Caen, 19 mars 1844, S. 44. 2. 348. — Paris, 19 avril 1865, S. 65. 2. 35. Ces autorités statuent sur le cas de l'article 1410; mais, au point de vue auquel nous sommes placés, leurs décisions sont applicables de tous points à notre espèce.

Du reste, si la reconnaissance d'un enfant naturel n'avait lieu que pendant le mariage, il y aurait lieu de tenir compte de l'article 337, la reconnaissance fût-elle judiciaire. V. Civ., cass., 16 décembre 1861, S. 62. 1. 420. — Cpr. Aubry et Rau, § 568 *quater*, texte et n. 2.

la dictaient sous le régime de communauté et ceux qui l'imposaient sous le régime dotal. Nous en tirons cette conséquence, que, si le mari peut reconnaître la vérité de la date alléguée sous le régime de communauté (art. 1410-3°), et si cette reconnaissance donne au créancier les mêmes droits que s'il avait date certaine, il ne saurait en être de même ici, car la règle n'est pas établie dans l'intérêt du mari.

A ce premier point de vue, la situation des créanciers qui ne peuvent se prévaloir d'une date certaine sous le régime dotal, diffère de celle qui leur est faite sous le régime de communauté; mais ce n'est point le seul, ainsi que nous allons le voir en étudiant de façon complète la situation qui leur est faite.

208. — Pour la déterminer d'un trait, nous dirons qu'*il faut assimiler les dettes qui n'ont pas date certaine antérieure au mariage, à celles qui sont contractées par la femme au cours du mariage, et par suite leur appliquer les mêmes règles.* En effet, « la loi pour rendre impossible toute fraude au principe de l'inaliénabilité, suppose par une présomption *juris et de jure* contre laquelle aucune preuve n'est admise, que toute dette n'ayant pas acquis date certaine avant le contrat de mariage a été contractée depuis[1] ».

Or, quelle est la situation des créanciers qui ont contracté avec la femme pendant le mariage? Nous allons l'établir en quelques mots : — Ils ne peuvent saisir sa dot immobilière. Peuvent-ils saisir sa dot mobilière? Nous ne le croyons pas, car nous admettons son inaliénabilité. Certainement, enfin, ils peuvent saisir les paraphernaux

[1] Rodière et Pont, III, 1799 *in fine*.

de leur débitrice. — Eh bien! telle sera la position des créanciers antérieurs qui n'ont pas date certaine, tels seront leurs droits. Ils pourront saisir les paraphernaux pour la pleine propriété; les biens dotaux leur échappent[1].

Ici se présentent deux questions assez intéressantes, soulevées par leur droit de saisie sur les paraphernaux. Si la femme s'est constitué en dot de l'argent et reçoit à la place un immeuble, sans que le contrat ait stipulé qu'il serait fait emploi de l'argent, quelle sera la situation des créanciers à l'égard de cet immeuble? N'hésitons pas à répondre qu'ils pourront le saisir, car il est paraphernal; mais décidons aussi que la femme prélèvera le montant de sa dot sur le prix retiré de la vente[2]. Telle est la première question. — La seconde est relative au cas où la dot consiste en une portion indivise d'un immeuble qui appartient pour le tout à la femme. Si le

[1] MM. Aubry et Rau donnent la même solution pour les dettes qui ont acquis date certaine dans l'intervalle qui sépare le contrat de la célébration du mariage (§ 538, texte et n. 4). C'est là, la conséquence logique, rigoureuse, de la doctrine qui exige que la date certaine soit antérieure au contrat de mariage.

MM. Rodière et Pont admettent à cette doctrine un tempérament. « Ici, disent-ils, on ne saurait supposer que la dette a été contractée pour éluder le principe de l'inaliénabilité de la dot, puisque l'inaliénabilité n'existe qu'à dater de la célébration. Par conséquent, ces dettes sont sans effet seulement à l'égard du mari; celui-ci peut prétendre qu'elles ont été contractées en fraude de ses droits pour diminuer les avantages que la dot lui promettait; d'où la conséquence que si le mari renonçait à se prévaloir de son droit, l'aliénation devrait être autorisée. » Du reste, dans la même hypothèse, ils refusent aux créanciers, au cas de résistance du mari, le droit de poursuivre l'aliénation même de la nue propriété du fonds dotal, car le mari a intérêt à ce que cette nue propriété reste sur la tête de sa femme pendant qu'il en a la jouissance (Rodière et Pont, III, 1800). — Leur système est moins logique que celui de MM. Aubry et Rau, et leur tempérament est insuffisant.

[2] Cassat., 1er déc. 1857, S. 58. 1. 257.

partage est possible, aucune difficulté; la saisie pratiquée sur lui par les créanciers qui n'ont pas date certaine vaudra pour partie[1]. Mais s'il n'est point partageable, que décider? Dans le conflit qui s'élève entre les articles 1554 et 2092, qui l'emportera? A notre avis la saisie devra suivre son cours; sauf, bien entendu, à permettre à la femme d'exiger la valeur de la dot sur le prix obtenu et de la prélever avant tout partage entre les créanciers, pour en faire emploi. Décider ainsi est sauvegarder tous les droits et tous les intérêts; décider autrement serait paralyser pour une durée indéterminée l'action légitime des créanciers.

209. — Remarquons en terminant que la situation de nos créanciers, pas plus d'ailleurs que celle des créanciers postérieurs à la célébration du mariage, auxquels ils sont assimilés, ne se voit modifiée par la faculté que la femme a pu se réserver dans le contrat d'aliéner ses immeubles dotaux. Aliéner directement et s'obliger font deux, et les dérogations se doivent entendre restrictivement. Cette règle doit être d'autant plus observée en l'espèce, que l'aliénation directe est moins dangereuse que l'aliénation indirecte qui se réalise par voie d'obligation. — Cette dernière considération n'est du reste que surérogatoire; aussi donnerions-nous la même solution alors que la femme s'est réservé, outre la faculté d'aliéner, celle d'hypothéquer ses immeubles dotaux. Sans doute, l'hypothèque nous paraît aussi dangereuse que l'obligation; toutes deux, pour nous servir du mot d'un vieil auteur, « portent à la queue leur venin »; mais il n'en reste pas moins vrai que l'inaliénabilité dotale est le prin-

[1] Rouen, 8 août 1850, S. 50. 2. 794.

cipe, et que toute clause qui lui fait échec doit être interprétée restrictivement. C'est là, selon nous, raison de décider suffisante [1].

III. *Étendue de leur droit.*

210. — Pour établir l'existence du droit des créanciers antérieurs sur les biens dotaux de leur débitrice, nous nous sommes basés sur ce principe : *La femme reste propriétaire des biens dotaux.* Un second principe, non moins sûr, nous permettra de déterminer l'étendue de ce droit, en limitant, par son application, l'effet absolu qui découlerait du premier. Ce second principe est celui-ci : *Le mari a la jouissance des biens dotaux.*

De la combinaison de ces deux principes ressort invinciblement, que si les créanciers de la femme peuvent agir sur les biens dotaux, leur action sera limitée à la nue propriété de ces biens.

Toullier l'a contesté. D'après lui, les créanciers chirographaires pourront agir sur la pleine propriété des biens dotaux. Ils ne seront point tenus de respecter le droit du mari; car s'il est autorisé à percevoir les revenus, ce n'est qu'en vertu d'un mandat, et pour l'indemniser de sa gestion. Son droit de jouissance constitue si peu un droit réel, que personne ne lui accorde le droit de l'hypothéquer; il ne lui appartient qu'au même titre que l'exercice des actions pétitoires immobilières, en sa qualité de mandataire de la femme. Donc, la jouissance ne saurait survivre à l'aliénation du fonds; elle n'est pas distincte de sa propriété.

[1] Req., rej., 3 avril 1849, S. 49. 1. 385. — Rodière et Pont, III, 1783. — V. pourtant Bordeaux, 22 déc. 1857, S. 58. 2. 529.

Pour nous, le droit du mari est un droit réel; et ce n'est point comme mandataire de la femme, mais bien en sa qualité propre de chef de l'association conjugale qu'il en jouit. Que ce droit réel lui ait été concédé en vue des charges qu'il a à subir, nous ne le nions pas; mais qu'importe? Cela empêche-t-il le droit réel d'exister avec ce caractère! Or, que ce droit soit réel, on n'en saurait douter. Les différents articles qui s'occupent de lui le prouvent bien clairement. L'article **1555** oblige la femme qui aliène ses biens dotaux, avec autorisation de justice, pour l'établissement des enfants qu'elle aurait eus d'un mariage antérieur, à réserver sur ces biens le droit de jouissance du mari; preuve palpable que ce droit n'est pas attaché à la propriété et n'est pas une dépendance du droit de la femme. Enfin, les articles **1550**, **1562**, **1568** et **1572**, soit qu'ils rappellent les décisions que nous lisons au titre de l'Usufruit, soit qu'ils y dérogent, soit qu'ils y renvoient, prouvent jusqu'à l'évidence, que le législateur a voulu assimiler le droit du mari à un véritable usufruit[1].

211. — Nous lui reconnaissons donc un droit réel, et, par conséquent, nous décidons que les créanciers chirographaires ne pourront saisir que la nue propriété des biens constitués en dot à titre particulier. Je dis les créanciers chirographaires, car les créanciers *hypothécaires* pourront évidemment se faire payer sur la pleine propriété; mais encore faudrait-il qu'ils aient fait inscrire leur hypothèque antérieurement au mariage, car, de ce jour est né le droit du mari. Il est à noter, que les créanciers hypothécaires ne pourraient opposer au mari le défaut de trans-

[1] Merlin, *Rép.*, v° *Dot*, § 7, n° 6; v° *Usufruit*, § 4, n° 2. — Tessier, II, p. 121 et 177. — Odier, III, 1162 à 1170. — Marcadé, sur l'article 1549, n° 2. — Rodière et Pont, III, 1713.

cription du contrat de mariage, au cas où ils n'auraient fait inscrire leur hypothèque que depuis le mariage, car le droit du mari, n'étant pas susceptible d'être hypothéqué, ne tombe pas sous l'application de la loi du 23 mars 1855.

Rappelons que si nous nous trouvions en face d'une constitution de dot *à titre universel,* l'action des créanciers ne serait pas limitée à la nue propriété des biens constitués, car, en l'espèce, il n'y a vraiment de dotal que l'actif net.

Remarquons enfin que notre solution subit une troisième exception par suite de l'*application de l'article 1167,* au cas où la constitution de dot, faite à titre particulier, l'a été en fraude des droits des créanciers de la femme, le mari étant *conscius fraudis.* Dans cette espèce, si les créanciers prouvent la fraude et de la femme et du mari, ils feront rescinder pleinement à leur égard la constitution de dot, et, par conséquent, pourront poursuivre leur paiement sur la pleine propriété des biens dotaux, sans avoir, du reste, à justifier d'une date certaine. Nous exigeons qu'ils prouvent la fraude du mari, car la constitution de dot doit être considérée à son égard comme un acte à titre onéreux[1].

212. — Ici vient se greffer une question fort intéressante, relative à la fois au droit de poursuite des créanciers et à l'étendue de ce droit. En effet, pour que les créanciers puissent agir sur les biens de leur débiteur, il faut que ces biens soient entre ses mains. S'il les a aliénés, leur droit s'évanouit; à moins qu'ils ne puissent, en invoquant l'article 1167, faire révoquer l'aliénation

[1] Req., rej., 24 mai 1848, D. 48. 1. 172; Req., rej., 6 juin 1849, D. 49. 1. 327.

qui les a privés de tout ou partie de leur gage. Mais en sera-t-il de même, lorsque ce débiteur est une femme dotale, et lorsque les biens aliénés sont des biens dotaux? En d'autres termes : *Les créanciers de la femme dotale ont-ils le droit d'agir et de faire révoquer les aliénations que la femme, autorisée par le mari, aurait faites de ses biens dotaux, pendant le mariage, au mépris de leur inaliénabilité?*

Et d'abord c'est, nous le rappelons, une question controversée que celle de savoir si les créanciers peuvent exercer l'action en nullité qui appartient à leur débitrice pour défaut d'autorisation maritale. Nous avons résolu affirmativement cette question générale, en traitant des droits qui appartiennent aux créanciers, du chef de leur débitrice, sous le régime de communauté. Nous avons considéré, pour décider ainsi : En premier lieu, que, bien que cette action reposât sur l'incapacité personnelle de la femme, et constituât, soit dans le sens de l'article 1208, soit dans celui de l'article 2036, une exception personnelle à la femme en ce sens que ni les codébiteurs solidaires, ni les cautions de celle-ci ne sauraient s'en prévaloir, il n'en résultait pas cependant qu'elle fût *exclusivement* attachée à sa personne, en donnant à cette expression la portée que lui attache l'article 1166. En second lieu, que si l'article 225 dit que la nullité fondée sur le défaut d'autorisation maritale ne peut être opposée que par la femme, par le mari, ou leurs héritiers, l'exclusion qui résulte de cette rédaction limitative porte, non sur les créanciers qui agissent au nom de la femme, mais sur les personnes qui, capables elles-mêmes, ont contracté avec elle, sans s'assurer qu'elle était autorisée, ou bien au mépris de sa non-autorisation (V. n° 97).

Ces principes généraux rappelés, demandons-nous, si rien dans les règles du régime dotal ne vient modifier la solution qui en découle, si cette solution est applicable à notre cas.

Nous le croyons, et nous n'hésitons pas à décider que *les créanciers de la femme mariée sous le régime dotal, pourront demander, en son nom, la nullité des aliénations, hypothèques ou obligations personnelles qu'elle aurait consenties sur ses biens dotaux.* Évidemment nous reconnaissons ce droit aux seuls créanciers de la femme auxquels la dotalité n'est pas opposable, aux seuls créanciers, en somme, qui ont intérêt à écarter ceux qui auraient acquis des droits sur ces biens. Au premier rang, parmi eux, sont les créanciers antérieurs à la célébration du mariage; la question offre donc pour notre étude le plus vif intérêt[1].

Notre doctrine est combattue par les plus graves autorités[2].

On remarque d'abord que l'inaliénabilité de la dot a été établie dans l'intérêt seul de la femme et non dans celui de ses créanciers.

C'est vrai, mais en est-il différemment de l'incapacité générale dont est frappée la femme mariée ou le mineur? Non, et cette réponse est d'autant plus topique que l'inaliénabilité dotale a pour fondement l'incapacité per-

[1] Les créanciers postérieurs à la dissolution du mariage jouiront du même droit.

[2] Marcadé, sur l'article 1560, n° 5. — Cubain, *Droits des femmes*, n° 378. — Troplong, IV, 3519. — Aubry et Rau, V, p. 562, § 537, texte et n. 25. — Nîmes, 2 avril 1832, S. 32. 2. 219. — Montpellier, 17 juill. 1846, S. 46. 2. 559. — Paris, 12 janvier 1858, S. 58. 2. 256. — Cassat., 18 juill. 1859, S. 60. 1. 431.

sonnelle de la femme, qui se trouve placée dans une sorte de minorité relativement à ses biens dotaux.

M. Troplong insiste, il observe que l'inaliénabilité a été établie exclusivement « dans l'intérêt de la famille, pour lui assurer des ressources extrêmes, et non pour procurer aux créanciers la satisfaction d'être payés de leur dû, eux qui n'ont aucun droit de suite sur la chose, eux dont l'intérêt passe toujours après celui de la famille ».

L'observation porte certainement contre ceux des créanciers auxquels l'inaliénabilité dotale est opposable, et qui n'auraient pas d'action sur les biens dotaux si on les faisait rentrer; mais elle cesse d'être juste à l'encontre de ceux dont nous nous occupons, car d'eux il est inexact de dire que l'intérêt de la famille passe avant le leur. Si la femme exerçait l'action en nullité et rentrait en possession de ses biens dotaux, ils pourraient agir sur eux; quels motifs peut-on invoquer, pour leur refuser le droit de les faire rentrer, de son chef, en sa possession?

Ce motif, dit-on, c'est qu'on ne saurait permettre aux créanciers de la femme dotale d'attaquer un contrat qu'elle ne jugerait ni opportun, ni consciencieux d'attaquer!

Cet argument est dicté sans doute par une préoccupation fort honorable, mais il est beaucoup trop général, et ses effets par trop absolus. Il ne tiendrait à rien moins qu'à empêcher les créanciers d'exercer toutes actions fondées sur l'incapacité de leur débiteur. Cette conséquence suffit à en faire justice. D'ailleurs, à tout bien considérer, la faculté accordée à la femme de demander la nullité de l'aliénation, constitue pour elle un droit pécuniaire, faisant partie intégrante de son patrimoine, dont l'exercice doit, par conséquent, appartenir à ses créanciers.

Objectera-t-on enfin, avec MM. Aubry et Rau « qu'il serait peu juridique, que les créanciers antérieurs à la passation du contrat de mariage[1], qui avaient conservé le droit de poursuivre les biens dotaux malgré leur inaliénabilité, pussent trouver, dans cette inaliénabilité même, le moyen de se créer un droit de suite sur ces biens ».

Nous répondrons qu'un pareil argument ne s'applique évidemment pas aux créanciers antérieurs au mariage, qui auraient un droit de suite sur les biens dotaux, par exemple, à ceux des créanciers antérieurs auxquels ces biens auront été hypothéqués, soit *avant*, soit *pendant*, soit après le mariage[2]. Nos adversaires en conviennent, et cette concession est décisive en notre faveur, car l'action en nullité qui apppartient à la femme dotale a toujours le même caractère, quels que soient ceux de ses créanciers qui demandent à l'exercer. Si donc le créancier qui a une hypothèque valablement constituée sur l'immeuble dotal, peut demander la nullité de son aliénation ou d'une autre hypothèque que la femme aurait indûment constitué sur lui, il faut conclure que le droit de demander cette nullité n'est pas exclusivement attaché à la personne de la femme, et par suite qu'il doit appartenir à tous ses créanciers[3].

[1] Nous dirions, nous, « antérieurs à la célébration du mariage ».

[2] Cassat., 27 mai 1851, S. 51. 1. 385 (cassat. de l'arrêt de Montpellier du 17 juillet 1846). — Toulouse, 24 février 1855, S. 55. 2. 611.

[3] MM. Aubry et Rau espèrent échapper à la conséquence qu'on peut tirer de la concession qu'ils sont obligés de faire, en remarquant que les créanciers hypothécaires n'agissent pas en vertu de l'article 1166, mais en leur nom personnel et pour faire valoir un droit qui leur est propre.

En est-il moins vrai qu'ils se basent sur l'incapacité de la femme pour

D'ailleurs, est-il bien exact de dire que les créanciers chirographaires acquièrent, ainsi, par le fait de l'inaliénabilité dotale un droit de suite qu'ils n'auraient pas sans cela? Non, pas plus qu'il ne le serait de le dire des créanciers chirographaires d'une femme mariée sous tout autre régime, ou de ceux d'un mineur ou d'un interdit, qui se prévaudraient de l'incapacité de leur débiteur pour faire rescinder l'aliénation qu'il aurait faite. Et pourquoi dans ces diverses hypothèses ne saurait-on parler d'un droit de suite? Parce que si le bien a été aliéné, il ne l'a pas été de façon définitive. Le débiteur a conservé un droit sur lui, celui de demander la nullité de son aliénation. Ce droit tient dans son patrimoine la place du bien aliéné.

Concluons donc, que les créanciers antérieurs à la célébration du mariage, peuvent exercer l'action en nullité qui compète à leur débitrice, au cas d'aliénation de ses immeubles au mépris de la règle de l'inaliénabilité dotale, soit, du reste, que ces immeubles lui appartinssent au jour du mariage, soit qu'ils lui soient advenus au cours du mariage[1].

213. — Ils peuvent agir, c'est un point acquis; mais

faire tomber l'aliénation qu'elle a indûment faite? En tant qu'ils demandent cette nullité, ils exercent le droit de la femme; cela nous semble incontestable.

[1] V. *en ce sens :* Tessier, II, p. 86. — Odier, III, 1336. — Seriziat, *Traité du rég. dot.*, n° 196. — Benech, *De l'emploi et du remploi*, n° 104. — Larombière, *Des oblig.*, art. 1166, n° 12. — Demolombe, XXV, 87.

MM. Rodière et Pont distinguent suivant que la conscience de la femme paraît ou non engagée. — C'est là une distinction que rien n'appuie. — Rod. et Pont, III, 1873.

Dans la dernière hypothèse prévue au texte, nous supposons, cela va sans dire, que la constitution de dot portait sur les biens à venir; sans cela la question ne se poserait pas pour les biens advenus au cours du mariage.

à quel moment? Devront-ils attendre la dissolution du mariage ou la séparation de biens, comme la femme le devrait (art. 1549-2° et 1560)? Non, car si le droit de la femme sommeille entre ses mains, à cause même de sa position, il n'en existe pas moins, et dès lors ses créanciers peuvent s'en prévaloir. Ils conserveront, d'ailleurs, ce droit aussi longtemps que leur débitrice elle-même; or, nous savons que celle-ci le conservera pendant toute la durée du mariage, et pendant dix ans à compter de la dissolution de celui-ci (art. 1560 et 1304 cbn.).

On s'est demandé si la séparation de biens faisait courir cette prescription décennale. De graves autorités l'ont pensé[1]. Nous sommes néanmoins d'un avis différent.

La prescription exceptionnelle de l'article 1304, reposant à nos yeux sur une confirmation présumée, ne peut commencer à courir que du jour où la confirmation est possible, et la confirmation n'est possible que du jour de la dissolution du mariage. C'est dire qu'à dater de la séparation de biens l'action en nullité sera prescriptible d'après les règles du droit commun. Ainsi s'expliquent et s'éclairent les articles 1561 et 2225. En somme, l'action de la femme et par suite celle de ses créanciers sera prescrite par l'expiration du terme de dix ans à compter de la dissolution du mariage, ou par celle du terme de trente ans à compter de la séparation de biens, si, d'ailleurs, nous ne nous trouvons pas en pareille hypothèse dans le cas prévu par l'article 2256-2°[2].

[1] Valette, *Rev. étrang. et franç.*, 1840, VII, p. 241. — Odier, III, 1342. — Troplong, IV, p. 3375 et s. – Nîmes, 4 janvier 1835, S. 36. 2. 50.

[2] Aubry et Rau, V, p. 568, § 537, texte et n. 40, 41 et 42. — Cpr. : Civ. cass., 1er mars 1847, S. 47. 1. 180. — Civ. cass., 4 juillet 1849,

214. — On peut se demander enfin si la femme, après la dissolution du mariage ou la séparation de biens, peut se faire colloquer sur les biens de son mari jusqu'à concurrence du prix qu'il a reçu, au lieu d'exercer l'action en nullité qui lui compète? La question est fort intéressante pour les créanciers du mari. Elle l'est aussi pour les créanciers de la femme, si nous supposons que les biens aliénés n'ont plus leur ancienne valeur. La traiter nous entraînerait trop loin; bornons-nous à dire que la majorité de la doctrine reconnaît ce droit à la femme dotale[1].

IV. *Mise en œuvre de leur droit.*

215. — Si la femme voulait aliéner pour payer ceux de ses créanciers antérieurs qui ont conservé le droit de saisir les biens dotaux, elle devrait recourir à la justice et demander l'autorisation de le faire (art. 1558-1° et 4°).

S. 50. 1. 283. — Caen, 27 janvier 1851, S. 51. 2. 428. — Duranton, XV, 529. — Marcadé, sur l'art. 1561, n° 2.

Nous donnerions une solution conforme à celle que nous développons au texte, au cas où l'immeuble dotal au lieu d'avoir été aliéné par la femme autorisée de son mari, l'aurait été par le mari seul, mais sans déclaration que le bien vendu fût sa propriété (V. Aubry et Rau, § 537, n° 39; voir *pourtant* Rodière et Pont, III, 1894. — Odier, III, 1340). — Que si le mari avait aliéné le bien dotal en le présentant comme sien, nous déciderions que l'action en revendication de la femme ne s'éteindrait que par la prescription de 10 à 20 ans ou de 30 ans accomplie par l'acquéreur, prescription qui ne commencerait à courir que du jour de la dissolution du mariage, et demeurerait suspendue malgré la séparation de biens, en vertu de l'article 2256-2°. — V. Aubry et Rau, § 537, texte et n. 43. — Bufnoir, *à son cours*.

[1] Merlin, *Quest. de droit*, v° *Remploi*, § 9. — Tessier, II, p. 62. — Cubain, n° 375. — Rodière et Pont, III, 1874. — Cass., 28 nov. 1838, S. 38. 1. 963. — Req., 16 nov. 1847, S. 48. 1. 25. — Req., 2 mai 1855, S. 55. 1. 420.— V. *en sens contr.* : Bellot des Minières, IV, p. 164. — Seriziat, n° 194. — Benoît, *De la dot*, I, n° 261.

Lorsque ces créanciers prennent les devants, ont-ils à remplir une formalité analogue?

Évidemment non, le droit de saisir n'est que l'exercice normal de leur droit de gage sur les biens de la femme. Ils peuvent les réaliser en vertu du droit commun.

On comprend d'ailleurs l'intervention du tribunal, lorsque les époux veulent aliéner pour éviter la saisie. Elle est nécessaire pour éviter que les époux n'éludent le principe de l'inaliénabilité, en grossissant outre mesure le montant d'une dette non encore liquidée, ou en simulant l'existence de dettes depuis longtemps éteintes. En notre espèce, elle ne se comprendrait plus; rien de tel n'est à redouter, tout se passera au grand jour.

Enfin de deux choses l'une, ou la constitution de dot a fait perdre leurs droits aux créanciers, ou bien elle les leur a laissés. Au premier cas, ils n'ont aucun droit à prétendre, et, par conséquent, aucune autorisation à réclamer; au second, ils ont conservé leur situation antérieure, et par suite peuvent librement agir[1].

216. — Notons que dans la procédure de saisie immobilière le créancier saisissant devra mettre en cause, non-seulement le mari, mais aussi la femme. L'article 2208-2° nous impose cette solution, car le mode de poursuite qu'il trace, l'obligation qu'il impose au saisissant de diriger ses poursuites contre le mari et la femme conjointement, obligation qui n'est qu'une conséquence du principe général que la femme ne peut ester en justice sans l'autorisation de son mari, existe toutes les fois qu'il

[1] Troplong, IV, 3462. — Marcadé, sur l'article 1558, n° 3. — Aubry et Rau, § 538, texte et n. 9. — Odier, III, 1294 — Montpellier, 6 mars 1844, S. 45. 2. 11. — Bordeaux, 29 août 1855, S. 56. 2. 679. — Cpr. Req., rej., 2 fév. 1852, S. 52. 1. 94.

s'agit d'immeubles « qui ne sont point entrés en communauté », c'est-à-dire d'immeubles qui sont restés propres à la femme, abstraction faite d'ailleurs de la cause par suite de laquelle elle en a conservé la propriété, et par conséquent du régime sous lequel elle s'est mariée. Cette décision n'a du reste rien que de bon, car la femme étant liée à la poursuite pourra désintéresser le créancier avec ses paraphernaux, et éviter ainsi la saisie et la vente des biens dotaux, auxquels elle peut tenir davantage[1].

217. — Reste enfin une dernière question qui puisse offrir quelque intérêt au point de vue de la procédure. On sait que le créancier hypothécaire, avant de saisir l'immeuble hypothéqué à sa dette, est tenu de faire commandement au débiteur personnel et sommation au tiers détenteur, s'il en est un, de payer ou de délaisser (art. 2169). Eh bien! si l'immeuble hypothéqué a été constitué en dot, le créancier devra-t-il faire au mari la sommation exigée par l'article 2169, avant de saisir l'immeuble dotal? En d'autres termes, considérerons-nous le mari, usufruitier des biens dotaux, comme tiers détenteur au sens de l'article 2169? A notre avis, la réponse doit être négative, nous ne pensons pas que le mari, bien qu'il soit usufruitier des biens dotaux, puisse être considéré comme un tiers détenteur, au point de vue auquel nous sommes ici placés[2].

[1] Tessier, *De la dot*, II, p. 151; *Quest. sur la dot*, n° 50. — Duranton, XV, 397, et XXI, 37. — Odier, III, 1182 — Rodière et Pont, III, 1761. — Aubry et Rau, VIII, p. 472. — Cpr. Req., rej., 13 nov. 1839, S. 39. 1. 948. — V. *en sens contr.*: Delvincourt, III, p. 181. — Troplong, IV, 3116. — Aix, 27 avril 1809, S. 9. 2. 237.

[2] Aubry et Rau, § 538-1°, V, p. 607. — Troplong, IV, 3463. — Montpellier, 6 mars 1844, S. 45. 2. 11.

CHAPITRE II.

DROITS DES CRÉANCIERS ANTÉRIEURS AU MARIAGE APRÈS LA DISSOLUTION DU RÉGIME DOTAL.

218. — Cette dissolution peut être entraînée soit par la dissolution du mariage lui-même, soit par la séparation de biens principale ou accessoire. Il importe de distinguer les deux hypothèses, car la séparation de biens n'a point, sous le régime dotal, les mêmes effets que la dissolution du mariage.

SECTION I.

Droits des créanciers après la dissolution du mariage.

§ I. *Créanciers du mari.*

219. — Aucune difficulté ne saurait s'élever à leur égard. Ils perdent évidemment le droit qu'ils avaient sur les revenus dotaux perçus par leur débiteur et sur la portion de ces revenus qui excédait les besoins du ménage. Ils conservent non moins sûrement tous leurs droits sur les biens de leur débiteur.

§ II. *Créanciers de la femme.*

220. — Quant aux créanciers de la femme, nous devons poser en principe que *leur situation demeure la même après la dissolution du mariage que pendant sa durée;* car si les biens dotaux deviennent aliénables des cette dissolution, ils ne deviennent pas saisissables à raison des obligations contractées pendant le mariage. Décider autrement n'aboutirait à rien moins, qu'à renverser l'économie du régime dotal tout entier, car ce serait valider l'aliénation indirecte pour un temps où l'aliénation directe était impossible, et à méconnaître le véritable caractère de l'inaliénabilité dotale, car, s'il faut voir dans l'inaliénabilité et l'insaisissabilité des biens dotaux pendant le mariage une conséquence de l'incapacité de la femme, et par conséquent dans les engagements de celle-ci des promesses sans force quant à ses biens, il est évident qu'on ne saurait leur accorder plus d'effets après la dissolution du mariage, époque en vue de laquelle précisément on a voulu la protéger.

Aussi, est-ce en assignant à l'inaliénabilité dotale un fondement autre que le sien[1], que M. Troplong donne le droit de saisir les biens dotaux, après la dissolution du mariage, aux créanciers qui ont contracté avec la femme pendant sa durée, et par conséquent aux créanciers antérieurs au mariage qui ne peuvent se prévaloir d'un titre ayant date certaine.

Nous avons vu combien fausse était cette conception; nous avons établi, et par la tradition, et par les travaux préparatoires, et par les textes de notre Code, que dans l'inaliénabilité dotale il fallait voir une règle d'incapacité protectrice, et nous en déduisons avec une absolue certitude, que c'est au moment où l'acte a été fait ou est présumé fait par la loi qu'il faut se reporter, pour savoir quelle est sa valeur.

[1] Il la base sur la situation des biens dotaux, sur les droits que le mari a sur eux; bref, il en fait une indisponibilité.

De là, nous concluons que *les biens dotaux ne peuvent être saisis à raison de dettes contractées par la femme antérieurement au mariage, en fait, mais qui, n'ayant pas date certaine, sont réputées par suite d'une présomption légale invincible, contractées postérieurement au mariage,* c'est-à-dire à une époque, où la femme était absolument incapable de porter par ses actes l'atteinte même la plus légère à ses biens dotaux[1].

221. — Cette solution doit-elle être étendue au *cas où le créancier ne se trouve plus en présence de la femme, mais seulement en présence de ses héritiers,* soit que le mariage se soit dissous par la mort de celle-ci, soit qu'ayant survécu au mari, elle soit morte avant que le créancier n'ait intenté son action ?

Une vive controverse s'est engagée sur ce point.

Un *premier système,* soutenu par les auteurs qui veulent que les biens dotaux soient saisissables, même entre les mains de la femme, par les créanciers qui n'avaient pas le droit de les saisir pendant le mariage, proclame, *a fortiori,* leur saisissabilité absolue entre les mains des héritiers de celle-ci[2]. Nous connaissons les arguments sur lesquels il repose et nous les avons réfutés, nous ne nous arrêtons donc pas.

D'après un *deuxième système,* il faut distinguer suivant que les héritiers sont des descendants ou des col-

[1] Duranton, XV, 511. — Marinier, *Rev. prat.*, 1859, VIII, p. 282 et s. — Aubry et Rau, § 538, texte et n. 4, cpr. n. 13. — Cf. Rodière et Pont, III, 1799. — V., *en sens contraire :* Delvincourt, III, p. 111. — Toullier, XIV, 333, 334 et 346. — Troplong, IV, 3312. — Toulouse, 29 novembre 1834, Sir. 35. 2. 462.

[2] Troplong, IV, 3313. — Toulouse, 29 nov. 1834, S. 35. 2. 462. — Caen, 10 janv. 1842, S. 42. 2. 209.

latéraux. Les descendants peuvent se prévaloir de la dotalité, car l'inaliénabilité a pour but la protection de la femme et de ses enfants. Les collatéraux ne le peuvent; la protection n'a pas été faite pour eux [1].

La distinction, même, faite par ce système, le condamne, car la cause pour laquelle est frappée de nullité l'obligation de la femme, en tant qu'elle porte sur les biens dotaux, prohibe toute distinction. Si cette obligation est nulle, c'est, et cela suffit à la loi, qu'elle a pu être contractée sous l'influence du mari. Cela étant, comment peut-elle être validée par un fait postérieur tout accidentel! Elle a été contractée par un incapable; elle est nulle dans son germe, elle doit le demeurer. Est-ce, d'ailleurs, la tendance de la loi de distinguer entre les héritiers? L'article 1560 en donnant aux héritiers de la femme, sans distinction, le droit de faire révoquer les aliénations qu'elle a pu consentir au mépris de l'inaliénabilité dotale, prouve bien le contraire. Il faut donc reconnaître, et là est la vérité, que la loi, en sanctionnant l'inaliénabilité dotale, a voulu protéger la femme, et, par elle, tous ceux qui pourraient avoir des droits de son chef.

Puisque toute distinction nous paraît impossible, nous rejetterons un *troisième système,* qui distingue suivant que la succession de la femme a été acceptée purement et simplement ou *sous bénéfice d'inventaire.* — Au cas d'acceptation pure et simple, disent ses partisans, il n'existe plus, de par l'effet de l'adition, qu'un seul patrimoine, celui de l'héritier. D'autre part, la loi ne distingue ni l'origine, ni la nature des biens, pour en régler

[1] Paris, 9 juin 1856, S. 56. 2. 330.

la transmission (art. 732); donc on ne peut rechercher désormais leur nature primitive; ils ne sont plus ni dotaux ni paraphernaux, ils sont exclusivement biens de l'héritier. Or, celui-ci est obligé en son nom propre à toutes les dettes de la femme, il est donc tenu de ces dettes sur tous ses biens présents et à venir, aussi bien sur ceux qu'il possédait antérieurement, que sur ceux qu'il a recueillis dans la succession de la femme. Par suite, et forcément, les créanciers qui n'avaient pas le droit de saisir les biens dotaux pendant le mariage, mais dont les créances étaient d'ailleurs exécutoires sur les paraphernaux, auront ce droit lorsque ces biens seront parvenus entre les mains d'un héritier pur et simple de leur débitrice.

Mais, si l'acceptation a eu lieu sous bénéfice d'inventaire, il en est tout autrement. Le patrimoine de la femme reste complètement distinct de celui de l'héritier. Les biens qui le composent et les dettes qui le grèvent conservent leur caractère. Partant, tout doit se passer dans leur règlement comme si la femme vivait encore[1].

A cette argumentation de la cour de Toulouse, on pourrait ajouter cette considération de MM. Rodière et Pont : que l'acceptation pure et simple suppose qu'il y avait dans la succession de la femme assez de valeurs non dotales pour désintéresser les créanciers, et que leur pétournement présumé par l'héritier autorise ces mêmes créanciers à agir sur les valeurs dotales, valeurs sur lesquelles le quasi-contrat d'adition d'hérédité leur confère une action, qui n'était pas attachée à leur titre primitif[2].

[1] Toulouse, 24 mai 1843, S. 47. 1. 294.

[2] Rodière et Pont, III, 1768.

Ce système, nous l'avons déjà dit, est condamné par la distinction même qu'il introduit dans la loi. Est-il nécessaire d'ajouter, que l'adition ne peut avoir pour effet de changer la nature de l'engagement primitif, que la dette passe sur la tête de l'héritier comme elle existait sur celle du *de cujus*, entachée des mêmes vices, affectée des mêmes nullités? Non, sans doute; et nous ne saurions sur quoi nous baser, pour refuser à cet héritier, qui pourrait faire révoquer une aliénation directe, le droit d'empêcher les suites d'une aliénation indirecte, frappée de nullité par son origine même[1].

Ainsi, *que les biens dotaux soient entre les mains de la femme ou de ses héritiers, ils ne peuvent être saisis par les créanciers antérieurs au mariage qui n'ont pas date certaine*, et sont, à raison de ce fait même et par suite d'une présomption légale, assimilés aux créanciers envers qui la femme s'est engagée durant le mariage.

222. — Mais, nous allons encore plus loin, et prétendons que *le paiement de pareilles dettes ne peut même être poursuivi sur le prix des immeubles dotaux, librement aliénés par la femme devenue veuve ou par ses héritiers.*

Un arrêt de la cour de Paris, rendu dans l'hypothèse de l'aliénation d'un immeuble dotal par un légataire universel, a décidé le contraire. D'après cet arrêt, le privilège de la dotalité ne s'étend pas au prix de l'immeuble, car on ne saurait admettre de subrogations réelles, en

[1] Benoît, *De la dot*, II, 250. — Seriziat, nº 142. — Labbé, *Revue critiq.*, 1856, IX p. 1 et suiv. — Aubry et Rau, § 538, n. 14. — Civ., cass., 16 déc. 1846, S. 47. 1. 194. — 30 août 1847, S. 47. 1. 740. — Paris, 16 janv. 1858, S. 58. 2. 502. — Bordeaux, 23 mars 1865, S. 65. 2. 234.

dehors des cas formellement prévus par le législateur[1].

Il est facile de répondre, que si la subrogation ne doit pas avoir lieu quand les biens sont considérés dans leur individualité, il n'en est plus de même lorsqu'il s'agit d'une universalité. En pareille hypothèse, le prix prend la place de la chose aliénée. L'application de ce principe est journalière en matière, d'hérédité, de séparation de patrimoines, de retour à l'ascendant d'un ensemble de biens donnés. Pourquoi n'en serait-il pas de même ici? Les biens dotaux ne peuvent-ils être considérés comme constituant une véritable universalité? N'ont-ils pas, même caractère, même origine, même affectation? Hésite-t-on à opérer cette substitution du prix à l'immeuble qu'il représente, lorsque l'immeuble dotal est aliéné pendant le mariage, dans l'une des hypothèses où l'aliénation est permise? On objecte, à la vérité, que, le mariage se dissolvant, cette universalité a disparu; que ces biens, en se confondant avec ceux de l'héritier, ont perdu le caractère qui les réunissait, et cela, si bien, qu'ils sont désormais aliénables et prescriptibles comme tous autres biens de l'héritier. Mais, cette unité n'a disparu que pour l'avenir! D'ailleurs, nous ne saurions comprendre que des engagements qui ne pouvaient être exécutés sur l'immeuble dotal lui-même, puissent l'être sur le prix de cet immeuble, qui, au point de vue de leurs effets, le représente évidemment.

Du reste, les conséquences seules de la doctrine de la cour de Paris doivent la faire rejeter. Elle n'aboutit à rien moins, qu'à placer entre les mains de la femme ou de ses héritiers, une valeur, un immeuble, presque indis-

[1] Paris, 9 juin 1856, S. 56. 2. 330.

ponible, puisque son prix pourra leur échapper, dès qu'ils seront tentés d'user de leur droit de propriété et de l'aliéner[1].

223. — Le plus grand intérêt reste donc attaché, après la dissolution du mariage, à la distinction des biens en dotaux et paraphernaux. De là s'est élevée une vive controverse, sur le point de savoir, *s'il faut tenir pour dotaux les biens échus à la femme depuis la dissolution du mariage, lorsqu'elle s'est constitué en dot tous ses biens présents et à venir, ou tous ses biens à venir*[2].

S'il faut les tenir pour dotaux, seuls les créanciers qui, durant le mariage, avaient le droit de saisir les biens dotaux, pourront agir sur eux[3]; au contraire, s'ils ne sont pas frappés par la dotalité, les créanciers antérieurs sans distinction, et par conséquent aussi les créanciers postérieurs à la célébration du mariage, auxquels sont assimilés ceux d'entre les créanciers antérieurs dont les titres n'ont pas date certaine, pourront concurremment les saisir et faire vendre.

C'est dans le premier sens que fut résolue notre question par la cour de Caen, le 9 juillet 1840. Voici les motifs de son arrêt : L'article 1542 permet à la femme de se constituer en dot ses biens présents et à venir. Si elle stipule pareille clause, quel sera l'effet de sa stipulation?

[1] Douai, 27 juillet 1853, S. 54. 2. 181.

[2] L'article 1542 ne dit pas si la femme peut se constituer en dot, seulement, tout ou partie de ses biens à venir, mais le principe de la liberté des conventions matrimoniales ne saurait laisser de doute sur la validité de pareille convention. Rodière et Pont, III, 1563.

[3] Seuls parmi les créanciers antérieurs, car les créancieurs postérieurs à la dissolution du mariage concourront avec eux.

Évidemment, de soumettre à la dotalité les biens à venir, au même titre que les biens présents. Faudra-t-il distinguer parmi ces biens? Non, car l'article 1542 ne distingue pas. On conçoit, au surplus, qu'on garantisse et protège les biens à venir à l'égal des biens présents : car, en vertu du principe posé par l'article 2092, ils seraient atteints par les engagements de la femme, s'il n'en était ainsi, et, par suite, la famille que le régime dotal veut protéger, pourrait se voir priver de sa meilleure et peut-être de son unique ressource[1].

Nous croyons néanmoins qu'il faut se prononcer dans le second sens, et tenir par conséquent les biens dont s'agit, pour saisissables par les créanciers, tant antérieurs que postérieurs à la célébration du mariage.

Notre argumentation? Elle est bien simple. S'il est un principe certain, c'est que seul le bien dotal est inaliénable. Or, nous affirmons qu'il n'y a point de dot sans mariage : C'était la doctrine que proclamaient les lois romaines, quand elles décidaient qu'il n'y aurait point de dot, lorsqu'elle aurait été promise pour le temps où le mariage serait dissous[2]. C'est celle que proclame l'article 1540, en disposant que « la dot est le bien que la femme apporte au mari pour supporter les charges du mariage ». Ne résulte-t-il pas évidemment de cet article, pour emprunter le langage de la Cour de cassation, « que les biens présents et à venir dont il s'agit (dans l'article 1542) ne peuvent être que ceux qui seront apportés au mari; que les biens advenus ou échus à la femme depuis la dissolution du mariage ne sont pas apportés au mari,

[1] Caen, 9 juillet 1840, S. 40. 2. 402.

[2] L. 76 *De jure dotium* D. XXIII-III; l. 11 *De pactis dotalibus* XXIII-IV. Cf. l. 3 *De jure dotium.*

et dès lors ne peuvent être dotaux », et par suite inaliénables[1]?

Objectera-t-on que le créancier d'un mineur ne pourrait poursuivre l'exécution de ses engagements sur les biens que son débiteur, devenu majeur, pourrait recueillir! Ce serait une erreur singulière qu'assimiler la femme dotale au mineur : elle est capable en principe pourvu qu'elle soit autorisée[2], tandis que le mineur ne l'est pas; seulement ses engagements ne peuvent s'exécuter que sur ses paraphernaux, et précisément il s'agit de savoir si les immeubles advenus après dissolution du mariage, doivent être traités comme dotaux ou comme paraphernaux.

224. — *En résumé,* le paiement des dettes contractées par la femme antérieurement au mariage, mais dont l'antériorité n'est pas constatée par un titre ayant date certaine, ne peut être poursuivi sur les biens dotaux de leur débitrice, ni pendant le mariage, ni après sa dissolution, que ces biens soient entre les mains de celle-ci ou entre celles de ses héritiers. Il ne peut pas même l'être sur le prix provenant de leur aliénation par la femme devenue veuve ou par ses héritiers. Mais, seuls les biens apportés au début ou échus au cours du mariage pouvant présenter le caractère de biens dotaux, il peut être

[1] Cassat., 7 déc. 1842, S. 43. 1. 131. — V. aussi Demolombe, *Rev. de législ.*, II, p. 282. — Odier, III, 1076. — Troplong, IV, 3314. — Marcadé, sur l'art. 1554, n° 8. — Rodière et Pont, III, 1659.

Pour bien comprendre l'art. 1542, il faut le rapprocher non-seulement de l'art. 1540, mais aussi des articles 1554, 1560 et 1561. Ils nous montrent que le législateur n'a considéré comme bien dotal que le bien advenu et possédé pendant le mariage.

[2] N'eût-elle, pour l'instant, que des biens dotaux, elle pourrait valablement s'obliger (Riom, 25 juin 1849, D. 50. 2. 67).

poursuivi sur les biens échus à la femme après dissolution du mariage, alors même qu'elle s'est constitué en dot ses biens à venir.

Telles sont les solutions que nous estimons les meilleures quant aux droits des créanciers antérieurs au mariage sur la *propriété* des biens dotaux.

225. — Que déciderons-nous quant aux *fruits et revenus* de ces biens? A notre avis, il faut donner une solution analogue à celle que nous venons d'établir quant à leur propriété, et décider ainsi, que *les créanciers de la femme qui n'ont pas action sur les biens dotaux, ne peuvent pas plus saisir leurs revenus, après la dissolution du mariage, qu'ils ne le pouvaient pendant sa durée.*

Et d'abord, une jurisprudence constante reconnaît qu'ils ne peuvent les saisir en totalité[1]; et la question ne peut franchement se poser que pour la partie de ces revenus qui excède les besoins du ménage. Eh bien! peuvent-ils saisir les revenus des biens dotaux jusqu'à concurrence de cet excédant?

L'affirmative est enseignée par de nombreux auteurs et confirmée par quelques arrêts[2]. Ils font remarquer que l'excédant des revenus sur les besoins du ménage était disponible entre les mains du mari, et doit le devenir entre celles de la femme. Ils en concluent que la femme a valablement pu l'engager pendant le mariage.

[1] Civ., cass., 26 août 1828, S. 29. 1. 30. — Civ., cass., 1er déc. 1834, S. 35. 1. 925. — Civ. cass., 24 août 1836, S. 36. 1. 913. — Bordeaux, 10 avril 1845, S. 47. 2. 166. — Civ., rej., 15 mars 1853, S. 53. 1. 465.

[2] Troplong, IV, 3302 à 3309. — Marcadé, sur l'article 1554, nº 4. — Tessier, *Questions sur la dot*, nº 145. — Bordeaux, 21 août 1835, S. 36. 2. 49. — Paris, 7 mars 1851, S. 51. 2. 289. — Paris, 15 juillet 1856, S. 57. 2. 433.

Nous ne saurions admettre pareille théorie, car elle ne va à rien moins qu'à enlever au régime dotal toute l'utilité qu'on se propose d'en tirer. En effet, son but n'est-il pas d'assurer à la femme, à la dissolution du mariage, sa dot franche et libre de tous engagements antérieurs ! Concluons donc avec la Cour de cassation, si nous voulons laisser à ce régime toute son efficacité, que les créanciers qui n'ont pas le droit de saisir les biens dotaux, n'ont pas même pour partie celui de saisir leurs revenus; que ces revenus sont affectés aux charges du mariage, et qu'on ne saurait en disposer pour l'avenir par des actes faits pendant l'administration du mari et probablement sous son influence. Au surplus, qu'on ne s'y trompe pas, cette solution est commandée par l'article 1554, car cet article, en établissant l'inaliénabilité dotale, prohibe aussi bien l'aliénation partielle, que l'aliénation totale des immeubles dotaux. Or, les revenus de ces immeubles constituent un véritable démembrement de leur propriété; la jouissance qui en est et doit en être donnée au mari pendant le mariage, ne saurait faire disparaître ce caractère [1].

Mais la Cour de cassation nous semble s'écarter de la vérité, lorsqu'elle décide, que si la femme s'est réservé par contrat la faculté de toucher sur ses seules quittances une

[1] V. en notre sens, un arrêt du Parlement de Paris du 28 mai 1857, rapporté par Henrys, qui l'approuve : « parce qu'en vain les biens dotaux seraient inaliénables si la femme n'en pouvait jouir étant veuve ou séparée de biens; il ne faut pas qu'elle soit une Tantale dans les eaux. » (Liv. IV, ch. 41, t. II, p. 777). Rodière et Pont, III, 1765. — Aubry et Rau, V, p. 609, § 538, n. 16. — Civ., cass., 28 juin 1859, Sir. 59. 1. 666. — Paris, 5 août 1859, Sir. 60. 2. 23. — Cass. (Ch. réun.), 7 juin 1864, S. 64. 1. 201. — Agen, 1er févr. 1870, S. 70. 2. 311. — Cf. Civ., cass., 15 juin 1875, D. 75. 1. 401.

partie de ses revenus dotaux, ses créanciers pourront la poursuivre sur cette partie, au moins jusqu'à concurrence de ce qui ne serait point indispensable aux besoins du ménage. Cette décision nous paraît méconnaître le principe posé par l'article 1554 de l'inaliénabilité absolue de la dot.

226. — Rappelons, avant de finir, que les solutions que nous venons de donner sont applicables tant aux fonds qu'aux revenus de la *dot mobilière;* admettant, ainsi que nous le faisons, le principe de son inaliénabilité. Par conséquent, nous déciderons que ni le capital ni les intérêts de cette dot ne pourront être saisis ni retenus de quelque façon que ce soit, à raison des engagements contractés par la femme pendant le mariage et, par conséquent, antérieurement au mariage, si cette antériorité n'est pas établie par titre ayant date certaine[1].

Il va sans dire, que si, par suite d'opérations quelconques, la dot mobilière se trouvait représentée, en tout ou partie, par des créances ou des immeubles non frappés de dotalité, les créanciers antérieurs qui n'ont pas date certaine, pourraient les saisir; mais ce serait à charge d'en faire ressortir, au profit de la femme, la partie de la dot mobilière qu'ils représentent.

SECTION II.

Droits des créanciers après la séparation de biens.

227. — Nous devons nous préoccuper ici des effets de la séparation de biens, car, à la différence de ce qui a lieu sous les autres régimes, elle n'a point, sous le régime dotal, les mêmes effets que la dissolution du ma-

[1] Paris, 30 juin 1834, S. 34. 2. 473.

riage[1]. En effet, si elle déplace la jouissance et l'administration des biens dotaux, elle en laisse subsister l'inaliénabilité, et n'efface point leur destination. Ce sont là des points universellement reconnus aujourd'hui. Autrefois MM. Delvincourt et Toullier soutenaient que la séparation de biens dissolvait la constitution dotale et ses effets; ils argumentaient, en ce sens, de l'article 1561-2°, et du renvoi aux articles 1443 et suivants ordonné par l'article 1563. Mais leur opinion, condamnée à la fois par la tradition et par les termes mêmes de l'article 1554, a été unanimement abandonnée. Les arguments qu'ils invoquaient sont du reste faciles à réfuter : le renvoi de l'article 1563 n'est relatif qu'aux règles de forme, et si de l'aliénabilité on doit conclure à la prescriptibilité, le contraire est loin d'être vrai. Leur doctrine au surplus faisait tourner au préjudice de la femme la séparation de biens[2].

Du reste, nous n'avons appuyé notre affirmation que pour le principe, car, au point de vue auquel nous sommes placés, il est certain que la situation des créanciers ne change pas, quelle que soit la solution adoptée[3].

[1] Notre formule n'est vraie, dans ces termes absolus, qu'au point de vue auquel nous sommes placés; il est certain, en effet, que sous tous les régimes, la dissolution du mariage entraîne, au point de vue de la capacité de la femme, de tous autres effets que la séparation de biens.

[2] Locré, *Lég.*, XIII, p. 260, n° 17, *Observ. du Tribunat.* — Valette, *Revue étrangère*, 1840, VII, p. 242, n. 1. — Odier, III, 1263 et 1368. — Rodière et Pont, III, 1770 et 2196. — Marcadé, sur 1554, n° 5. — Troplong, IV, 3598. — Aubry et Rau, V, p. 618, § 539, n. 3. — Colm. de Sant., n° 235 *bis*-I, VI, p. 538. — Req., rej., 19 août 1819, Sir. 20. 1. 19.

[3] Notre doctrine offre pourtant un intérêt assez vif pour les biens qui échoient postérieurement à la séparation de biens, à la femme qui s'est constitué en dot tous ses biens à venir. A nos yeux ces biens sont dotaux, et par conséquent insaisissables par les créanciers

228. — Quelle est cette situation?

Celle même que nous leur avons reconnue après la dissolution du mariage.

Ainsi, il est bien certain que les *créanciers du mari* perdent tous droits sur les biens dotaux, leur jouissance et leur administration échappant à leur débiteur; ils pourraient cependant saisir, au moins pour ce dont elle excéderait les besoins du ménage, la part contributoire que la femme verserait entre les mains du mari, mais là se bornerait leur droit.

Quant aux *créanciers de la femme*, ceux qui avaient action sur les biens dotaux, conservent le droit d'agir sur leur pleine propriété. Les autres n'ont certainement pas le droit de saisir leur propriété, mais peuvent-ils saisir leurs revenus? Nous rencontrons ici les trois systèmes que nous avons déjà étudiés (n° **225**). Le premier leur permet de les saisir pour le tout; nous le déclarons derechef inadmissible, pour les mêmes motifs. Le second les admet à saisir la portion qui excède les besoins du ménage; rien n'appuyant la distinction sur laquelle il se fonde, nous le rejetons également. Nous nous trouvons donc en face du système de la Cour de cassation, qui les déclare absolument insaisissables; c'est le seul qui soit exact, mais nous ne le fondons pas sur les mêmes arguments que la Cour de cassation. Pour celle-ci, il dérive de la considération que la femme n'avait aucun droit sur les revenus dotaux avant la séparation de biens, donc ne pouvait les aliéner ni les engager. On pourrait lui objecter, que qui s'engage, oblige

antérieurs qui n'ont pas date certaine. Au contraire, Toullier les doit traiter comme biens échus après dissolution de la constitution dotale, par conséquent, comme biens échus après dissolution du mariage.

ses biens à venir. La vérité est que la jouissance des biens dotaux est un démembrement de leur propriété, donc est frappée d'inaliénabilité par l'article 1554 du Code civil.

APPENDICE.

DE L'ADJONCTION D'UNE SOCIÉTÉ D'ACQUÊTS AU RÉGIME DOTAL.

229. — Le vice capital du régime dotal est de priver la femme de toute participation à l'accroissement de fortune qui peut survenir au mari, alors même que cet accroissement est dû à ses revenus, à son travail, à son économie, et de la désintéresser ainsi par trop de la prospérité du ménage. Pour y remédier, l'usage s'introduisit, autrefois, d'adjoindre au régime dotal une stipulation de société d'acquêts. Cette combinaison, qui réunit à la fois les avantages de la communauté et ceux du régime dotal, a été formellement autorisée par les rédacteurs de notre Code (art. 1581).

230. — Quels seront les *effets d'une telle stipulation sur les droits des créanciers antérieurs au mariage?*

Pour les déterminer, posons en principe, qu'elle ne change rien aux droits du mari sur les biens dotaux, et qu'elle laisse subsister leur inaliénabilité, ainsi que leur imprescriptibilité. Ajoutons aussi, bien que cela ait été contesté, qu'elle laisse à la femme l'administration et la jouissance de ses paraphernaux[1], et nous conclurons que nous avons, en l'espèce, *une société d'acquêts, superposée*

[1] A la charge cependant de verser entre les mains du mari, administrateur de la société d'acquêts, les économies qu'elle aura faites sur ses revenus. — Seriziat, n° 387. — Odier, III, 1516. — Rodière et

au régime dotal. De là vont découler toutes les solutions que nous allons énumérer.

A) *Pendant la durée du régime.*

231. — *Les créanciers du mari* auront action sur les biens de leur débiteur; de plus, ils pourront saisir les revenus des biens dotaux, dans la limite que nous avons fixée en étudiant le régime dotal (n° **189**); enfin, ils pourront agir sur les biens, produits du travail ou de l'économie des époux, qui tomberont dans la société d'acquêts. Et cela, sans qu'il y ait à établir entre eux de distinctions.

Pour *les créanciers de la femme,* ils pourront, sans exception, agir sur la pleine propriété de ses paraphernaux; de plus, ceux qui justifieront d'une date certaine antérieure à la célébration du mariage, pourront saisir la nue propriété des biens dotaux. Mais, ni les uns, ni les autres, ne pourront saisir les biens formant la communauté d'acquêts; car la stipulation d'une société d'acquêts entraîne, nous le savons, séparation de dettes. Toutefois, si la femme n'usant pas de ses droits avait remis aux mains du mari des meubles à elle propres, des meubles paraphernaux, et si celui-ci les avait confondus sans inventaire parmi les biens de la communauté, par application des principes généraux, nous donnerions action sur cette communauté, à ceux des créanciers de la femme, qui pourraient justifier d'une date certaine antérieure au mariage (arg. art. **1510**).

Pont, III, 2034 et 2035. — Aubry et Rau, V, p. 644, § 541 *bis*, n. 4. — Req., rej., 15 juillet 1846, Sir. 46. 1. 849. — Agen, 17 nov. 1852, S. 52. 2. 591. — Civ., cass., 14 nov. 1864, Dall. 65. 1. 137. — Riom, 31 janvier 1866, D. 66. 2. 219.

B) *Après la dissolution du régime.*

232. — *Si la femme accepte la communauté : les créanciers du mari* n'ont plus action que sur les biens propres de leur débiteur augmentés de sa part dans la communauté; les revenus des biens dotaux leur échappent totalement. *Ceux de la femme* ont, sans distinction, action sur ses paraphernaux augmentés de sa part dans la communauté; mais, seuls conservent le droit d'agir sur ses biens dotaux, ceux d'entre eux qui avaient ce droit pendant le mariage.

233.—*La femme a-t-elle renoncé?* Le gage *des créanciers du mari* s'accroît de la moitié de communauté qu'elle ne prend pas. Celui *de ses créanciers* est diminué d'autant; leurs droits respectifs restent d'ailleurs les mêmes, c'est-à-dire égaux et communs sur les paraphernaux, et spéciaux à ceux d'entre eux, dont les titres ont date certaine antérieure au mariage, sur les biens dotaux.

234. — Nous nous bornons à ces indications sommaires, ne voulant pas répéter ce que nous avons déjà dit, soit à propos des régimes de communauté légale et de communauté d'acquêts, soit à propos du régime dotal.

POSITIONS.

DROIT ROMAIN.

I. L'esclave qui n'est pas habilité par la *potestas* actuelle d'un maître, acquiert en contractant une créance naturelle (nos 43 et suiv.).

II. La promesse d'un esclave n'opère pas novation, parce que la novation exige dans la forme un contrat *verbis* (nos 64 et 65).

III. L'affranchi ne peut être contraint de payer par voie de compensation les dettes naturelles qu'il a contractées *in servitute* (n° 85).

IV. L'esclave qui s'enfuit, sans esprit de retour, ne cesse d'être possédé par son maître que lorsqu'il est appréhendé par un tiers qui commence à le posséder (n° 103, n. 2).

V. Le vendeur, s'il est propriétaire, doit transférer la propriété.

VI. L'action *præscriptis verbis* est toujours de bonne foi.

DROIT FRANÇAIS.

I. Le paiement des dettes immobilières de la femme commune qui ont date certaine antérieure au mariage, peut être poursuivi sur la pleine propriété de ses propres (n° 75).

II. Le mari n'a pas, en principe, le droit d'aliéner les propres mobiliers de la femme, sans son consentement (n°s 117 et 121-II).

III. Les créanciers de la femme commune peuvent exercer le droit d'option que lui confère l'article 1453 du Code civil (n° 94^{a}).

IV. Ils doivent, s'ils attaquent la renonciation de leur débitrice à la communauté, prouver que cette renonciation a été faite en fraude de leurs droits (n° 94^{b}-II).

V. La clause de séparation de dettes n'est pas opposable aux créanciers du mari pendant la durée de la communauté (n° 109).

VI. La clause de réalisation du mobilier présent entraîne séparation des dettes présentes (n° 118).

VII. La femme qui retient la communauté en vertu d'une clause de forfait, ne peut se prévaloir du bénéfice de l'article 1483, bien qu'elle ait rempli toutes les formalités prescrites par cet article (n° 163).

VIII. Les créanciers, dont les titres ont date certaine antérieure à la célébration du mariage, peuvent saisir les biens que leur débitrice, adoptant le régime dotal, s'est constitués en dot (n°s 199 et 205).

IX. Les biens qui leur auraient été constitués par un tiers, échappent à l'action de ces créanciers (n° 201).

X. Les créanciers antérieurs au mariage, mais dont les titres n'ont pas date certaine, ne peuvent saisir les biens dotaux de leur débitrice, ni pendant le mariage, ni après sa dissolution (nos 204, 220 et 221).

XI. Ils ne peuvent saisir non plus les revenus de ces biens (no 225).

XII. Mais ils peuvent agir sur les biens qui adviendront à leur débitrice après dissolution du mariage, se fût-elle d'ailleurs constitué en dot tous ses biens, présents et à venir, ou ses biens à venir (no 223).

XIII. Les créanciers de la femme dotale ont le droit de faire révoquer l'aliénation qu'elle aurait faite de ses biens dotaux avec l'autorisation de son mari, au mépris de leur inaliénabilité (no 212).

DROIT CRIMINEL.

I. L'intervention est admissible, en matière criminelle, de la part des personnes civilement responsables, lorsque l'intervenant peut élever une exception de nature à faire évanouir la poursuite.

II. Au cas d'accusation de bigamie, les questions de validité de mariage sont préjudicielles au jugement de l'action publique, et de la compétence exclusive des tribunaux civils, sans distinction entre les nullités du premier et du second mariage.

DROIT COMMERCIAL.

I. En cas de nullité d'une société anonyme, prononcée pour vice de constitution, les fondateurs ne sont responsables, même envers les tiers, que dans la limite du préjudice causé par la nullité.

II. Dans le même cas, les administrateurs non statutaires qui font partie du premier conseil d'administration et, *a for-*

tiori, ceux qui leur succèdent, n'encourent pas de respon sabilité de ce chef.

III. En admettant avec la jurisprudence que, dans la même hypothèse, les fondateurs et administrateurs soient solidairement responsables de la totalité du passif social, ils ne sauraient être déclarés en faillite, à raison du non-paiement de ce passif.

DROIT CONSTITUTIONNEL.

I. Les Chambres ont le droit de préciser dans leurs résolutions tendant à la réunion de l'Assemblée nationale pour opérer révision des lois constitutionnelles, les points sur lesquels devra porter la révision.

II. Le Sénat aura toujours le droit de voter la dissolution de la Chambre des députés sur la demande du Président de la République, si un conflit se produit au sein de l'Assemblée nationale entre les deux Chambres.

Paris, le 22 mai 1884.

Vu par le Président de la thèse,

Ch. LYON-CAEN.

Vu par le Doyen,

Ch. BEUDANT.

Vu et permis d'imprimer :

Le Vice-Recteur de l'Académie de Paris,

GRÉARD.

TABLE DES MATIÈRES.

DROIT ROMAIN.

De la personnalité de l'esclave.

DROIT FRANÇAIS.

De l'effet des conventions matrimoniales sur les droits des créanciers antérieurs au mariage.

PREMIÈRE PARTIE.

Du régime de communauté.

DEUXIÈME PARTIE.

Du régime exclusif de communauté.

TROISIÈME PARTIE.

Du régime dotal.

BAR-LE-DUC, IMPRIMERIE CONTANT-LAGUERRE.

BAR-LE-DUC. IMPRIMERIE CONTANT-LAGUERRE.

www.ingramcontent.com/pod-product-compliance
Ingram Content Group UK Ltd.
Pitfield, Milton Keynes, MK11 3LW, UK
UKHW012006240726
13965UKWH00001B/187